상당히 힙한 29가지
프로젝트 수업 레시피

프로젝트 학습으로 만나는
세계시민교육

상당히 힙한 29가지
프로젝트 수업 레시피

인천세계시민교육연구회 지음

들어가며

왜 지금 세계시민교육인가?

정우탁
제4대 · 5대 유네스코 아태국제이해교육원 원장

세계시민교육이란?

세계시민교육이 추구하는 핵심 가치는 세계시민의식이다. 세계시민의식은 '국경을 가로지르는 시민의식', '탈 국민국가 시민의식', '지구시민의식(planetary citizenship)', '코스모폴리타니즘(cosmopolitanism)' 등과 같이 표현되기도 한다. 세계시민의식은 지구 · 인류 공동체에 대한 소속감(a sense of belonging)과 연대감을 가지고, 인류 보편가치를 존중하는 철학이다. 세계시민교육은 이러한 지구와 인류에 대한 정체성과 연대성, 그리고 인류 보편가치를 가르치고, 배우고, 내재화하는 교육이다. 그러나 아직 법적인 지위 혹은 법적인 의미를 수반하는 개념이 아니라는 점을 유의할 필요가 있다.

현 단계에서 세계시민의식은 국민국가 공동체의 시민이라는 소속감과 함께 지구공동체의 시민이라는 또 다른 소속감을 갖는, 소위 '다층적 정체성'을 전제한다. 또한 더 나은 세계, 더 나은 미래를 추구하기에 평화, 인권, 민주주의, 정의, 차별금지, 다양성, 지속가능성 등의 인류 보편적 가치를 그 안에 내포하고 있다. 세계시민교육은 주요 글로벌 이슈 및 지구촌의 상호의존성에 대한 통합적 지식 및 비판적 이해의 바탕 위에, 인류 공동의 문제를 평화롭고 지속가능하게 해결해 나갈 수 있는 소통, 협업, 실천의 기술을 습득하고 역량을 키워나가는 것을 목표로 하는 교육이다.

세계시민교육은 정규 교육 뿐만 아니라 평생교육 차원에서도 이루어져야 한다. 또한 학교교육에서도 기존의 여러 다양한 교과과목에서 세계시민의식을 고양할 수 있도록 주류화(mainstreaming)해서 가르쳐야 한다.

세계시민교육의 뿌리

세계시민교육의 뿌리를 찾아가면, 기원전 그리스 도시국가 시절 철학자 디오게네스가 주창한 코스모폴리타니즘(cosmopolitanism)에서 그 연원을 찾을 수 있다. 디오게네스는 당시 누군가가 어디에서 왔는가 하고 물으면 아테네 사람 혹은 스파르타 사람이라고 답하던 관행에서 벗어나 "나는 세계시민이다"라고 대답했다고 전해져 온다. 이런 사상과 철학은 서구에서 면면히 이어져 오다가 1919년 국제연맹의 설립과 1945년 유엔의 탄생으로 현실에 그 모습을 드러내었다. 1946년에 창설된 유네스코는 평화교육, 인권교육, 국제이해교육, 지속가능발전교육을 주창해 왔는데, 이러한 교육이 바로 세계시민교육의 뿌리라고 할 수 있다.

유네스코는 1946년 창설 이래 더 이상의 참혹한 세계적 전쟁을 미연에 방지하고자, 독일과 프랑스, 독일과 폴란드 등 유럽에서의 역사 교과서 개편 사업을 추진하였다. 이러한 역사·지리 교과서 개편 작업이 성공적으로 끝나자, 이를 바탕으로 평화교육, 인권교육, 문화간 이해 교육을 주요 내용으로 하는 국제이해교육을 대표적 사업으로 추진하게 되었다, 1953

년에는 세계 각국에 유네스코학교(UNESCO Associated School)를 지정하여 이들 학교에서 국제이해교육을 가르치도록 했다.

1970년대 접어들어 인구 증가와 산업화로 환경 문제가 심각해지면서 지구환경 문제가 세계적 이슈가 되었고, 환경교육이 등장하였다. 환경교육은 2002년 지속가능발전세계정상회의, 2005~2014년 유엔 지속가능발전교육 10개년을 통해 지속가능발전교육으로 발전하였다.

이처럼 세계시민교육은 갑자기 나타난 것이 아니라, 고대 그리스 시대 코스모폴리타니즘에서 시작하여, 유네스코의 평화교육, 인권교육, 국제이해교육, 지속가능발전교육을 거쳐서, 21세기의 지구촌에 나타난 변혁적 교육이다.

세계시민교육이 추구하는 인간상(像)

세계시민교육을 통해 도달하려고 하는 인간상은 첫째, 글로벌 시각(global perspective)을 가지고, 글로벌하게 생각하고, 행동하는 인간이다. 세계시민교육은 협소한 지역주의(parochialism), 자기중심적(egocentric) 세계관, 혹은 자민족 중심주의(ethnocentrism), 국수주의(chauvinism) 극단적 국가주의(ultra-nationalism), 극단주의(extremism) 종교적 근본주의(fundamentalism)를 탈피하여 열린 마음, 열린 시각으로 세계를 바라보고, 포용적 사고와 판단을 하는 균형 잡힌 인간을 길러내고자 한다.

둘째, 세계시민교육은 지구공동체에 대한 소속감과 인류에 대한 연대성을 갖는 인간을 길러내고자 한다. 인종, 종교, 문화, 국적은 달라도 작은 지구에 함께 사는 호모 사피엔스(homo sapiens)로서 동질감과 유대감을 갖는 인간 양성을 목표로 한다. 다른 인종, 다른 종교, 다른 문화, 다른 국적이 차이이기는 해도 차별하지 않는 그런 의식을 갖도록 하는 것이다. 또한 현 단계에서, 자기가 사는 지역의 시민이면서, 또 한국 국민이면서, 동시에 세계시민 의식을 갖도록 하는 것이 세계시민교육의 지향점이다.

셋째, 오늘날 세계시민교육은 지금 이 시점에서 대체로 합의할 수 있는 인류 보편가치라고 하는 것을 가르치고 배워, 인류 보편가치를 내재화한 인간을 길러내고자 한다. 현시점에서 합의가 가능한 최소한의 인류 보편가치는 평화로운 세계, 인권의 존중, 문화다양성 존중, 지속가능한 발전 추구 등일 것이다. 세계시민교육을 통해 이러한 최소한의 인류 보편가치를 공유토록 하고, 장기적으로 보편가치를 넓혀 나가자는 것이다.

넷째, 세계시민교육은 자문화우월주의 혹은 자문화중심주의를 벗어나 문화상대주의(cultural relativism) 시각에서 자기 문화에 대한 자부심과 함께 다른 문화도 존중하는 인간상을 지향한다. 다른 종교, 다른 문화, 다른 인종을 차별하지 않고, 오히려 다름이 다양성이고, 다채롭고, 풍부해서 더 좋다고 느끼게끔 하는 것이 세계시민교육이다. 다른 종교, 다른 문화, 다른 인종, 다른 국적이 평화롭게 공존하는 세상을 지향하는 것이다.

오늘날 지구촌의 새로운 변화와 도전

왜 지금 세계시민교육이 필요한지를 알려고 하면 먼저 오늘날의 세계를 알아야 한다. 오늘날의 세계는 과거의 세계와 어떻게 다른가? 오늘날의 세계는 과학·기술의 발달에 기반하여 급속하게 교통·통신이 발달한 결과로, 80억 인구가 한마을에 살고 있는 것 같은 작은 지구촌(global village)이 되었다고 하는 것이 정확할 것이다. 1989년 베를린 장벽의 붕괴로 탈냉전이 진행되어 1990년대 이후 세계가 촘촘히 상호연결(interconnectedness)되고,

상호의존(interdependence)하는 명실상부한 지구촌 시대가 30여 년간 펼쳐졌다. 그러나 그사이에 기후위기, 코로나 팬데믹, 우크라이나 전쟁, 인공지능(AI) 등 상호연결되고 상호의존하고 있는 21세기 지구촌에 균열을 내는 역사적 사건들이 생겨났다.

최근 새롭게 나타나고 있는 전 지구적 변화와 도전을 다음 네 가지로 요약할 수 있다. 첫째, 글로벌 공급망 재편, 둘째, 지구 기후 위기의 심화, 셋째, 심각한 세계 불평등, 넷째, 핵전쟁의 가능성이다.

먼저 글로벌 공급망 재편을 살펴보면, 1990년대 이후 전 세계가 자본주의 시장경제로 통합되면서 지구 전체를 단위로 하는 상품, 투자, 금융 시장이 전개되는 소위 '지구화 시대'(age of globalization)가 열렸다. 영원히 지속될 것 같았던 지구화 시대는 2020년부터 시작된 COVID-19 팬데믹으로 타격을 받았고, 새로운 냉전의 여파로 중국, 러시아, 이란 등을 글로벌 시장에서 배제하는 글로벌 공급망 재편으로 나타나고 있다. 글로벌 공급망 재편의 생생한 사례인 미국과 중국 간의 반도체를 둘러싼 경쟁과 전쟁은 2022년 크리스 밀러가 출판한 『칩워』[1]에 잘 나타나 있다. 이 책에 따르면 중국은 도광양회(韜光養晦) 전략으로 미국의 첨단 기술을 배우고 따라왔는데, 시진핑 등장 이후 중국몽(中國夢), 일대일로(一帶一路), 신형대국론 등 세계 패권을 추구하면서 미국과 갈등을 빚게 되고, 미국은 최첨단 기술에서 화웨이 등 중국 기업을 배제하게 되었다는 것이다. 글로벌 공급망 재편이 신냉전이라고 불리는 미국, EU, 일본, 캐나다, 호주 등 자유주의 진영과 러시아, 중국 등 권위주의 진영 간 대립으로 고착화될 경우, 세계시민교육도 적지 않은 영향을 받게 되며, 반면에 세계시민교육이 신냉전 구도를 풀어나가는데 나름대로 기여할 수도 있다.

둘째, 1992년 리우 유엔 환경회의에서 제기된 지구 환경 문제는 21세

---

[1] 『칩워』 Chris Miller, Chip War (Scribner Book Company, 2022). 노정태 번역. 부키. 2023.

기 가장 중요한 전 지구적 도전 과제로 부상하고 있다. 기후 위기의 원인은 인류의 산업화이다. 인류는 산업화를 통해 풍요를 누리게 되었지만, 산업화로 지구 전체의 탄소 배출량은 급증하여 지구 온도가 계속 상승하고 있다는 것이 기후 위기의 원인이다. 이 문제를 해결하기 위해서는 국가 단위가 아닌 지구 차원의 인식과 대책이 필요하다. 1994년에 발효된 유엔기후변화협약(UN Framework Convention on Climate Change: UNFCCC)은 1995년부터 매년 당사국 총회(Conference of Parties: COP)를 개최하는데, 기후 위기의 심각성을 인지한 세계 각국의 정치 지도자, 민간 기업인, 환경 과학자, 환경운동가들이 참가한다. 2023년 11월 30일부터 12월 12일까지 두바이에서 개최된 유엔기후변화협약 당사국 총회(COP28)에 전 세계에서 8만여 명이 참석한 것은 그만큼 이 문제가 심각하다는 것을 방증한다. 세계를 하나의 단위로 인식하는 세계시민교육은 바로 기후위기를 극복하는 가장 중요한 철학을 담은 교육이다. 셋째, 세계 불평등 문제의 심각성이다. TV, 인터넷 등 통신의 발달로 국가 간 불평등이 드러나면서, 빈곤 국가 사람들이 부유한 나라로 이주하는 불법 이민, 난민의 문제가 그 어느 때보다도 심각하다. 특히 아프리카 불법 이민자들과 시리아, 아프가니스탄 난민들이 유럽으로 몰려들면서 영국은 난민을 받지 않기 위해 EU에서 탈퇴하는 브렉시트를 단행했고, 독일과 프랑스, 덴마크 등 유럽에서는 불법 이민과 난민을 반대하는 정당이 선거에서 압승하는 등 정치적 지형이 크게 변하고 있다. 미국 또한 트럼프가 중남미로부터 유입되는 불법이주자와 난민을 막고, 국경에 장벽을 세우는 정책을 추진하면서 미국 정치의 주요 이슈가 되었다. 더 심각한 문제는 오늘날 세계의 불평등 문제는 예전과 달리 격차를 줄이기가 쉽지 않다는 것이다. 1960년대부터 1980년대까지는 후발 주자가 배우고 모방하면 선진국 대열에 들어갈 수 있었다. 홍콩, 싱가폴, 한국, 대만 등 신흥공업국이 대표적인 예이다. 중국, 태국, 말레이시아, 베트남,

인도네시아, 인도 등도 비슷한 전략으로 성공하거나 따라오고 있다. 그러나 오늘날 선진국들이 반도체, 인공지능(AI), 빅데이터, 2차전지, 우주산업 등 첨단 기술 분야에서 초격차를 추구하고 진입 장벽을 쌓고 있기 때문에, 이제 최빈국, 개도국들이 이러한 첨단 기술 분야를 배워서 따라가기는 어려운 높은 장벽을 마주하게 되었다. 더 이상 최빈국, 개도국이 자력으로 선진국 대열에 들어가기 어려운 현실이다. 이 건널 수 없는 선-후진국 간 대협곡을 어떻게 연결해야 하는가? 지속가능발전목표(Sustainable Development Goals: SDGs) 4.b에서 '개도국 고등교육 장학금 확충'을 제시하고 있는데, 이것이 유일한 방법이다. 선진국이 개도국에 장학금을 제공하여 개도국 유학생들을 선진국에서 교육하는 것이다. 세계시민교육이 필요한 새로운 영역이다.

넷째, 핵전쟁의 가능성이다. 핵무기는 인류의 멸종을 가져오게 하는 치명적 무기이기 때문에 그동안 보유는 하지만 사용은 암묵적으로 하지 않는 무기로 치부되어왔다. 그러나 2022년 2월 24일 우크라이나-러시아 전쟁으로 한동안 잊혀졌던 핵전쟁의 악몽이 다시 현실화되고 있다. 러시아의 푸틴은 공공연히 핵무기 사용 가능성을 언급하고 있다. 오늘날 세계에는 러시아 약 6천 기, 미국 약 5천4백 기, 중국 약 3백50 기 등 총 1만2천 기의 핵폭탄이 있다. 이는 우리의 평온한 일상이 나의 의지에 의해서가 아니라 러시아, 미국, 중국의 정치 지도자에 의해 순식간에 파괴될 수 있다는 '황당한 상황'에 온 인류가 처해 있음을 의미한다. 어떻게 하면 이런 끔찍한 상황에서 인류가 벗어날 수 있을까? 아마도 세계 각국이 공교육에서 세계시민교육을 하고, 특히, 미국, 러시아, 중국 등 핵보유국에서 필수적으로 가르친다면 중장기적으로 달라지지 않을까? 세계시민교육은 국가 이익만 추구하는 강대국 정치 지도자보다는 세계 평화와 공존을 추구하는 정치 지도자들을 양성하여, 궁극적으로 핵전쟁 없는 세상을 열어 가지 않을까 생각한다.

이처럼 세계시민교육은 글로벌 공급망 재편, 지구 기후 위기, 글로벌 불평등, 핵전쟁의 가능성 등 21세기 새로운 도전을 근본적으로 타결하는 변혁적(transformative) 교육이다.

세계시민교육과 한국, 그리고 인천

세계시민교육은 2012년 9월 당시 반기문 유엔 사무총장이 〈세계교육우선구상〉(Global Education First Initiative; GEFI)을 발표하면서 "이제는 세계시민을 양성해야 한다"고 주창하여 전 세계적인 의제로 부상하였다. 2012년 10월, 유엔 사무총장으로는 처음 유네스코 집행이사회에 참석한 반기문 사무총장은 약 20분간 유네스코 집행이사들 앞에서 왜 세계교육우선구상을 주창하게 되었는지를 밝혔다. "한국전쟁 동안 폐허가 된 학교 운동장에서 유엔과 유네스코가 지원한 교과서로 공부를 계속할 수 있었고, 이러한 역경 속에서의 교육 덕분에 본인이 오늘날 유엔 사무총장이 될 수 있었다"며 이제는 최빈국들에게 유엔 사무총장으로서 이를 갚아 나가는 세계교육우선구상을 주창한다는 감동적 연설이었다. 이후 반기문 사무총장은 세계교육우선구상 추진 책임자 역할을 이리나 보코바 유네스코 사무총장에게 맡겼고, 이로써 유네스코가 사실상 세계시민교육을 주도하게 되었다. 유네스코는 창설 이래 평화교육, 인권교육, 문화 다양성교육, 지속가능발전교육, 그리고 국제이해교육을 펼쳐왔는데, 이러한 전통과 토양에 새롭게 부상한 세계시민교육이 자연스럽게 접목되었다.

유네스코 세계시민교육의 첫 사업은 2013년 9월 전 세계 세계시민교육 전문가 30여 명을 서울 유네스코 아태국제이해교육원(APCEIU)에 초청하여, 세계시민교육 전문가 회의를 개최한 것이다. 이 회의에서 세계시민교육의 기본 개념, 세계적 현황과 향후 추진 방향 등이 논의되었다. 첫 회의의 성공을 토대로 석 달 후인 2013년 12월 방콕에서 범세계적 규모의 제1차 유네스코 세계시민교육회의를 개최하였다.

한국은 2013년부터 세계시민교육을 범세계적 의제로 만드는 일에 집중하였다. 2015년부터 2030년까지 추진할 새로운 유엔 지속가능발전목표(SDGs)와 유네스코 교육 목표(Education 2030)에 세계시민교육을 하나의 의제로 설정하는 것이 주요 목표였다. 이러한 작업은 성공적으로 진행되어, 2014년 5월 오만 무스카트에서 개최된 모두를 위한 교육 세계회의에서 세계시민교육을 무스카트 선언에 하나의 의제로 채택했고, 2014년 7월 유엔에서 개최된 공개 작업단 회의에서 세계시민교육을 의제에 포함시켰다.

2015년 5월 19일부터 21일까지 인천 송도에서 개최된 유네스코 세계교육포럼(World Education Forum)에서 유네스코 회원국들이 만장일치로 세계시민교육을 향후 2030년까지 전 세계 국가들이 추진해야 할 범세계적 교육정책 목표인 〈인천 선언〉(Incheon Declaration)에 포함하였다. 그리고 2015년 9월 유엔에서 채택된 〈지속가능발전목표〉에 세계시민교육이 SDG 4.7로 포함되어, 2030년까지 모든 유엔 회원국이 추진해야 할 유엔 차원의 전 세계적 발전 목표가 되었다. 2015년 유네스코 세계교육포럼에서 채택된 〈유네스코 Education 2030〉과 유엔에서 채택된 〈지속가능발전목표〉에 세계시민교육이 2030년까지 추진해야 할 전 지구적 발전 목표이자 교육 목표가 되었다는 것은 21세기 지구촌 시대 인류에게 참으로 중요한 역사적 의미를 던져준다.

특히 한국이 이 과정에서 주도적 역할을 하였다는 것은 앞으로 한국이 세계시민교육의 범세계적 확산을 위해 앞장서서 노력해야 한다는 당위성을 보여준다.

한국 정부는 2015년 인천에서 개최된 유네스코 세계교육포럼 개최를 계기로 세계시민교육을 글로벌 교육 의제로 설정한다는 전략을 세워 이를 달성하였다. 국제기구를 통한 다자외교에서 그동안 한국이 세계적 의제를 설정한 경험은 거의 없었다. 그러나 신장된 국력을 바탕으로 세계적 의제 설정에 적극 나서서, 2015년 5월 인천 유네스코 세계교육포럼에서 세계시민교육을 한국 주도로 의제화하고, 2015년 9월 유엔 총회에서 지속가능발전목표(SDGs)에 삽입한 것은 한국 다자외교의 큰 성과라 할 수 있다.

한국 정부가 세계시민교육을 한국의 의제로 생각하게 된 요인 중에는 첫째, 세계시민교육을 주창한 반기문 유엔 사무총장이 한국인이라는 점이 무의식적으로 고려되었을 것이다. 둘째, 2015년에 한국 인천에서 개최되는 유네스코 세계교육포럼에서 한국이 장소만 제공하는 것이 아니라, 의제에도 영향을 미치고자 하는 의욕이 작용하였다는 점. 그리고 셋째, 한국 정부가 유네스코와 협정을 맺고 2000년에 설립한 아태교육원이 그동안 펼친 국제이해교육 활동 성과에 자신감을 가진 측면이 크다.

세계시민교육이 유엔 SDG 4.7로 채택된 이후인 2016년부터 아태교육원은 한국 내에서뿐만 아니라 전 세계 국가들을 대상으로 세계시민교육을 확산하는 활동을 다양하게 전개하였다.

2015년 1월 한국 교육부는 학교 현장에서 세계시민교육을 적극 추진하기 위해 전국 시·도에서 총 36명의 세계시민교육 중앙선도교사를 선발하여 아태교육원에서 교육하였고, 이 제도가 지금까지 이어져 오고 있다. 이들 중앙선도교사들은 각 시·도교육청 별로 별도 선발된 시·도 선도교사들에게 전달 연수를 하여 세계시민교육을 학교 사회에 확산하는 데 중추적인 역할을 하고 있다.

유네스코는 세계시민교육의 뿌리내림을 위해 현지 문화와 생활 속에서 세계시민교육을 찾는 노력을 하고 있다. 예를 들면 아프리카의 경우 '우분

투'라는 현지 개념을 통해 세계시민의식을 쉽게 설명하고, 볼리비아의 경우 'Buen Vivir'라는 기존 개념을 통해 세계시민 의식을 설명하는 식이다. 우리나라에도 '홍익인간'이라는 용어가 바로 세계시민 의식과 맥을 같이 한다.

역사적으로 오랫동안 쇄국을 고집하며 배타적으로 살아온 한국인들이 침략과 식민지의 수모를 겪고, 절치부심 이를 극복하고자 노력하였는데, 1960년대 이후 세계 무대에 진출한 한국인들은 스스로도 놀랄만한 성과를 보여주고 있다. 최빈국에서 선진국으로의 경제 도약과 K-POP으로 상징되는 한국 문화 예술의 보편성은 21세기 한국의 글로벌 위상을 보여준다. 이 모두 고립에서 벗어나 세계를 친구로 삼은 덕분이다.

2015년 5월 인천에서 태어난 세계시민교육은 이제 글로벌 의제가 되어 전 세계 모든 국가가 학교에서 가르쳐야 하는 교육이 되었다. 인천광역시교육청은 2020년부터 '동아시아시민교육'이라는 용어를 사용하다가 최근 '인천형 세계시민교육'이라는 용어를 사용하기 시작했으며, 매년 '세계시민교육 한마당 페스티벌'을 개최하고, 교육청 내에 '세계시민교육과'를 설치하였다. 이처럼 교육청 단위에서 세계시민교육의 현지화 모델을 찾는 노력은 세계적으로도 드문 사례이다. 이러한 인천시교육청의 노력이 결실을 거두어, 인천에서 만들어진 세계시민교육이 다른 교육청과 다른 나라에도 널리 확산되고 전파되기를 희망해 본다.

들어가며 — 왜 지금 세계시민교육인가? - 정우탁　　　　　　　　　　　— 4

1장
지속가능발전목표로 '한 뼘 성장하기' 프로젝트
장은영

세상을 바라보는 관점을 선물하자	— 22
세상의 굿인플루언서, 뽑아내어 SDGs와 연계하기	— 24
굿인플루언서 Jane 프로젝트, 지속가능한 세상의 동력이 되다	— 32
브랜드 액티비즘으로 알아보는 상당히 힙한 SDGs 이야기	— 39
글로컬 이슈 속 알쏭달쏭 트롤리 딜레마, 과감하게 사유하기	— 46

2장
함께 그러나 서로 다르게 만들어가는 문화다양성 프로젝트 수업
이진숙

다양성을 사랑하는 교사와 다양성 자체인 학생들	— 54
'서로를 바라보다' 프로젝트 수업	— 54
'우리는 문화사절단' 프로젝트 수업	— 63
'역사 속에서 평화를 만나다' 프로젝트	— 75

3장

지구공동체를 가꾸는 프로젝트 수업

김미정

환경이 뭐길래?	— 86
'슬기로운 텃밭 생활' 프로젝트 수업	— 87
'바른 먹거리 한 그릇' 프로젝트 수업	— 96
'온책 읽기로 만나는 인권감수성' 프로젝트 수업	— 103

4장

마을에서 배우고 세계시민으로 성장하는 지역 연계 프로젝트 수업

양승분

세계와 나, '나는 마을애(愛) 산다' 프로젝트 수업	— 114
'더불어 사는 세상 만들기, 인천바로알기' 프로젝트 수업	— 124
Think-Share-Act, 지역에서 세계시민으로 성장하기	— 136

5장

도란도란 '대화 버스' 타고 지구마을 여행

김민정

공감의 대화로 지구마을 여행 준비하기	— 146
키워드 중심 대화로 너와 나 연결하기	— 154
지구마을 파수꾼들의 대화, 우리는 '호모 심비우스'입니다	— 167

6장
세계시민교육에 실습 한 스푼 첨가하기

남성현

Learning by doing	—178
인스타그램 속 '#용기내 챌린지'를 들어봤니?	—179
태양빛으로 만드는 나만의 드림카!	—184
나만 몰랐던 로컬푸드, 비건, 공정무역 이야기	—189
알아두면 쓸모있는 책임 있는 소비&생산!	—197

7장
나와 너, 우리의 변화를 이끄는
사회참여 프로젝트 수업과 공공선 실천

조수양

깊어지는 표현과 공감, 서삼독 프로젝트	—206
관심의 확장, 지역사회 개선 프로젝트	—219

교실 너머 세계를 만나다

서현아

세계와 만나기 위한 준비- Irish Culture Day —234
국제교류, 세계시민교육과 만나다 —241
가자 세계로! 읽고, 걷고, 쓰며 경험하는 세계 —252

관계와 소통을 돕는 디지털시민성 프로젝트 수업

인천세계시민교육연구회

디지털 세상과 디지털시민성 —268
드라마보다 더 드라마틱한 디지털 세상 바로보기 —269
스마트 앱으로 똑소리 나게 세계시민으로 참여하기 —277
에듀테크를 활용한 사회참여로 공존의 역량 키우기 —291

1장

지속가능발전목표로 '한 뼘 성장하기' 프로젝트

• 장은영 •

교직 인생 하프타임을 신나게 달려 어느새 선배 교사, 부장교사라는 꽤나 묵직한 이름표를 달았다. 그럼에도 여전히 영화 Inside Out 속 좌충우돌 사춘기 소녀 라일리처럼 종일 머릿속에서 생각발전소가 쌩쌩 돌아가는, 호기심 왕성한 22년 차 중학교 영어교사이다. 햇병아리 교사 시절부터 교실과 세상을 연결하는 상당히 힙한 '블라블라' 영어교사가 되고자 국제교류 세계에 다이빙했고, 어쩌다 보니 세계시민교육이라는 망망대해로 흘러들어 즐겁게 유영 중이다. 사람과 세상에 유난히 관심이 많아 지구촌 이곳저곳에서 일어나는 다양한 사건과 글로벌 이슈를 오지랖 넓게 들여다보고 생각하는 시간, 교실에서 세상 사는 이야기로 아이들과 함께 '티키타카'하는 스토리텔링 시간을 좋아한다. 오늘도 나는 지속가능한 K-교사이자 현재진행형이다.

세상을 바라보는 관점을 선물하자

나에게는 타인을 이해하고 배려하는 아름다운 '굿인플루언서'들의 소소한 실천이 건강한 지구공동체를 만들어 간다는 작지만 강력한 믿음이 있다. '굿인플루언서(good influencer)'를 우리말로 자연스럽게 표현하자면 선한 영향력을 가진 사람이다. 이는 말 그대로 세상을 이롭게 하기 위하여 자신의 역량을 발휘하며 살아가는 사람들을 가리키는 용어로 잘 알려져 있지만, 사실 굿인플루언서를 키워드로 한 개인적인 구상은 아주 오래전, 어느 겨울날 갑자기 시작되었다.

2001년 1월 26일, TV를 통해 일본 유학을 간 한국인 유학생이 야마노테선 신 오쿠보역 선로에 추락한 일본인 취객을 구하다가 유명을 달리했다는 비보가 들려왔다. 뉴스에 보도된 사진 속 주인공은 당시 대한민국의 여느 젊은이들과 크게 다르지 않은, 건강한 미소가 매력적으로 보이는 '이수현'이라는 이름의 한 청년이었다. 그의 갑작스러운 살신성인(殺身成仁)은 당시 일본 사회에 잔잔한 감동과 울림을 주었으며, 경직된 한일관계 개선에 물꼬를 트는 기폭제가 되었다.

당시 훌륭한 교사가 되겠다는 청운의 꿈을 품고 예비 교사로서 열심히 살아가고 있던 나에게 그 사건은 작지 않은 충격으로 다가왔다. 그리고 그 사건은 오랫동안 쉽게 해결되지 않을 한 가지 물음을 마음에 남겼다.

'어떻게 사람이, 그것도 우리나라와 쉽게 풀리기 힘든 악연이 있는 일본인, 나와 아무런 이해관계가 없는 생판 모르는 타인을 위해 하나뿐인 자신의 목숨을 내놓을 수 있을까?'

쉽게 이해되지 않는 난제를 마음 깊숙이 품고 교직에 입직하게 되었고, 세계시민교육에 입문하게 되면서 비로소 그 궁금증에 대한 해답을 찾을 수 있었다. 20여 년 전 그 청년은 바로 시대를 앞서갔던 선량한 시민이자, 초월적인 인류애를 지니고 실천적인 삶을 살고자 했던 '세계시민'이었다. 세계시민교육이라는 개념이 사회적으로 언급되거나 교육현장에서 다뤄지지 않았던 그 시절에도 그는 우리 모두가 똑같은 인간이며 보이지 않는 끈에 의해 연결되어 있는 유기적인 공동체의 일원이라는 사실을 잘 알고 있었다. 그와 같은 지극히 평범한 사람들의 소리 없는 실천에 의해 우리의 지구공동체는 자멸하지 않고 지속되어져 왔던 것이다. 그러한 깨달음은 작지만 너무나 뚜렷하고 강력해서 이후 내가 세계시민 선도교사로 활동함에 있어 뿌리 깊은 내면의 자양분이 되어주고 있다.

  그 이후로 교단에서 학생들과 함께 할 때면, 우리가 어떻게 가치 있는 삶을 살아가야 하는지에 관해 틈만 나면 함께 나누는 바람직한 습관이 생겼다. 고 이수현이 쏘아 올린 작은 공이 또 한 명의 세계시민인 나의 마음속에서 매일 통통 튀어 오르면서 가치 있는 수업, 세상과 연계된 수업을 하라고 자극하고 있다. 더불어 소리 없이 우리의 삶을 지탱해 준, 무수히 많은 세상의 굿인플루언서들의 행보와 그 노력을 아이들에게 알려주고 싶다는 선한 욕심이 매일 생겨나고 있다. 어찌 되었건 이렇게 본 프로젝트에 관한 구상은 시작되었다. 누군가가 가능했다면 나도, 우리 아이들도 모두 굿인플루언서가 될 수 있다는 과감한 발상을 전제로.

  이번 기회를 통해 함께 나누고자 하는 프로젝트의 큰 목표는 지속가능발전목표라는 거대한 프리즘을 통해 세상을 바라보는 관점을 선물하는 것이다. 그리고 어떤 문제들이 해결되어야 하며, 그러한 문제들을 촉발하고 있는 원인을 아이들 스스로 탐구하고 생각할 수 있도록 한다. 그리고 지구인의 한사람으로서 세상을 살리는 가치 있는 판단과 결정이 무엇인지 스스로 느껴보도록 하는 것이 본 프로젝트의 궁극적인 목표라고 할 수 있다. 따라서 본 프로젝트를 나와 같은 교사들이 현장 수업에 손쉽게 적용할 수 있도록 4개의 소주제로 나누고 이를 순차적으로 연결하여 하나의 큰 프로젝트 수업이 진행될 수 있도록 제시하고자 한다. 물론 소주제 프로젝트는 분절적인 것으로 전체를 연결하지 않고 단독으로 나누어 간단히 2~3차시씩 상황에 맞게 융통성 있게 진행하는 것도 가능하다. 다음은 프로젝트의 진행 순서를 나타낸 것이며, 이 흐름대로 프로젝트별 내용을 순차적으로 소개하고자 한다. 나의 경우는 현재 중학교 1학년 자유학년제 프로그램 중 주제선택 수업 1분기에 해당하는 17차시를 활용하여 해당 프로젝트를 진행하고 있다.

지속가능발전목표로 '한 뼘 성장하기' 프로젝트 흐름도

과목명	자유학기제 주제선택 프로그램	대상	중학교 1학년	차시	총 17차시
오리엔테이션	1차시	세계시민과 세계시민교육 개념 이해하기			
1차 프로젝트	3차시	세상의 굿인플루언서 탐색하기 활동			
2차 프로젝트	3차시	각양각색 굿인플루언서 지속가능발전목표와 연계하기 활동			
3차 프로젝트	3차시	브랜드 액티비즘을 통해 다양한 사회적 편견 인식하기 활동			
4차 프로젝트	3차시	트롤리 딜레마를 통해 사회적 이슈에 대한 나의 의견 정립하기 활동			
추가 프로젝트	4차시	Fake를 Faith로 바꾸는 디지털 히어로 양성 프로젝트 (디지털 시민성 관련)			

세상의 굿인플루언서, 뽑아내어 SDGs와 연계하기

우리가 경험하고 살아가게 되는 삶의 맥락은 정작 교과서 밖에 즐비하게 펼쳐져 있다. 또한 다양한 삶의 맥락에서 우리가 마주하게 되는 다양한 현상과 문제들 또한 다양한 범주에 흩뿌려져 있다. 내가 생각하는 굿인플루언서라는 주제를 체계적인 프로젝트로 구성하기 위해서는 일차적으로 비계를 세우는 과정이 필요했는데, 이 부분에 접목하고자 한 핵심 개념이 바로 UN 지속가능발전목표였다.

UN 지속가능발전목표(Sustainable Development Goals)는 오가며 자주 보았던 알록달록한 이미지로 모두에게 굉장히 친숙하다. 통상적으로 영어 약자인 SDGs로 불리고 있다. 이는 2000년부터 2015년까지 시행된 밀레니엄개발목표(MDGs) 종료 이후, 2016년부터 2030년까지의 실천을 목표로 세워진 유엔과 국제사회가 만들어 낸 지구촌 모두의 공동목표이다. 빈곤 종식, 질병, 교육, 성평등, 난민, 분쟁 등과 같은 인류의 보편적 문제와 기후변화, 에너지, 환경오염, 물, 생물다양성 등과 같은 지구의 환경 문제, 그리고 사람이 살아가는 데 있어 꼭 필요한 기술, 주거, 노사, 고용, 생산 소비, 사회

UN 지속가능발전목표

출처: UN 지속가능발전목표 홈페이지

구조, 법, 대내외 경제와 같은 문제 등 세상의 문제들을 17가지 주목표와 169개 세부 목표로 나누어 근본적으로 해결해보자는 모두의 염원이 담긴 것이라고 볼 수 있다.

UN 지속가능발전목표에 담겨 있는 내용

Goal 1	모든 국가에서 모든 형태의 빈곤 종식
Goal 2	기아의 종식, 식량안보 확보, 영양 상태 개선 및 지속가능농업 증진
Goal 3	모든 사람의 건강한 삶을 보장하고 웰빙을 증진
Goal 4	모든 사람에게 포용적이고 형평성 있는 양질의 교육 보장 및 평생교육 기회 증진
Goal 5	성평등 달성 및 여성과 여아의 역량 강화
Goal 6	모두를 위한 물과 위생시설 접근성 및 지속가능한 관리 확립
Goal 7	모두에게 지속할 수 있는 에너지 보장
Goal 8	지속적, 포괄적, 지속할 수 있는 경제 성장 및 생산적 완전고용과 양질의 일자리 증진
Goal 9	건실한 인프라 구축, 포용적이고 지속할 수 있는 산업화 진흥 및 혁신
Goal 10	국내 및 국가 간 불평등 완화
Goal 11	포용적인, 안전한, 회복력 있는 지속 가능한 도시와 거주지 조성
Goal 12	지속할 수 있는 소비 및 생산 패턴 확립
Goal 13	기후변화와 그 영향에 대처하는 긴급조치 시행
Goal 14	지속가능발전을 위한 해양, 바다, 해양자원 보존과 지속할 수 있는 사용
Goal 15	육지생태계 보호와 복구, 지속할 수 있는 수준에서의 사용 증진 및 산림의 지속 가능한 관리, 사막화에 대처, 토지 황폐화 중단 및 회복, 생물다양성 손실 중단
Goal 16	지속가능발전을 위한 평화적이고 포괄적인 사회 증진과 모두가 접근할 수 있는 사법제도, 모든 수준에서 효과적, 책무성 있는 포용적인 제도 구축
Goal 17	이행 수단 강화 및 지속가능발전을 위한 글로벌 파트너십 재활성화

우선 굿인플루언서 프로젝트의 원만한 진행을 위한 준비 과정이자 가장 필수적인 과정으로서 유엔의 17가지 지속가능발전목표의 개념과 각각의

세부 목표에 대한 구체적인 내용을 탐구하는 시간을 가지도록 한다. 모둠별로 학생들에게 17개의 지속가능발전목표를 2~3개씩 분배한 다음, 개별 노트북을 활용하여 인터넷 검색을 통해 조사 양식을 작성하도록 안내한다.

[1차] 프로젝트: 세상의 굿인플루언서 탐색하기 활동

활동 주제	UN 지속가능발전목표 톺아보기	총 3차시
활동 목표	• 17가지 지속가능발전목표의 개념과 목적을 조사하고, 각각의 세부 목표의 내용을 자신의 언어로 표현할 수 있다. • 지속가능발전목표 중 내가 가장 관심 있고 실천하고 싶은 목표가 무엇인지 17개 목표 중에서 자신의 '원픽'을 선택하여 말할 수 있다.	
활동 준비물	UN 지속가능발전목표 조사 양식, 모둠별 발표를 위한 ppt	

1차시에 걸친 모둠별 조사 활동이 끝나면, 작성된 양식을 토대로 모둠별 발표 활동을 진행한다. 학생들의 프레젠테이션 이후 교사가 전체적으로 한번 정리해주는 시간이 반드시 필요하다. 왜냐하면 지속가능발전목표 자체는 직관적인 시각 이미지로 굉장히 일목요연하게 잘 정리되어 있긴 하지만 개별 목표를 말로 풀어서 설명하는 것이 생각보다 쉽지 않기 때문이다. 예를 들어 빈곤퇴치나 깨끗한 물과 위생처럼 개별 목표를 상징하는 아이콘을 보면 직관적으로 쉽게 파악이 되는 목표도 있는가 하면, 양질의 일자리와 경제 성장 목표인 8번이나 산업, 혁신, 사회기반시설 구축과 관련된 9번 목표처럼 개념을 정확히 이해하기 위해서는 어느 정도의 관련 배경지식을 갖추고 있어야 하는 목표들도 상당히 포함되어 있다. 따라서 이 부분은 교사가 가르치고자 하는 학습 대상의 인지 수준을 사전에 충분히 고려하여 최대한 이해하기 쉬운 언어로 설명하기 위한 준비 작업을 거칠 필요가 있다. 나의 경우는 17개 목표를 간단히 설명할 수 있도록 파워포인

트 자료를 망고보드로 자체 제작하여 수업에 활용하였다. 그리고 추가적인 자료가 필요한 경우는 잘 정리되어 유튜브에 업데이트되는 양질의 동영상 자료들을 엄선하여 적극 활용하기도 하였다. 동영상 자료를 활용하였다.

SDGs의 기본 개념을 잡기 위한 수업 자료 제작

출처: UN 지속가능발전목표 홈페이지

목표별 연관 이미지 활용 – Goal1 빈곤종식

출처: UN 지속가능발전목표 홈페이지

또한 수업 여건에 따라 지속가능발전목표에 대한 학생들의 이해도를 재차 점검하기 위한 시간을 1차시 정도 추가로 가질 수도 있다. 나의 경우 온라인 기반의 퀴즈 문항을 각각의 세부 목표별로 사전 제작하여 함께 풀어보는 수업을 진행하기도 한다. 특히 지속가능발전목표 온라인 퀴즈 문항 제작을 위해서 유튜브에 실시간으로 업데이트되는 트렌디하고 다양한 동영상 자료를 최대한으로 활용함으로써 학생들이 지속가능발전목표를 따분한 개념 정도로 잘못 인식하지 않도록 노력하고 있다.

지속가능발전목표를 활용한 온라인 퀴즈 제작 예시

SDGs 16. 평화, 정의 및 제도 구축

QUIZ 1) 쿠르디처럼 여러 가지 박해로 자신의 나라에서 살 수 없어서 다른 나라로 이주하는 이들을 두 글자로 (   )이라고 한다.

QUIZ 2) 시리아 내전에서 핵심적인 단체인 이슬람 수니파 무장단체를 영어 약자로 줄여서 (   )라고 부른다.

QUIZ 3) 오늘의 퀴즈 주제와 가장 연관이 있는 지속가능발전목표는 16번 목표인 (   )이다.

〈활용한 유튜브 영상〉

난민이란?
(공익법센터 어필APIL)

시리아 사태 3분 요약
(엠빅뉴스)

'떠나면 쿠르디, 남으면 옴란'...
일상이 전쟁인 아이들
(SBS 뉴스)

학생들과 함께 지속가능발전목표 17가지에 대해 2~3차시 정도 함께 활동하고 나면 아이들은 그동안 무심코 접했던 무지개색 도안에 담긴 의도를 비로소 이해하게 된다. 이는 곧 학생들이 SDG라는 방대한 바닷속으로 기꺼이 들어갈 몸풀기 운동을 마쳤다고도 볼 수 있다.

이런저런 이해도 점검 과정을 통해 학생들이 17가지 주제에 대해 대략적으로 잘 이해했다는 판단이 서면, 꼭 거쳐야 할 다음 코스는 바로 아이들 자신이 어떠한 영역, 또는 어떠한 세부 목표 달성에 가장 흥미와 관심을 느끼는지 자신의 '원픽(One-Pick)'을 탐색하는 시간을 갖도록 하는 것이다. 교사가 그 포문을 열도록 한다. 실제로 나의 경우 '차별'이나 '불평등' 이슈에 개인적으로 굉장히 민감한 편임을 자각하고 있기에 10번 불평등 해소 목표가 가장 적극적으로 실천하고 싶은 나의 원픽이다.

따라서 교사가 선제적으로 자신의 입장과 생각을 하나의 사례로 제시하게 되면 아이들은 자연스럽게 자신이 관심 가는 영역에 대한 이야기보따리를 덩달아 술술 풀어놓게 된다. 설령 그동안 아무 생각이 없이 살아왔던 친구들이라 하더라도 17개의 목표 속에서 상대적으로 더 관심 가는 목표를 생각해 보게 되며, 이 과정에서 세상과 나는 분리되어 있지 않고 유기적으로 연결되어 있음을 자연스럽게 체감하게 된다. 결국 지속가능발전목표 17개로 이루어진 '프리즘'을 통해 세상을 내다보며 사유할 수 있는 세계시민으로서의 기본자세와 역량을 습득하게 되는 것이다.

가장 관심 가는 'My SDG' 1개 선정하여 소개하기 활동

My SDG	SDG 6번 깨끗한 물과 위생
목표 선정의 이유	평소 유난히 다른 친구들에 비해 갈증을 못 견디는 체질인데, 주제선택 시간에 접하게 된 유튜브 동영상을 통해 더러운 물이라도 구하기 위해 매일 물통을 가지고 왕복 9시간씩 꼬박 걸어야 하는 에티오피아의 13살 소녀 아이샤의 사연을 접하게 되면서 그 목마름이 내 몸에 고스란히 전달되는 듯한 느낌을 받았다.
목표 달성을 위한 나의 실천 계획	이제부터는 아무 생각 없이 마시고 있는 물 한잔에도 감사하는 마음을 가질 것이며, 물부족 국가에 살고 있는 아이들의 고통을 생각하면서 일상생활에서 최대한 물을 아껴 쓰는 실천을 해야겠다.

꺼내도, 꺼내도 채워지는 신기한 SDG 이야기 화수분

SDGs를 알게 되면 누구나 자연스럽게 세상 이곳저곳에서 시시각각으로 벌어지는 모든 사건, 사고들이 대부분 다 17가지 목표의 범주에 얼기설기 연관되어 있다는 것을 깨닫게 된다. 마치 '써도 써도 마르지 않는 신비한 단지'인 전설 속의 화수분처럼 17개의 단지에서 각종 이슈가 계속 양산되고 있는 식이다. 하지만 자세히 들여다보면 각종 이슈를 잠재우고 해결하기 위해 각자의 영역에서 최선을 다하고 있는 세계시민들이 도처에서 소리 없이 제 몫을 다하고 있다. 자신에게 주어진 달란트와 재능을 바탕으로, 자신이 속한 직종과 관심 분야의 문제를 해결해보겠다는 강한 의지와 열정을 가지고 덤벼드는 사람들…. 굿인플루언서 프로젝트는 이들에 대한 소소한 발견과 관찰에서부터 시작되었다. 내가 맨 처음 시작하려면 괜히 비장하고 어렵지만, 누군가 이미 시작해서 하고 있다면 이야기는 또 달라지기 때문이다.

굿인플루언서 Jane 프로젝트, 지속가능한 세상의 동력이 되다

1차 프로젝트 활동을 통해 SDGs를 잘 이해하게 되었으니 이제 본격적으로 숨겨져 있는, 또는 세상에 이미 드러나 있는 다양한 굿인플루언서를 탐색하고 발굴하여, 각각의 지속가능발전목표와 연계해 보는 활동을 진행해 본다. 특별히 프로젝트 활동명에 위트를 담아 학생 자신의 이름을 집어넣어 완성하도록 한다. 사실상 굿인플루언서 Jane 프로젝트는 나의 영어 이름에서 비롯되었는데, 알고 보면 크고 작은 미담과 선행의 중심에는 대단히 비범하고 특출난 '누군가'가 있는 것이 아니라, 우리와 별반 다르지 않은 평범한 '우리'가 있다는 깨달음을 아이들에게 전달해주고 싶은 나의 의지가 담겨 있다.

[2차] 프로젝트: 굿인플루언서 Jane 프로젝트

활동 주제	각양각색 굿인플루언서 지속가능발전목표와 연계하기 활동	총 3차시
활동 목표	• 세상에 선한 영향력을 행사하는 굿인플루언서'이자 세계시민을 조사하여 정리한다. • 조사한 인물이 지속가능발전목표 중 어떤 목표 달성을 위한 실천과 노력을 하고 있는지 연계하여 말할 수 있다.	
활동 준비물	굿인플루언서 조사 양식, 모둠별 발표를 위한 ppt	

본격적인 활동 시작을 위해 교사는 세상의 다양한 영역에서 선한 영향력을 행사하는 이들에 관한 이야기보따리를 '술술' 풀어가는 방식으로 프로젝트 활동 주제를 제시한다. 이 단계에서는 아무래도 사회적으로 인지도가 좀 있거나, 아이들과 비슷한 연령대에 속해 있어 별다른 부담 없이 쉽게 받아들여지는 인물이면 더 좋다. 내가 항상 사례로 가장 먼저 제시

하는 첫 번째 인물은 바로 말랄라 유사프자이(Malala Yousafzai)이다. 잠깐 말랄라에 대한 이야기를 풀어보도록 하자. 그녀는 만 11세이던 2009년 영국 BBC 방송 사이트의 우르두어 블로그에 익명으로 탈레반 점령지의 억압적 일상과 여성들의 교육을 금하는 현실을 생생하게 묘사한 글을 올렸다가 탈레반에게 갑작스러운 테러를 당하게 된다. 구사일생으로 죽음의 고비를 넘긴 그녀는 자신에게 주어진 제2의 인생을 가치 있게 살아가겠다는 결심을 하게 되고, 그 이후로 전 세계를 다니면서 여성과 어린이의 교육권을 옹호하는 인권운동을 펼치고 있다.

이야기 보따리가 풀어지는 이 과정에서 학생들이 모두 귀를 쫑긋 세우고 교사의 입에 집중하는 모습을 보인다. 아이들이 몰두하는 이 순간의 희열을 경험하게 되는 순간, 교사는 재미있는 입담을 가진 '천생 이야기꾼'으로 자동 변신하게 된다. 물론 이때, 교사는 한 사람의 인생 스토리를 피상적이고 단편적으로 공유하는 것에 그치지 말고 각각의 인물들이 어떤 지속가능발전목표를 달성하기 위해 노력하고 있는지 학생들이 진지하게 생각해보도록 분위기를 잘 조성해야 한다.

내가 찾아낸 굿인플루언서 소개하기 활동

굿인플루언서	파키스탄의 말랄라 유사프자이(Malala Yousafzai)
굿인플루언서의 활동 사례	만 11세이던 2009년 영국 BBC 방송 사이트의 우르두어 블로그에 익명으로 탈레반 점령지의 억압적 일상과 여성들의 교육을 금하는 현실을 생생하게 묘사한 글을 올렸다가 탈레반에게 갑작스러운 테러를 당하게 됨. 죽음의 고비를 넘긴 그녀는 어려움에 굴하지 않고 전 세계를 다니면서 여성과 어린이의 교육권을 옹호하는 인권운동가로 활동 중이며 역대 최연소로 노벨평화상을 수상하기도 함.
굿인플루언서와 관련 있는 SDG	4 모두를 위한 양질의 교육 / 10 모든 종류의 불평등 해소

학생들은 굿인플루언서 탐구 활동을 통해 이들의 다채로운 활동이 우리가 살아가는 삶의 터전인 지구공동체를 지속가능하게 하는 세상의 동력으로 작용함을 자연스럽게 깨닫게 된다. 또한 말랄라가 한 사람의 세계시민이자 지속가능발전목표 4번인 '질 좋은 교육'과 10번 '불평등 해소'라는 목표 달성을 위해 달려가고 있는 굿인플루언서라는 구체적인 배경지식을 얻게 됨은 물론, 자신의 진로와 연계한 역할 모델 탐색 또한 동시에 가능하다.

유의할 점도 있는데, 그것은 바로 말랄라처럼 역대 최연소 노벨상 수상을 기록할 정도로 대단히 역량 있고 유명한 사람만이 굿인플루언서의 자격이 있는 것이 아님을 프로젝트의 시작 단계에서 정확히 인식시키는 것이다. 굿인플루언서들의 여러 활동 사례와 인물을 탐구하는 과정에서 그들을 제대로 선별하려면 정확한 선별 기준 제시가 필요한데, 어린 학생들은 자칫하면 선한 영향력의 개념을 유명세나 능력, 스펙 등으로 잘못 이해하고 받아들일 확률이 높기 때문이다. 따라서 교사는 다양한 인물들의 활동으로 인해 우리 사회의 어떤 문제들이 개선되고 있는지에 학생들이 활동의 초점을 잘 맞출 수 있도록 가이드라인을 제시할 필요가 있다.

학생들에게 나름대로 인물을 탐색하고 그들의 이야기를 지속가능발전목표와 연계할 수 있는 시간을 여유 있게 제공한다. 흥미로운 부분은 아이들이 초반에는 굿인플루언서의 개념을 본인이 잘 이해했는지 자신 없어 하지만 각자 짧은 '버퍼링' 시간을 거치고 나면 인터넷 검색을 통해 능숙하게 다양한 사례들을 잘 '건져 올리는' 신공을 발휘한다는 점이다. 실제로 민재라는 학생은 네덜란드의 청년 사업가 보얀 슬랫이 해양 쓰레기에 대한 관심을 바탕으로 오션 클린업이라는 스타트업을 창업하였고 기후위기 대응과 관련된 지속가능발전목표 13번과 해양생태계 보호를 위한 14번 목표 실천을 위해 노력하고 있음을 조사하여 발표할 수 있었다. 또한 지윤이라는 학생은 우리의 자랑 손흥민 선수가 영국 현지에서 축구 선수로 활동하면서 엄청난 인종차별을 당했음에도 불구하고 그런 차별 행위에 대해 똑같이 대응하지 않고 능숙하게 잘 대처하고 있으며 지속가능발전목표 10번인 '불평등 해소'를 위해 노력하고 있는 굿인플루언서임을 능숙하게 매칭하여 발표하였다.

다양한 인물 탐색의 시간을 거쳐 각자 선정한 굿인플루언서가 정해지면 그들을 선정한 이유, 그들의 관심 분야와 활동 사례, 그들이 개선하고자 하는 문제와 달성하고자 하는 지속가능발전목표는 무엇인지에 관해 정리하여 발표하는 시간을 가져본다. 이 과정에서 예상되는 시나리오는 17개의 지속가능발전목표가 당연히 골고루 다뤄지지 않는다는 점이다. 따라서 학생 발표 이후에 추가 피드백의 형식으로 학생들이 접근하기 어려워하는 목표에 대한 사례를 구체적으로 제시해 주는 것도 균형감 있는 양질의 수업을 만드는 좋은 방법이기에 추천한다.

보다 쉽게 이해할 수 있도록 한가지 예를 제시해 보고자 한다. 2013년 4월 24일 방글라데시의 수도 다카에서 지상 9층 빌딩인 라나 플라자(Rana Plaza)가 붕괴된 사고가 있었다. 무려 1,129명이 사망하고 2,500명의 사람들이 부상을 입은 대참사였다.

우리가 주목해 볼 부분은 이 사고로 인해 죽은 희생자 대부분이 이민자, 여성 및 사회 극빈층 노동자들이 다수 희생되었다는 사실이다. 더 큰 문제는 이 사건을 촉발한 주요 원인이 다름 아닌 패스트패션(fast fashion)[2] 산업이었다는 점인데 실제로 방글라데시는 의류 하청 산업이 주된 산업으로 자리 잡은 나라로서 싼 임금으로 노동자를 부리는 것으로 악명 높다. 의류업체들이 값싼 노동력으로 물건을 생산하고자 노동조차 불가능한 최악의

---

2 패스트패션: 빠른 상품 회전율, 최신 유행을 즉각 반영한 디자인, 저렴한 가격으로 승부하는 패션 또는 패션사업을 뜻하는 말이다. 주문을 하면 바로 먹을 수 있는 음식인 패스트푸드(fast food)처럼, 빠르게 제작되어 빠르게 유통된다는 의미에서 패스트패션(fast fashion)이라는 이름이 붙었다.

환경에서 여성과 어린이들의 노동력을 착취하고 인권을 유린하다 발생한 인재(人災)인 것이다.

이 안타까운 사건을 통해 영국의 '패션 레볼루션'이라는 단체가 생겨났다. 패스트 패션 산업과 SPA³ 브랜드의 이면에 가려져 있던 이러한 구조적인 문제의 심각성이 영국과 이탈리아 출신의 패션 디자이너 캐리 소머스(Carry Somers)와 오르솔라 드 카스트로(Orsola de Castro)를 자극한 것이다. 이들은 패션산업의 투명성과 책임성을 강화해야 하며 패션산업이 지구를 보존하고 복원하는 방향으로 전환돼야 함을 전 세계적으로 알리고 있다. 이들은 지속가능발전목표 8번과 12번의 현실적인 목표 달성을 위해 최선의 노력을 다하고 있다고 볼 수 있겠다. 또한 선한 영향력은 한 개인을 통해 나오기도 하지만, 때로는 개개인의 힘이 모여 연합된 공동체의 형식으로 발현될 수 있음을 보여주는 적절한 사례로 볼 수 있다.

그 밖에도 굿인플루언서 탐색 프로젝트 활동의 스펙트럼은 제한이 없다. 그야말로 무궁무진하다. 그리고 범주를 조금만 줄여 들여다본다면 우리나라 인물 중에서도 각자의 영역에서 활발하게 활동하고 있는 'K-굿인플루언서' 또한 상당히 많다. 몇 사람만 더 나열해 보자.

장애인 유튜버 '박위'는 불의의 사고로 하루아침에 전신마비 판정을 받았지만, 기적적으로 다시 일어날 수 있다는 의지를 담아 '위라클'이라는 유튜브 채널을 운영하면서 많은 장애우들에게 희망을 주고 있는 긍정의 아이콘이다. 그는 신세대들에게 어필할 수 있는 변화된 방식으로 지속가능발전목표 3번 '건강하고 질 좋은 삶'과 10번 '불평등 해소'를 실천하고 있다.

---

3 SPA: SPA(Specialty store retailer of Private label Apparel)는 미국 브랜드 '갭'이 1986년에 선보인 사업모델로 의류기획·디자인, 생산·제조, 유통·판매까지 전 과정을 제조회사가 맡는 의류 전문점을 말한다. 백화점 등의 고비용 유통을 피해 대형 직영 매장을 운영, 비용을 절감시킴으로써 싼 가격에 제품을 공급하고, 동시에 소비자의 요구를 정확하고 빠르게 이해하여 상품에 반영시키는 새로운 유통업체이다.

그래피티 아티스트 '심찬양'은 미국 동부와 서부에서 〈한복 입은 흑인〉과 한글 등을 건물 외벽에 그려 넣어 샌프란시스코 지역 신문에 실리는 등 인종차별 이슈에 한국적인 요소와 예술을 가미하여 유색인종이라는 세상 사람들의 편견과 고정관념을 타파하고자 활동 중이다. 그는 세계시민 모두가 연결되어 있고 하나라는 사실을 자신의 작품을 통해 알리면서 10번 '불평등 해소'와 17번 '목표에 대한 단결력'을 실천하고 있다.

비단 개인뿐만 아니라 공익법 단체 '어필'은 변호사들의 모임으로서 난민과 구금된 이주민, 무국적자, 인신매매 피해자 등의 인권을 보호하고 다국적 기업의 인권침해를 감시하는 법률 지원 활동을 벌이고 있다. 그들은 지속가능발전목표 8번 '양질의 일자리와 경제 성장', 그리고 16번 목표인 '평화, 정의, 강력한 제도'를 실천하기 위해 부단히 애쓰고 있다.

모 언론사의 기자인 '남형도'는 단순히 조회 수를 올리기 위한 기사가 아닌, 독거노인, 장애우, 유기견 등 우리 사회의 사각지대에 놓여있는 존재들의 입장을 자신이 직접 체험해보면서 그들의 어려움을 글로 대변하고 있다. 자신이 가지고 있는 기자라는 직업을 소통 창구 삼아 많은 이들의 공감을 이끌어내면서 지속가능발전목표 여러 가지를 전방위적으로 실천해 나가고 있다.

모둠별로 조사해 온 굿인플루언서 탐색 결과를 공유하고 발표하는 과정을 통해 아이들은 많은 것을 깨닫고 배우게 된다. 특히 경쟁적인 대한민국의 현실 속에서 자신이 왜 공부를 열심히 해야 하는지 그 이유를 알 수 없었던 아이들에게 신선한 학습 동기가 생겨난다. 다양한 사람들이 사회의 구성원이 되어 자신의 삶뿐만 아니라 타인의 삶에까지 좋은 영향을 미칠 수 있다는 사실을 함께 공유하는 과정에서 나름의 깨달음을 얻게 되는 것이다. 자신의 존재 가치에 대해 생각해보기도 하고 앞으로 어떤 사람이 되고 싶은지 성찰해 보는 시간을 가지게 된다. 무한경쟁의 늪에서 살아남기 위해 소위 '학원 뺑뺑이'에 생각할 수 있는 에너지를 모두 빼앗겨버린 우리 아이들에게 이러한 시간은 매우 소중하고 필요하다.

  탐색 결과를 공유한 이후에는 마무리 활동으로 17개의 지속가능발전목표 중 내가 관심을 가지고 실천하고 싶은 한 가지 목표를 정해보고, 그것을 나의 미래 진로와 연관시켜서 진로 계획을 간단히 작성하여 발표해 본다. 흥미로운 부분은 적어도 이 시간만큼은 장래에 일하지 않고 놀 수 있는 '강남 건물주'가 되고 싶다고 외치는 용감한 학생들은 전혀 나오지 않는다는 점이다.

  이는 아마도 굿인플루언서 탐색 활동을 통해 우리 사회를 구성하고 있는 구성원들의 다양성을 알게 되었고, 그들의 실천이 모여 지속발전가능한 건강한 사회와 지구공동체를 만들고 있음을 알게 되었기 때문일 것이다. 매번 교사로서 잊지 않는 꼰대 잔소리가 있다. 그들이 할 수 있었다면, 너도 할 수 있다는 것이고, 앞으로 멋진 굿인플루언서로 성장하여 세계를 무대로 활약하게 될 너희들을 기대한다고. 그러면서 동시에 나 스스로를 점검해 보기도 한다. 얼마만큼의 선한 영향력을 품고 살아가고 있는 굿인플루언서인지를. 나 역시도 아이들과 마찬가지로 여전히 현재진행형이다.

  추가적인 활동으로 '인권'에 대한 수업을 연계하여 진행이 가능하다. 그 이유는 지속가능발전목표 17개 중 굿인플루언서들을 통하여 가장 많은 실천이 이루어지고 있는 영역이 바로 10번 '불평등 해소'인데 불평등이란 단어의 기저에는 다양한 인권 차별 이슈가 깔려 있기 때문이다. 만약 학생들이 평등이란 개념을 어려워한다면 왜 우리 모두가 동등한 권리를 가진 존재인지를 '인권'의 개념과 '세계인권선언' 그리고 여러 '인권침해 사례' 탐구 활동을 통해 함께 나눠보는 시간을 가지는 것을 추천한다.

  나의 경우 중학교 1학년 자유학년제 주제선택 프로그램 수업을 몇 해에 걸쳐 지속적으로 운영해왔다. 문제는 학생들과 대화를 나누어 보면 '인권'

이라는 단어를 굉장히 추상적인 개념어로 인식하고 있거나, 아니면 매우 복잡하고 정치적인 단어쯤으로 인식하고 있는 경우가 다반사라는 점이다. 한마디로 단단히 뒤틀리고 왜곡된 개념으로 학습되어 있다. 이러한 수업이 반드시 필요하다고 생각되는 이유이다. 조금만 더 신경 써서 인권 관련 수업을 2차시 정도에 걸쳐 진행하게 되면 아이들은 '불평등'이 이 사회 전반에 알게 모르게 많이 깔려 있다는 사실을 인식하게 되고, 이는 어떤 이슈에 대해 비판적으로 생각해보고 가치 판단 할 수 있는 베이스로 작용하게 된다.

브랜드 액티비즘으로 알아보는 상당히 '힙'한 SDGs 이야기

이전 프로젝트 활동을 통해 학생들이 지속가능발전목표에 대한 대략적인 개념을 전반적으로 잘 받아들인 상태라고 판단되면, 17개의 목표 중 특정 목표를 선정하여 범위를 제한하고 보다 심화된 수준의 활동을 제시할 수 있다. 그중 한 가지 주제를 제안해 본다면 바로 '브랜드 액티비즘' 탐구 활동이다. 브랜드 액티비즘(brand activism)은 한 브랜드가 사회적 이슈에 대해 양심을 가진 인격체처럼 목소리를 내고 행동하는 것을 가리키는 신조어이다. 기업도 하나의 인격체처럼 '가치'를 말하고 실천하는 시대가 도래했으며 소비자들의 의식 수준이 높아진 만큼 회사도 그에 상응하는 태세 전환을 시도하는 것으로 볼 수 있다.

[3차] 프로젝트: 브랜드 액티비즘을 통한 SDGs 실천 프로젝트

활동 주제	브랜드 액티비즘을 통해 다양한 사회적 편견 인식하기 활동	총 3차시
활동 목표	• 기업의 긍정적인 브랜드 액티비즘 활동 사례를 조사하여 정리한다. • 자신이 조사한 브랜드 액티비즘 사례가 지속가능발전목표와 어떤 연관성이 있는지를 정리하여 말할 수 있다.	
활동 준비물	브랜드 액티비즘 사례 조사 양식, 모둠별 발표를 위한 ppt	

개인적으로 브랜드 액티비즘을 알게 된 계기는 '파타고니아(Patagonia)'라는 의류 브랜드의 광고를 통해서였다. 'Don't buy this jacket.' 처음에는 내가 영어로 쓰인 광고 문구를 잘못 봤거니 했다. 하지만 제대로 본 것이 맞았다. 옷을 팔아서 최대한 많은 이윤을 남겨야 하는 의류 회사가 자신들의 물건을 사지 말라고 광고 슬로건을 내 걸다니…. 솔직히 내심 세간의 주목을 끌기 위한 영악한 회사의 '꼼수' 마케팅이 아닐까 의심부터 들었다. 하지만 부정적인 의혹을 품고 더 깊숙이 알아본 결과는 매우 달랐다.

파타고니아의 광고에는 40년간 의류 회사를 이끌어 온 이본 쉬나드(Yvon Chouinard) 회장의 철학과 진정성이 고스란히 담겨 있었다. 기후변화에 대한 대응과 지구환경 보호를 위해 자신이 가진 재산 30억 달러, 우리 돈으로 4조나 되는 큰돈을 환경단체에 기부할 정도로 환경운동에 진심인 그는 "최고의 옷을 만드는 이유는 오래 입어서 자원을 아낄 수 있게 하기 위한 것"이라고 말한다. 또한 파타고니아는 소비자들에게 새 옷을 팔아치우는 대신 소비자가 한번 구매한 옷을 지속적으로 고쳐 입을 수 있도록 수선 서비스를 제공하고 수선법까지 전수하고 있다. 소위 '쿨'함을 넘어 상당히 '힙'한 마케팅이 아닐 수 없다.

긍정적인 부분은 비단 파타고니아뿐만 아니라 점점 더 많은 기업들이 지속가능한 지구를 위해 개인 차원의 노력을 넘어, 부단히 애쓰고 노력하고 있다는 사실이다. 나는 내가 경험한 파타고니아와 같은 회사들의 가치 있는 노력에 대해 학생들이 꼭 알게 되기를 원했다. 그리고 더 나아가 한 사람의 소비 주체로서 우리가 취해야 할 바람직한 마음 자세와 태도가 무엇인지 학생들이 구체적으로 생각해보는 의미 있는 시간을 꼭 가져야 한다고 생각한다. 이것이 본 프로젝트의 주된 목표이자 동기라고 할 수 있다.

　우선 학생들과 함께 브랜드 액티비즘의 개념과 그러한 활동이 가지는 사회적 가치를 알아보고 정리하는 시간을 가지기 전에 기존의 광고들이 가지고 있는 다양한 문제점에 대하여 알아보는 시간을 먼저 가져본다. 이를 통해 학생들은 왜 개인을 넘어선 기업의 반성과 각성이 있어야 하는지 그 시대적 필요성을 우선적으로 뚜렷하게 인식하게 된다. 이 과정에서 교사는 다양한 광고 등 트렌디한 시각 자료나 동영상 자료를 적절하게 활용함으로써 아이들이 신세대의 기지를 발휘하면서 직관적으로 문제점을 바로 찾아낼 수 있도록 유도한다.

　이 프로젝트 활동이 재미있는 이유는 광고라는 매체가 짧은 숏폼이나 시각 자료에 반응 속도가 빠른 MZ 학습자의 학습 욕구를 충족시키기에 적합한 요건을 다 갖추고 있기 때문이다. '세상을 보려거든 광고를 보라'는 말도 있듯이, 광고는 학생들이 우리 사회의 민낯을 손쉽게 파악할 수 있는 훌륭한 수업 교재가 될 수 있음을 수업 활동을 통해 확인할 수 있다.

　우리가 주목할 부분은 여성을 상품화하는 성차별 이슈, 동양인을 비하하는 인종차별 이슈 등을 광고를 통해 여전히 쉽게 접할 수 있다는 점이다. 다시 말해 보기만 해도 눈살이 찌푸려지는 불편한 광고 동영상이나 이미지 자료를 구하는 것이 그리 어렵지 않다. 실제 사례를 몇 가지 들어보자.

　우선 세계적인 패스트푸드 업체인 B사의 젓가락 광고가 있다. 동양인들의 젓가락 사용 문화를 노골적으로 희화화했다고 보인다. 논란의 중심이 될 것을 충분히 예상할 수 있음에도 버젓이 광고를 제작한 업체의 행태가 놀라울 따름이다. 영국의 세계적인 생활용품 다국적 기업인 U 사도 그들의 대표 상품인 비누를 광고할 때 매우 적나라한 인종차별 콘셉트를 사용하여 국제적으로 세간의 뭇매를 맞은 적이 있다. 흑인 여성이 자신의 회사 비누를 사용하면 깨끗한 백인으로 변한다는 콘셉트로 제작되었다. 또한 미국을 대표하는 의류 업체인 B사도 백인 아이를 천사로, 흑인 아이를 악마로 표현하는 광고를 제작하여 송출하기도 했다. 이 외에도 셀 수 없이 많은 '불편한' 광고들, '시대착오적인' 광고들이 버젓이 텔레비전과 인터넷상에 여전히 노출되고 있는 실정이다.

  이 단계에서 교사는 학생들에게 다양한 자료를 자유롭게 검색해 보도록 하는 것이 중요하다. 왜냐하면 이 과정에서 학생들은 그들이 예상하던 수준보다 '부적절한' 광고가 훨씬 더 많다는 것을 자연스럽게 체감하게 되며 그 심각성을 몸소 깨달을 수 있기 때문이다. 물론 이 활동은 교실 상황에 따라 개별적으로 진행되어도 좋고, 3~4명씩 모둠을 구성하여 모둠별로 진행할 수도 있다. 검색을 통하여 자신들이 찾아낸 자료를 활동지 양식에 내용을 정리한 다음 순서대로 발표하는 시간을 통해 어떤 문제가 가장 시급하게 해결되어야 할 것인지 우선순위를 매겨보는 활동도 좋은 방법이다. 무엇보다 이 활동을 통해 어떤 생각과 감정을 느끼고 있는지 함께 나누어 보는 시간을 반드시 가지는 것이 좋다. 타인을 충분히 배려하고 상대방의 입장을 이해하는 미덕을 갖추는 것이 시대 고금을 막론하고 좋은 사람이 되기 위한 필수 요소임을 프로젝트를 통해 자연스럽게 교육할 수 있는 절호의 기회다.

  지속가능발전목표가 왜 사회 전반에서 적극적으로 실천되어야 하는지 이전 활동을 통해 실감했으니, 다음 활동으로 넘어간다. 지구촌 곳곳에서 각종 사건, 사고가 끊임없이 일어나고 있지만 소리 없이 노력하고 있는 굿인플루언서들이 존재하는 것처럼, 악덕 기업들의 횡포가 있다면 브랜드 액티비즘을 통해 지속가능발전을 도모하고 있는 선량한 기업들도 늘어나고 있다. 이 부분에 대해서 본격적으로 탐구해보는 시간을 함께 가져봄으로써 아이들은 사회의 부정적인 요소를 해결하기 위한 긍정적인 액션 또한 지속되고 있음을 체감하게 되며 '그래도 여전히 살만한 세상'임을 자연스럽게 인식하게 된다.

논란의 여지가 있는 여러 유형의 광고 중에서 특별히 지속가능발전목표 5번인 성평등과 직접적으로 연관성이 있는 '펨버타이징'을 프로젝트 활동 주제로 집중적으로 다뤄보는 것을 추천한다. 펨버타이징(femvertising)은 페미니즘(Feminism)과 광고(Advertisement), 이 두 단어를 합성한 신조어로써, 2014년 미국의 광고업계에서 시작되어 점점 세계적인 트렌드로 자리잡아 가고 있다. 광고라는 것이 성 역할, 사회적 규범, 문화적 가치에 대한 소비자들의 인식과 태도를 형성할 수 있는 강력한 도구라는 점에 착안하여, 문제가 되는 광고의 문제점을 광고로 해결하는 방법이라고 볼 수 있다. 물론 펨버타이징을 단순히 매출 증대를 위한 기업들의 가식적인 행동으로 보는 일부 부정적이고 비판적인 시각도 존재하지만, 수십 년 동안 광고 속 여성이 성적으로 대상화되어 왔음은 누구도 부정할 수 없는 사실이다. 따라서 차별, 특히 여성에 대한 성차별의 문제를 적극적으로 해결하고 양성평등을 촉진하고자 하는 기업들의 브랜드 액티비즘은 바람직한 현상이다.

최근 「펨버타이징(femvertising)에 대한 태도에 영향을 미치는 요인에 대한 연구」(김지은, 2021)에 의하면 펨버타이징은 다음과 같은 네 가지 특징을 가진다. 첫째, 전형적으로 완벽한 슈퍼 모델이 아닌, 다양한 인종, 다양한 체형, 다양한 연령대의 모델들이 등장한다. 둘째, 주된 목적은 여성들에게 포용적이고, 영감을 주며, 힘을 실어주는 것으로 여성의 결점을 고쳐야 한다고 이야기하기보다 긍정적인 것을 강화하고, 자신감을 부여하고 동기부여의 감정을 제공하고자 한다. 셋째, 여성의 전통적인 성 역할에 대한 고정관념을 벗어난 여성을 적극적으로 제시한다. 넷째, 여성들이 남성의 시각에 의해 대상화되지 않는다. 마지막으로, 여성에 대한 진정성을 내포하고 있다. 이 다섯 가지 특성 중 가장 와닿는 단어는 '진정성'이었다. 기업들의 현실적인 실천이 전제되지 않는다면 그럴싸한 광고는 한낱 '꼼수'에 지나지 않음을 우리 모두는 잘 알고 있기 때문이다.

특히 대한민국은 언젠가부터 젠더 갈등으로 지속적인 몸살을 앓고 있다. 2016년 5월에 발생한 강남역 살인사건처럼 일면식도 없었던 여성을 한 남성이 무참히 살해하는 여성 혐오 범죄가 일어나거나, 올림픽에 출전한 여자 양궁 국가대표 선수가 페미니스트를 대표하는 특정한 머리 스타일과 언행을 했다는 이유만으로 인터넷상에서 뭇매를 맞기도 하였다. 이쯤 되면 젠더 갈등은 지속가능하고 건강한 대한민국을 만들기 위해 모두가 관심 가지고 반드시 풀어야 할 공동의 숙제가 아닐 수 없다. 따라서 이 주제를 프로젝트 활동을 통해 교실 속에서 직접적으로 다뤄보는 것은 학생들에게 우리가 처한 정확한 현실을 일깨워 줄 수 있는 대단히 유의미한 시도이다.

이 단계에서 유의할 부분은 펨버타이징이 단순히 여성의 권리만을 주장하는 것이 아니라, 여성의 역할과 가치에 대해 그동안 잘못 인식된 오개념을 바로잡아 남성과 여성이 가진 고유한 가치를 인정하고 그 균형을 맞춰 가는 것임을 정확히 설명하는 것이다. 물론 아직 생각의 틀이 완성되지 않은 아이들에게 이 부분을 몇 마디로 간단히 설명하기란 생각만큼 쉬운 작업은 아니지만, 교사로서의 올바른 방향 제시가 무엇보다도 핵심적이다.

펨버타이징이 무엇인지에 관해 개념을 함께 정리한 다음 학생들에게 인터넷상에서 다양한 펨버타이징 사례를 모둠별로 조사하여 발표해 보는 활동을 진행한다. 만약 학생들이 어려워할 경우는 교사가 펨버타이징의 대표적인 사례를 소개하도록 한다. 다음은 사례로 활용할 수 있는 예시이다.

나이키는 세계 최대의 글로벌 스포츠 브랜드로서 펨버타이징을 활용한 다채로운 마케팅 광고를 제작하며 지난 수십 년간 남성들의 전유물로 여겨졌던 스포츠 마케팅 시장에서 새로운 활로를 개척한 바 있다.

펨버타이징의 구체적인 사례 발굴하여 소개하기 활동

브랜드명	NIKE(나이키)
광고 카피	'너라는 위대함을 믿어'
광고 콘셉트	다양한 외모와 직업을 가진 여성 셀러브리티의 활동적인 이미지를 통해 사회가 요구해 온 고정적인 성 역할을 따르는 수동적인 여성의 삶과 자신이 원하는 것이 무엇인지 탐색하고 찾아가며 자신의 한계에 도전하는 역동적인 여성의 모습을 대조적으로 제시함으로써 여성들의 주체적인 삶을 응원
관련 이미지	
관련 SDGs	SDG 5번 성평등 달성, SDG 10번 불평등 완화
광고를 통해 내가 느낀 점	한 사람의 여성으로서 우리 사회가 정해놓은 역할 고정관념의 테두리 속에 갇혀 있는 듯한 답답함을 가끔 느끼곤 했는데, 광고를 보면서 왠지 모르게 답답함이 해소되는 시원함을 느낄 수 있었다. 광고 속 다양한 여성들 유형처럼 외모가 출중하거나 다소곳하지 않아도 한 인간으로서 내가 가진 재능과 에너지를 역동적으로 발산하며 살아가는 멋진 인간이자 멋진 여성이 되고 싶다.

이처럼 교사가 간단한 양식과 함께 활동 가이드라인을 제시하게 되면 학생들은 우리의 예상보다 더 신박한 자료를 다양한 루트를 통해 한 보따리 가득 캐낼 수 있다. 문제의식만 제대로 갖고 세상을 바라본다면 버스 정류장의 광고판에, 무심코 보게 된 패션잡지 속에, 나도 모르게 보게 된 인터넷 광고 속에 함께 고민해 봐야 할 문제적 요소들이 심심치 않게 들어

있다. 몇 가지 예를 들어보자. 집안일과 육아의 주체가 되어 청소기를 돌리고 아이를 돌보는 젊은 아빠, 사회생활에 성공한 커리어우먼, 남성 모델들의 전유물로 여겨졌던 자동차 광고에 등장하는 여성 운전자, 화장품 광고에 심심치 않게 등장하는 자기관리에 철저한 패셔너블한 남성 등. 학생들은 이 프로젝트 활동을 통해 이전에는 아무 생각 없이 보았던 TV 광고들이 우리가 바꾸고 개선해야 할 것들이 무엇인지 강렬한 메시지를 품고 있었음을 알게 된다. 그리고 더 나아가 '나'라는 사람이 가진 고유한 가치와 매력에 대해서도 진지하게 성찰해 보면서 바닥에 있던 자존감이 회복되는 긍정적인 경험을 하게 된다.

글로컬 이슈 속 알쏭달쏭 트롤리 딜레마, 과감하게 사유하기

지금까지 〈지속가능발전목표로 '한 뼘 성장하기'〉라는 하나의 큰 프로젝트 주제 아래 긴 호흡으로 3차 프로젝트까지 활동 내용을 전개하며 달려왔다. 그 부분을 간단히 다시 요약해 보자. 1차에서는 지속가능발전목표의 개념을 익히고 17개 SDGs 각각의 세부 목표에 대한 내용을 탐구 활동을 통해 알아보았다. 2차에서는 전 단계에서 익힌 SDGs 개념을 기준틀로 삼아 전 세계 각지에서 활동하고 있는 세계시민 굿인플루언서들의 활동 사례를 발굴해 보는 활동을 전개하고 그들의 활동을 관련 있는 지속가능발전목표와 연계해 보는 작업까지 거쳤다. 그리고 3차에서는 보다 심화된 수준의 활동으로 좋은 광고 속에 들어있는 브랜드 액티비즘과 나쁜 광고 속에 들어있는 SDGs의 저해 요소들을 사례를 통해 파악해 보는 탐구 활동을 전개하였다. 이제는 프로젝트의 마지막 단계를 앞두고 있다.

[4차] 프로젝트: 글로컬 이슈 속 트롤리 딜레마 사유하기 프로젝트

활동 주제	트롤리 딜레마를 통해 사회적 이슈에 대한 나의 의견 정립하기 활동	총 3차시
활동 목표	• 트롤리 딜레마의 개념이 무엇인지 말할 수 있다. • 지속가능발전목표와 관련하여 상황에 따른 가치 판단 및 결정이 필요한 사례들이 어떤 것들이 있는지 조사해보고, 나름의 근거를 토대로 나의 의견을 결정하여 말할 수 있다.	
활동 준비물	일상 속 트롤리 딜레마 사례 조사 양식, 모둠별 발표를 위한 ppt	

4차 프로젝트의 구상은 소소한 일상의 생각에서부터 출발했다. 근래에 자주 드는 생각 중 하나가 '세상의 모든 다양성을 존중하고 무조건 수용해야만 트렌드를 앞서가는 바람직한 세계시민일까'이다. 모두가 맞다고 주장해서 오히려 올바른 정답을 고르기 어려워진 시대를 살아가고 있는 느낌이다. 때로는 영화 속 히어로가 '짜잔~' 하고 등장해서 상황의 정답을 명쾌하게 알려주었으면 싶다. 어른인 나조차도 판단의 줏대를 세우기가 이렇게 어려운데 우리 아이들은 과연 어떤 기준으로 세상을 저울질하고 있을지 궁금하기도 하고 염려되기도 하였다.

그러던 와중 '트롤리 딜레마(Trolley dilemma)'라는 개념을 자연스럽게 접하게 되면서 이 개념을 프로젝트 수업에 활용하기로 마음먹게 되었다. 이는 사람들에게 브레이크가 고장 난 트롤리 상황 속에서 다수를 구하기 위해 소수를 희생할 수 있는지를 판단하게 하는 윤리적 딜레마를 가리키는 용어이다. 영국의 여성 철학자인 필리파 푸트(Philippa Foot)가 만들고, 마이클 샌델(Michael Sandel)이 자신의 저서 『정의란 무엇인가』라는 책에 적극적으로 언급하면서 세상에 널리 알려지게 된 개념이다.

교실 속 중학생들에게 이 질문을 던지게 되면 과연 어떤 결과가 나올까? 트롤리 딜레마의 개념을 함께 나누고 나서 전체 학생을 대상으로 그들의 의견을 물었다. 예상대로 전체 32명의 학생 중 30명은 선로 위의 5명

트롤리 딜레마 상황 제시를 통한 생각하기 활동

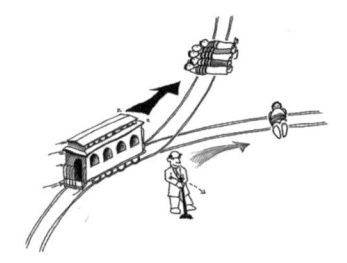

Q : 열차가 선로를 따라 달리고 있다. 인부 5명이 작업을 하고 있다. 그리고 반대편 선로 인부 1명이 작업을 하고 있다. 열차의 선로를 변경할 사람은 나 자신이다. 이럴 때 선로를 변경할 전환기를 어느 쪽으로 돌려야 할까? 5명을 살려야 하는가? 아니면 인부 한 명을 희생시켜야 하는가?

을 살리는 쪽을 주저 없이 선택했다. 흥미로운 점은 아직 '공리주의'의 개념조차 잘 알지 못하는 어린 학생들도 본능적으로 다수의 이익을 추구하는 것이 마땅하다는 생각을 하고 있다는 점이다. 하지만 예상 밖의 반대 의견도 있었다. 만약 반대편 선로 위의 인부 1명이 가족처럼 나와 더 친밀한 관계의 사람이거나, 반드시 생존해야 할 부득이한 사정이 있는 특별한 사람이라면 당연히 그 한 명을 선택하겠다는 것이다.

과연 어느 것이 정의로운 선택일까? 최상의 이익을 위한 차가운 이성적 선택과 마음 따스한 감성적 선택이 절묘하게 충돌하는 지점이다. 하지만 다수의 희생을 막기 위한 선택과 특별한 한 사람을 위한 선택 중 그 어느 것도 절대적인 정답이 될 수는 없다. 지속가능한 세상, 따뜻한 세상을 살아가기 위해 우리가 갖추어야 할 역량은 상황과 맥락에 맞는 합리적인 가치 판단과 정서적인 공감 능력 둘 다이기 때문이다.

알쏭달쏭한 트롤리 딜레마에 대한 철학적인 사유 나눔 활동을 통해 학생들의 사고의 폭을 활짝 넓힌 다음, 다양한 글로컬 이슈 속에서 서로의 결정이 충돌하는 지점을 찾아보는 탐구 활동을 전개한다. 완벽한 정답은 없다. 그러나 어떤 식으로건 우리는 결정의 연속선상에 놓여 살아가고 있기에 아이들은 본 프로젝트 활동을 통해 자신의 가치 판단의 날을 세우고 명확한 태도로 결정하는 연습을 해보게 된다. 지금까지 해 온 프로젝트 활동보다 더 많은 생각 에너지를 필요로 하는 활동이기에 보다 원활한 활동을 위해서는 교사의 적절한 활동 사례 제시가 필요하다.

개인적으로 대학생 시절, 스크린을 통해 트롤리 딜레마의 찝찝함을 미리 경험한 바 있는데, 추억 속의 그 영화는 바로 〈라이언 일병 구하기〉이다. 원제목은 〈Saving Private Ryan〉으로 제2차 세계 대전의 대표적인 격전이었던 노르망디 상륙 작전을 배경으로 1998년 미국에서 제작된 전쟁 영화이다. 전쟁에 참전한 라이언가의 4형제 중 3형제가 모두 전사하자 집안의 막내 아들인 제임스 라이언 일병만이라도 홀어머니에게 무사 귀환시키기 위한 정부 차원의 특별 작전이 펼쳐진다. 분명 휴머니즘을 표방한 영화였음에도 보는 내내 마음 한구석이 계속 불편했다. 한 가지 의문이 가시지 않았기 때문이다. 단 한 명의 목숨을 구하기 위해 그토록 많은 군인들을 사지로 내모는 것이 과연 현명한 결정이었을까? 어찌 되었건 나의 이런 고민은 자연스레 수업에 녹아들어 학생들과 함께 고민해 보는 활동으로 재탄생했다.

영화 속 상황을 통해 트롤리 딜레마 사유하기 활동

활동 주제	〈라이언 일병 구하기〉 영화 속 상황에 트롤리 딜레마 적용하기
활동 목표	어려운 갈등 상황에서 내가 가치 있는 결정을 내릴 수 있을지 점검한다.
생각해 볼 문제	내가 영화 속 밀러 대위의 입장이라면 어떤 결정을 내리게 될까? 1. '라이언 일병을 구해내라'는 상부의 지시에 불응한다. 2. 영화 속 밀러 대위처럼 끝까지 라이언 일병을 구해낸다.
영화 시청을 통해 느낀 점	라이언 일병이 한 어머니에게 소중했던 것처럼, 그를 살리기 위해 희생된 사람들도 그 누군가의 아들이자, 혹은 어떤 아이들의 아빠였을 것이다. 만약 영화와 같은 희생을 내가 강요받는다면 나는 그 상황을 절대로 이기지 못할 것 같다. 결국 누구의 입장에서 이 결론을 바라보느냐에 따라 좋은 결정이 될 수도 있고, 아닐 수도 있다.

본 프로젝트 수업에 '모럴 머신(Moral Machine)'을 활용하는 방법도 있다. 모럴 머신은 MIT의 라환(Iyad Rahwan) 교수가 앞으로 자율주행차가 가지게 될 윤리적 딜레마에 대한 다수의 의견을 수집하기 위해 제작한 온라인 플랫폼이다. 프로그램은 퀴즈 형식을 통해 윤리 의식을 가지고 있지 않은 AI 자동차가 '누군가를 반드시 희생시켜야 하는 사고 직전 상황에서 어떤 결정을 내리는 것이 타당한가'를 묻는다. 특히 탑승자와 보행자의 연령, 성별, 인종 및 행동의 변화 등 다양한 변수를 활용한 딜레마 상황이 제시된다.

우선 교사부터 모럴 머신을 체험해 본 다음, 학생들에게 사용 방법을 안내한다. 모든 학생의 참여가 끝나면 각자의 결과를 함께 나누면서 자유롭게 대화하는 토론 시간을 가져본다. 단, 활동을 시작하기 전에 학생들이 모럴 머신 플랫폼에서 나온 결과를 무조건적인 정답으로 인식하지 않도록 조심스럽게 미리 당부한다. 모럴 머신 자체는 학생 교육을 위한 용도로 전문적으로 개발된 것이 아닌, 다수의 데이터 확보를 위한 도구에 지나지 않기 때문이다. 프로젝트에 무언가를 활용할 때 교사 스스로가 전체적인 방향키를 끝까지 잘 잡고 가야 한다. 본 프로젝트의 궁극적인 목표는 학생들이 어떤 사안에 대해 깊이 사유하는 역량을 키우고 자신만의 가치 판단 기준을 올바르게 세워갈 수 있도록 적극적으로 돕고 지원사격을 하는 것에 있다.

어쨌거나 이런 알쏭달쏭한 사유 활동을 통해 아이들은 자연스레 깨닫게 된다. 어떤 사안에 대해 최선의 가치 판단을 하는 것이 생각보다 그리 녹록지 않음을. 그리고 지금부터는 어떤 현상을 바라볼 때 한 부분만 보고 속단해서는 안 되며 그 문제에 다각도로 접근해야겠다는 나름의 다짐도 해 볼 것이다.

아이들과의 '티키타카'를 통해 이 정도 수준까지 생각의 물꼬가 트였다고 판단되면 이제는 교실 수업 속에서 함께 생각해 볼 만한, 세상 여기저기에 퍼져 있는 다양한 글로컬 이슈들을 하나씩 투척해 봐도 좋다.

'인간의 과욕이 촉발한 기후변화로 인해 점점 가라앉고 있는 남태평양의 섬나라 키리바시의 아이들이 우리에게 선택하고 지켜야 할 소중한 존재로 인식돼 있나?'

'전쟁으로 인해 삶과 죽음의 경계에 놓여있는 시리아의 아이들, 멀리 북녘땅에서 굶주리는 아이들의 고통은 선택의 여지도 없이 그저 당연한 것인가?'

아이들은 교실 속 프로젝트를 넘어 현실 속 트롤리 딜레마의 선로 위에 놓인 이들의 더 나은 양질의 삶을 위해 고민하고 실천하는 굿인플루언서가 될 준비를 마쳤다. 그래, 이제부터가 진짜 시작이다!

수업을 마치며

'퀀텀 리프(quantum leap)'라는 단어를 좋아한다. 이는 '양자 도약'이라는 과학적인 개념으로 대나무의 폭발적인 성장을 설명할 때 자주 사용되곤 한다. 대나무란 녀석은 3년 차가 되어야 30센티미터짜리 죽순을 겨우 삐죽 내밀고 4년 차에는 요지부동 아무런 변화가 없다가 5년 차가 되는 해에 비로소 마디마다 생장점이 터지면서 하루에 1미터씩 자란다고 한다. 교직생활 20년 차가 넘어가니 이제야 조금 알겠다. 대나무가 교실 속 아이들과 많이 닮아있음을. 저 녀석이 저렇게 해서야 '퀀텀 리프' 할 수 있을까 싶은데, 나중에 보면 그 이상도 훌쩍 뛰어넘어 날아다닌다.

정답이 없고 경계가 불투명한 혼란스러운 세상을 살아간다. 그럼에도 불구하고 정확하게 사리 분별할 줄 알고 타인에게 따뜻한 위로의 말을 건

넬 줄 아는 사람, 설령 큰 손해를 보더라도 지속가능한 세상을 위해, 나보다 어려운 누군가를 위해 정의로운 말을 입 밖으로 용감하게 낼 줄 아는 사람. 부디 우리 아이들이 이런 멋진 사람으로, 대나무처럼 눈부시게 성장하길 바란다. 각자가 자신만의 속도로 한 뼘, 한 뼘 더디게 성장하고 있고 언제 폭발적인 성장의 순간이 올지 아무도 모르기에, 오늘도 기다리고 기대하는 마음으로 교실에 땅을 다지고 물을 줘본다.

창창한 대나무숲이 보인다.

2장

함께 그러나
서로 다르게 만들어가는
문화다양성 프로젝트 수업

• 이진숙 •

늘 특별한 것, 새로운 것을 쫓아다니며 학창 시절을 보냈다. 내가 추구하던 특별함은 그 끝에 더 나은, 더 우수한 성과가 있었던 것은 아니다. 또, 새로움을 맞이하다 보면 신선한 재미도 있었지만 익숙하지 않은 것에 대해 적응하는 데 꽤 오랜 시간이 걸리기도 했다. 그렇다면 나는 특별한 사람인가? 단번에 아니라고 답할 정도로 나는 평범한 사람이다. 다만, 나만이 지니고 있는 특별함이 하나라도 있을 거라 믿고, 그것을 찾아 의미 있는 성장으로 연결하고자 하는, 그런 사람일 뿐이다. 가끔은 남들과 다른 관점에서 대상을 바라보고 생각하는 것은 꽤 멋진 일이라 믿고 학생들을 가르치는 교사이다.

다양성을 사랑하는 교사와 다양성 자체인 학생들

교사가 된 후에 나의 학생들과 함께 다양한 시각을 경험할 수 있는 프로젝트를 지속적으로 실천하고 있다. 뻔하지 않은 활동 안에서 학생들이 각자 지니고 있는 특별함을 프로젝트마다 만날 수 있었다. 그러던 내가 지금 다양성 그 자체인 인천한누리학교[4]에서 근무하게 된 것은 운명과도 같은 일이었다. 한누리학교에서 만난 다양한 이주 배경의 학생들, 한국어를 모국어로 하지 않는 학생들과의 소통은 어렵지만 흥미롭다. 서로 다른 문화 배경 속 친구들이 함께 지내다 보면 즐거운 일만 있을 수 없다. 오해와 갈등의 순간은 매번 발생하고 다양성에 대한 인정과 존중만으로 해결되지 않는 상황도 꽤 있다. 그래서 더욱더 한누리학교 학생들과 다양성에 대해 생각해 보는 기회도 갖고, 그 생각을 나눠 보는 활동을 하고 있다. 다양성을 사랑하는 교사와 다양성 자체인 학생들이 만나 만들어가는 프로젝트를 만나 보자.

'서로를 바라보다' 프로젝트 수업

다름에 대한 경험과 인정, 우리 교실에서 시작하기

시작은 단순했다. 서로를 바라보게 하고 싶은, 작은 고민에서부터였다.

---

[4] 인천한누리학교: 2013년 개교한 다문화가정 자녀 대상 초중고 통합형 공립대안학교. 2025년부터 '세계로국제학교'로 설립 전환 예정

어느 교실 속에서도 다양성은 존재한다. 국적, 성별, 인종, 종교, 연령, 언어 등 다양성 그 자체인 각양각색의 학생들이 교실 속에서 함께 학습하고 활동하며 자란다. 내가 가르치고 있는 초등학교 4학년 교실도 마찬가지이다. 초기 이주 배경의 학생들이 모여 함께 공부하는 다양한 수업 속에서 다양성은 때로는 유쾌하게 때로는 씁쓸하게 그 모습을 드러낸다. 다양성이라 칭할 수 있는 범주 중에서 '언어'의 다름은 기본값이 장착되어 있지 않은, 어떻게 보면 결괏값이 정해지지 않은 무한한 가능성을 지닌 것이라 늘 생각한다. 하지만, 서로 다른 언어를 모국어로 하는 초등학교 4학년 학생들에게 공통으로 소통할 수 있는 언어, 특히 한국어를 지도하는 일은 쉽지 않다. 학교생활 적응, 교과 학습에 대한 도구로서의 한국어 사용 외에, 한국어 학습 자체가 또 다른 중요한 목적이 되기 때문이다.

한국어 집중 교육 과정 속에서 날이 갈수록 학생들의 한국어 실력은 향상된다. 초등학교 학생들의 의사소통 능력은 내가 예상하는 것보다 훨씬 빠른 속도로 신장하는 모습을 보인다. 그런데, 수업에서 뭔가 허전하다. 학생 개별과 나와의 소통은 그래도 그럭저럭 되는데, 학생 간의 소통은 유심히 관찰해도 잘 보이지 않는다. 그리고 학생 간의 사소한 갈등이 발생하고 그 갈등을 중재하는 데 어려움이 느껴지기 시작한다. '어떻게 하면 서로를 배려하게, 아니 관심이라도 갖게 할까?' 이 고민에서부터 이 프로젝트는 시작된다. 단순한 시작이었지만, 그 과정과 결과만큼은 절대로 단순하지 않았던 그 프로젝트의 이야기를 이제 펼쳐 보겠다.

그림책으로 만나는 소통의 세상

온작품 읽기는 주제를 중심으로 학생들과 많은 활동이 가능하다는 점에서 프로젝트 활동에서 많이 활용된다. 특히 작품에 담긴 이야기는 학생들의 삶과 맞닿아 있기도 하고, 등장인물의 감정이나 생각을 간접적으로 경험할 수 있다. 또 작품을 통해 얻는 생각과 느낌은 학생마다 다른 게 당연해서, 활동 속에서 질문에 대한 정답을 맞혀야 하는 부담감에서 조금은 해방될 수 있다. 그래서 교육과정 연계 프로젝트를 운영할 때 책의 도움을 많이 받고 있다. 한국어를 모국어로 하지 않는 이주배경 학생들에게 책과 함께하는 학습은 더 의미가 있다. 특히, 그림책은 언어라는 매개체 외에 그림을 보면서 작품을 이해하고, 등장인물을 만날 수 있어 좋다. 이주배경 학생들 수업에서 그림책을 활용하는 것의 장점은 이미지를 통해 작품의 내용을 직관적으로 이해할 수 있다는 점, 독자가 이미지로 감상을 표현할 수 있다는 점이다. 그리고 동일한 이미지에 대한 다양한 해석이 가능하고, 읽기와 소통의 과정에서 언어 학습에도 효과적이라는 점도 있다. 그렇다고 그림책 활용이 만병통치약은 아니다. 책 내용에 대한 정확한 이해가 어렵고, 모르는 어휘가 나올 때는 학생들의 집중력이 떨어지기도 한다. 결국 언어 소통의 어려움으로 인해 깊이 있는 독후활동 진행이 어렵다. 그리고 프로젝트의 원활한 진행을 위해서는 교사의 꼼꼼한 준비, 끝없이 요구되는 인내심과 친절함이 필요하다.

그림책 선택부터 심사숙고했다. 글밥이 적고 단순한 줄거리로 구성되어 있으면서 학생들과 관련된 이야기 소재로 된 그런 책이 필요했다. 무엇보다 수업을 통해 학생들이 서로를 바라보면서 연결되어 있음을 느끼게 할, 그런 책을 찾고 싶었다.

그러다가 만난 책이 『갈색 곰아, 갈색 곰아, 무엇을 보고 있니?』[5]이다. 각각의 색을 지닌 동물들이 다른 색을 지닌 동물을 바라보고 있는 형식의

---

5 갈색 곰아, 갈색 곰아, 무엇을 보고 있니?. 에릭 칼 그림, 빌 마틴 주니어 글, 김세실 옮김. 시공주니어. 2022

글로 이뤄진 책이다. 누구를 보고 있냐는 질문에 마치 이어달리기에서 배턴을 주고받듯이 한 동물은 다음 동물을, 그리고 또 다음 동물을 바라보고 있다고 대답한다. 그런데 그 동물들은 각자의 색을 지니고 있다. 초등학교 4학년 친구들 수준으로 보기엔 다소 쉽고 단순한 내용의 책으로 보인다. 그러나 내가 프로젝트 운영을 위해 잡은 책의 선정 기준을 충분히 통과한 책이다. 다양한 동물과 색깔의 어휘, 그리고 동일한 문구의 반복은 한국어 어휘 및 문장 유형을 학습하기에 적합했다. 책의 마지막 부분에 나오는 선생님과 친구들 소재는 나와 학생들의 삶과 연결할 수 있는 고리가 되었다. 그리고 수업을 통해 내가 하고 싶었던, 연결이 책 안에 있었다. 끊임없이 반복하며 자신 아닌 누군가를 바라보는 책 속 등장인물들은 우리 반 학생들을 서로 바라보게 하는 데 동기를 부여할 것이라 믿었다. 러시아어, 중국어, 우르드어, 베트남어, 태국어, 아랍어, 영어를 사용하는 학생들과 한국어를 사용하는 교사를 연결해 줄 책, 함께 하지만 서로 다른 우리 반 친구들의 모습이 담긴 책을 만난 것 같아 매우 반가웠다.

우리 반 친구들은 무슨 색일까

'서로를 바라보다' 프로젝트 수업은 같은 반 친구들의 특징을 색깔로 표현하며, 기존의 책을 우리 반 이야기로 바꿔서 재구성하는 활동이다. 재구성할 책의 내용을 읽어보고 등장인물과 줄거리를 파악한다. 언어가 달라서로 소통이 어렵지만 친구와 선생님을 관심을 가지고 바라본 후, 특징을 생각해 보고 그에 맞는 색이 드러나도록 그림으로 표현한다. 그 그림들은 우리 반 만의 새로운 책의 한 장면, 한 장면이 되어 책을 완성하게 된다. '나는 어떤 색일까? 누군가에게 어떤 색으로 보여질까? 내 옆의 친구는 어떤 색일까?' 쉽지 않은 질문에 대한 답을 학생들 자신만의 개성이 담긴 그림으로 표현한다. 마침내, 완성된 우리 반의 책 속에서 우리는 서로 연결되어 있음을 알 수 있다. 그리고 미처 알지 못했던 '나, 너, 우리'의 소중함을 느낄 수 있다.

서로를 바라보다 프로젝트 수업					
과목	국어, 미술	학년	초등 4학년	차시	8차시
세계시민교육 학습주제	6. 차이와 다양성의 존중				
세계시민교육 학습 목표	같음과 다름을 구분하고, 모든 사람은 권리와 책임이 있음을 인식한다. 다양한 개인 및 집단과 좋은 관계를 발전시킨다.				

핵심 활동
- 우리 반 친구들, 선생님과 함께 그림책을 읽고 난 후 등장인물들이 보고 있는 동물의 종류와 색깔을 파악한다.
- 우리 반 친구들, 선생님의 특징을 생각하며 떠오르는 색깔을 정하고 그림으로 표현한다.
- 우리 반 친구들, 선생님과 재구성하여 만든 책의 내용을 함께 낭독한다.

성취기준
[4국03-05] 쓰기에 자신감을 갖고 자신의 글을 적극적으로 나누는 태도를 지닌다.
[4국05-03] 이야기의 흐름을 파악하여 이어질 내용을 상상하고 표현한다.
[4국05-04] 작품을 듣거나 읽거나 보고 떠오른 느낌과 생각을 다양하게 표현한다.
[4미01-02] 주변 대상을 탐색하여 자신의 느낌과 생각을 다양한 방법으로 나타낼 수 있다.

핵심 질문
우리 반 친구들과 선생님은 특징은 무엇이고 어떤 색으로 표현할 수 있을까?

프로젝트의 흐름
1차시: 프로젝트를 소개하고 책을 함께 읽으면서 줄거리, 등장인물 등 내용을 확인한다.
2차시: 책 속 반복되는 문형을 파악한 뒤, 그림만 보고 해당하는 문구를 소리내어 말해 본다.
3~4차시: 색의 다양성에 대해 이야기 나누고, 자신이 좋아하는 색과 그 이유를 친구들 앞에서 발표한다.
5~6차시: 친구와 선생님을 보면 떠오르는 색깔과 그 이유를 생각해보고 그림으로 표현한다.
7차시: 참고한 그림책의 내용을 우리 반 친구들과 선생님을 등장인물로 바꾸어 재구성한 책을 함께 낭독한다.
8차시: 연결이 무엇인지에 대해 생각해보고, 프로젝트 소감을 공유한다.

주요 결과물
친구와 선생님을 색깔로 표현한 그림 작품.
우리 반 친구와 선생님을 등장인물로 재구성하여 만든 책

평가 계획 및 채점 기준

평가 요소	채점 기준(점수)		
	상(◎, A)	중(○, B)	하(△, C)
책 읽고 내용 파악하기(20)	책 읽기 활동에 능동적으로 참여하여 내용을 구체적으로 파악하여 말한다.	책 읽기 활동에 참여하여 내용을 파악하여 말한다.	책 읽기 활동에 수동적으로 참여하며 내용을 파악하여 말하는 데 어려움이 있다.
친구와 선생님의 특징을 살려 그림과 글로 표현하기(40)	자신이 맡은 대상에 대한 특징과 어울리는 색을 찾아 그림과 글로 자세하게 표현한다.	자신이 맡은 대상에 대한 특징과 어울리는 색을 찾아 그림과 글로 표현한다.	자신이 맡은 대상에 대한 특징과 어울리는 색을 찾아 그림과 글로 표현하는 데 어려움이 있다.
재구성한 책 낭독하기(20)	책의 내용을 정확한 발음과 알맞은 크기의 목소리로 읽는다.	책의 내용을 느린 속도와 작은 목소리로 읽는다.	책의 내용을 읽는 데 어려움이 있다.
프로젝트 소감 나누기(20)	프로젝트에 대한 생각과 느낌을 자신 있게 말한다.	프로젝트에 대한 생각과 느낌을 말한다.	프로젝트에 대한 생각과 느낌을 말하는 데 어려움이 있다.

그림책을 함께 읽어보고 우리만의 책으로 바꿀 것이라는 수업의 계획에 대한 간단한 안내로 프로젝트를 시작했다. 그림책의 내용을 들려주기 전에 먼저 그림을 보여주었다. 어떤 등장인물들이 나오는지, 등장인물인 동물들이 어떤 색을 지니고 있는지를 가볍게 훑어보며 책과의 만남 시간을 가졌다. 그리고 그림의 장면에 해당하는 글밥을 천천히 들려주었다. 정확한 내용의 이해를 위해 한국어 문장을 각 학생들의 모국어로 번역하여 들려주는 과정도 거쳤다. 그리고 노래로 만들어진 동영상을 책의 내용을 한국어로 알아본 뒤에도, 점심시간이나 쉬는 시간을 이용해 반복적으로 들려주었고 학생들도 등장인물과 그 해당 색에 대해 자연스럽게 외울 수 있었다. 아쉽게도 노래 가사가 영어로 된 영상만 있어 그것을 활용했지만,

단순한 패턴의 영어 문장이고 이미 책의 내용을 이해한 후였기 때문에 학생들에게 거부감은 없었다. 또 학생들은 '색깔과 동물 이름'으로 맞추는 게임을 통해 책 속에 어떤 인물이 등장하는지를 확인했다. 그러고 나서 학생들은 동물과 색의 종류를 한국어로 확인한 뒤 말하고 쓸 수 있었다. 책 속의 반복되는 문형인 '~야, 무엇을 보고 있니?', '나를 바라보는 ~색 ~을 보고 있어.'를 함께 소리내어 말해 보았다. 문형이 익숙해진 뒤, 이미지만 보고 책 속 문구를 생각하여 말해보는 활동을 통해 문해력, 집중력을 향상시키고자 했다. 학생들은 선생님과 다른 친구의 시범, 등장인물의 이미지를 보면서 해당 문구를 아주 천천히 말할 수 있었다.

"혹시 이 세상에 여러 색이 아니라 모두 같은 색이라면 무슨 일이 일어날까요?"

이제 책의 내용에서 조금 빠져나와 색에 집중해 볼 차례다. 색의 다양성, 더 나아가 모든 것이 다양해서 좋은 점을 생각해 보게 하고 싶었다. 학생들은 '재미없다, 무섭다, 안 보인다' 등의 답변을 했다. 색이 다양해서 세상이 아름답게 보일 수 있음에 대해 강조하고, 자신이 좋아하는 색과 그 이유를 간단히 소개했다. 각자 좋아하는 색을 비교적 쉽게 말했고 다른 친구의 이야기를 경청할 수 있도록 친구가 좋아하는 색을 메모하면서 듣게 했다. 다음으로 내가 좋아하는 색 말고 남이 보는 나의 색은 어떤 색일지 알아보는 활동 순서이다. 먼저 각 학생이 표현할 대상을 제비뽑기를 통해 랜덤으로 뽑았다. 그리고 교사인 나도 포함되어 이야기 속에서 연결될 총 9명의 등장인물을 선정했다.

자신이 뽑은 친구나 선생님의 특징을 떠올리고 어울리는 색을 정하도록 했다. 교사인 내가 먼저 예시 문장을 만들어 시범을 보인 후 학생들에게 각자 뽑은 대상을 주인공으로 바꿔 문장을 쓰고 그림을 그려 보도록 했다. 프로젝트 전체 과정 중 학생들이 제일 어려워했던 활동이다. 색이란 눈에 보이는 것이지만 대상의 특징과 장점은 보이지 않는 추상적이기 때문에 이 두 속성을 연결하여 글과 그림으로 표현하는 것은 매우 철학적인 과정일 수 있다. 친구에게 어울리는 색은 생각해 내지만, 그 이유에 대해서 물으면 처음에는 '그냥'이라고 답하는 학생이 여러 명이었다. 서로 다른 언어를 사용하기 때문에 더 깊이 있게 설명하지 못하는 부분에서 언어 소통의 한계를 나도 학생들도 경험한 것 같다. 논리적인 글을 쓰는 게 이 프로젝트의 목적은 아니었으므로 교사가 작성한 문장을 예시 자료로 해서 단순하게 친구나 선생님이 잘하는 것과 색깔을 한 문장으로 표현하는 것으로 개별 피드백을 해주었다. 개별 피드백 후 정리된 학생들이 표현한 문장에서 학생들이 꽤 진지하게 활동에 참여하고 있음을 확인했고 뿌듯한 마음이 들었다. 문장 속에서 느껴지는 친구들의 특징에 대해 나도 이미 공감하고 있었기 때문이다.

학생들이 작성한 친구 색깔로 표현하기 문장(예시)

질문	선생님, 무엇이 보이세요?/친구들아, 무엇이 보이니?
교사의 글	건강하고 운동을 잘하는 초록색 ○○를 보고 있어.
학생들의 글	• 태양처럼 빛나는 노란색 ○○○를 보고 있어. • 그림을 잘 그리는 핑크색 ○○○○를 보고 있어. • 달콤하고 친절한 분홍색 ○○○를 보고 있어. • 재미있고 잘 웃는 검정색 ○○○○를 보고 있어. • 조용하고 한국어를 잘하는 검정색 ○○○을 보고 있어. • 웃을 때 멋지고 라바를 좋아하는 하얀색 ○○○를 보고 있어. • 책을 좋아하고 수학을 잘하는 파란색 ○○를 보고 있어. • 화를 안 내는 분홍색 선생님을 보고 있어.

이제 완성한 책의 전체 내용을 함께 읽어볼 차례다. '선생님, 선생님, 무엇을 보고 계셔요?'라는 문구 시작되는 이 책은 다양한 색을 지닌 9명의 등장인물이 바라보며 이야기가 진행된다. 책의 장면들은 학생들이 직접 그린 친구의 모습으로 구성된다. 완성된 책 전체를 교사가 먼저 읽어 주고, 다음엔 본인의 내용을 낭독하며 이어 읽기를 했다. 자신이 그린 그림을 보며, 자신이 쓴 글을 낭독하는 것이기 때문에 더 특별함으로 다가왔다. 낭독을 위한 읽기 연습 과정에서 나는 학생들의 한국어 발음을 교정해 주었고, 자연스러운 억양을 사용할 수 있도록 지도했다. 그리고 처음에 읽었던 책과 우리가 재구성한 책의 비슷한 점과 다른 점을 비교해 보는 활동을 포함시켰다. 우리가 어떤 방식으로 책의 내용을 재구성했는지 학생들이 확인하고 자신의 생각을 밖에서 바라보기를 바랐던 거였다. 책의 뒷부분은 다음과 같이 교사가 마무리를 지으며 끝이 난다.

재구성한 책의 뒷부분(예시)

교사의 글	분홍색 선생님, 분홍색 선생님, 무엇이 보이세요? 알록달록 다른 색깔의 4학년 친구들을 보고 있어. 4학년 친구들아, 4학년 친구들아 무엇을 보고 있니? 우리는 서로를 보고 있어요. 4학년 친구들아, 4학년 친구들아, 우리는 모두 다르지만 연결되어 있어!

각자가 생각하는 연결이란 무엇인지를 학생들에게 질문해 보았다. 내가 생각하는 연결이란 무엇일까? 우리는 여기에서 만났고 서로를 바라보고 있으며 다른 곳에 가서도 서로를 기억하며 영향을 줄 것이라고 학생들에게 말해주었다. 그리고 마지막으로 프로젝트를 마친 소감을 물어보았다. 학생들은 "좋았다, 재미있었다, 어려웠다" 등의 느낌을 말해주었다. 간단한 대답이었지만 서로가 연결되어 있음을 활동 과정에서 느꼈을 거라고

확신했다. 서로 다른 출신 국가의 배경은 교실 안에서 서로 다름으로 연결되었다. 다름이 당연하고 자연스러운 것으로 여겨지며 문화다양성을 인정하고 존중하는 9명의 등장인물이 이젠 책 밖으로 나와 세상에서 제 역할을 할 때이다.

프로젝트 소감문 형식(예시)

내가 생각하는 '연결'은:
활동 소감 - 그림, 한국어, 모국어 모두 가능해요. 자신의 생각을 표현해보세요.-

좋아요(재미있어요)	어려워요(힘들어요)	놀라워요(잘했어요)

'우리는 문화사절단' 프로젝트 수업

문화? 그게 뭘까요?

모국의 문화에 익숙한 학생들이 함께 생활하면 자연스럽게 문화의 다양성을 접하게 된다. 그러나, 정작 문화가 무엇인지 그 의미에 대해 질문하면 자신 있게 대답하는 학생은 거의 없다. 문화의 사전적 의미를 번역하여 학생들의 모국어로 안내해도 더 잘 이해하거나 더 정확히 답변하는 경우가 없었다. 정작 나도 학생들에게 문화가 무엇이라고 정의하여 설명하기보다는 이런 것들이 문화에 속한다면서 구체적인 예를 들어 지도한다. 그만큼 문화가 많은 의미를 내포하고 있고 간단한 문장으로 설명이 어렵다는 것을 나도 알고 있다. 해외여행이나 국내 여행을 갈 때 여행 상품을 많이 검색한다. 상품 안 상세 일정을 살펴보면 의식주 문화를 포함하여 주요 관광지와 문화유산 등 해당 지역의 문화를 체험할 수 있는 콘텐츠들로 가득 차 있다. 이런 내용들을 활용하는 것이 문화를 쉽게 이해할 수 있는 방법이 될 수 있다.

이주배경 학생들을 예전에 생활했던, 지금 살고 있는 지역에 대한 전문가로 인정하고 모국, 한국, 그리고 친구들의 출신 국가까지 연결하는 문화사절단의 역할을 수행하도록 하였다. 학생들이 이주 전에 생활의 주 영역이었던 모국의 문화, 그리고 지금 생활하고 있는 한국의 문화 중 친구들에게 소개하고 싶은 문화를 선정하여 홍보지를 제작한다. 그 과정에서 다양한 시각과 관점에서 바라보는 문화에 대한 정보를 얻게 된다. 그리고 문화의 차이가 틀린 것이 아니라 다른 것뿐이니 있는 그대로 인정해 줘야 함을 배울 수 있다.

'우리는 문화사절단' 프로젝트는 학생들이 경험하고 알고 있는 문화들을 조사하고 정리하며, 친구들이 만든 문화 소개 홍보지를 통해 자연스럽게 문화다양성에 대해 생각해 보는 기회를 가져보는 활동이다. 러시아 학생 2명, 베트남 학생 1명, 이집트 학생 2명, 중국 학생 2명, 총 7명의 학생과 프로젝트를 진행했다. 모국에서 생활하다가 왔고 현재는 한국에서 살고 있는 학생들이 각자 의미 있다고 선정한 한국과 모국의 문화를 서로에게 소개하는 과정으로 진행되었다. 학생들의 한국어 의사소통 능력은 개별 학생마다 수준 차이가 있으나 모국어로 말하고 듣고 읽고 쓰고 하는 데는 능숙한 편이었다. 원활한 프로젝트 진행을 위해 질문과 답변 작성 등은 번역 프로그램의 도움을 받았다. 한국어를 사용하는 교사와 러시아어, 베트남어, 아랍어, 중국어를 사용하는 학생들이 함께하는 프로젝트는 그 과정마다 문화다양성이 듬뿍 녹아있었다. 그리고 모두 그 다양성을 체감할 수 있었다.

우리는 문화사절단 프로젝트 수업						
과목	사회, 국어		학년	초등 6학년	차시	8차시
세계시민교육 학습주제		5. 사람들이 속한 다양한 공동체와 공동체 간의 상호연계 방식 6. 차이와 다양성의 존중				
세계시민교육 학습 목표		• 다양한 사회집단의 차이점과 연결 관계를 설명한다. • 다양한 개인 및 집단과 좋은 관계를 발전시킨다.				

핵심 활동
- 문화다양성의 의미에 대해 알아보고 문화의 다름으로 인해 발생하는 긍정적인 면, 부정적인 면에 대해서 생각해 본다.
- 모국의 문화, 한국의 문화를 소개하는 내용을 조사하여 홍보지를 제작한다.
- 친구들이 만든 모국과 한국의 문화 소개 홍보지를 평가하며 활동 결과를 공유한다.

성취기준
[6사07-04] 의식주 생활에 특색이 있는 나라나 지역의 사례를 조사하고, 이를 바탕으로 하여 인간 생활에 영향을 미치는 여러 자연적, 인문적 요인을 탐구한다.
[6국03-02] 목적이나 주제에 따라 알맞은 내용과 매체를 선정하여 글을 쓴다.

핵심 질문
나는 문화사절단으로서 어떤 문화를 조사하여 소개하고 싶은가?

프로젝트의 흐름
1차시: 프로젝트를 안내하고 모국과 한국의 문화를 비교한다.
2차시: 문화의 의미, 문화가 다름으로 인해 발생하는 긍정적, 부정적인 면에 대해서 알아본다.
3~4차시: 모국의 문화 중 소개하고 싶은 것을 골라 조사하고 정리한다.
5~6차시: 한국의 문화 중 소개하고 싶은 것을 골라 조사하고 정리한다.
7차시: 친구들이 만든 모국과 한국의 문화 소개 홍보지를 살펴보고 평가한다.
8차시: 프로젝트를 마무리하며 활동 소감을 작성하고 나눈다.

주요 결과물
모국(러시아, 베트남, 이집트, 중국) 문화 소개 홍보지, 한국 문화 소개 홍보지

평가 계획 및 채점 기준

평가 요소	채점 기준(점수)		
	상(◎, A)	중(○, B)	하(△, C)
문화의 의미 알아보기	문화의 의미를 이해하고, 문화가 다름으로 인해 발생하는 긍정적, 부정적인 면에 대해 구체적으로 설명할 수 있다.	문화의 의미를 이해하고, 문화가 다름으로 인해 발생하는 긍정적, 부정적인 면에 대해 설명할 수 있다.	문화가 다름으로 인해 발생하는 긍정적, 부정적인 면에 대해 알 수 있다.
모국의 문화, 한국의 문화 중 소개할 내용 선정하여 조사하고 정리하기	소개하고 싶은 문화를 선정하여 특징을 조사하고, 정리한 내용을 선정 이유와 함께 말할 수 있다.	소개하고 싶은 문화를 선정하여 특징을 조사하고, 정리한 내용을 말할 수 있다.	소개하고 싶은 문화를 선정하여 특징을 조사할 수 있다.
조사 결과를 공유하기	친구가 만든 홍보지를 보고 알게 된 점, 느낀 점을 구체적으로 말할 수 있다.	친구가 만든 홍보지를 보고 알게 된 점, 느낀 점을 말할 수 있다.	친구가 만든 홍보지를 보고 알게 된 점을 말할 수 있다.

비슷한 점과 다른 점, 그리고 장단점

문화의 다양성에 대해 탐구하려면 먼저 자신이 직접 경험한 문화를 비교해 보는 과정이 필요하다. 다양성이라는 어휘 자체는 정의가 가능하지만, 그 개념을 느끼고 받아들이는 것은 매우 개별적인 영역이라고 생각한다. 먼저 학생들에게 자신이 경험한 내용을 바탕으로 하여 한국의 문화와 모국의 문화 중 비슷한 점과 다른 점을 떠올려 보게 했다. 문화의 차이를 우위가 아닌 다름으로 인식해 보는 첫 번째 활동으로 삼고 싶었다. 학생들은 자신의 경험 또는 배경지식 등을 활용하여 한국과 모국의 문화를 비교해서 정리하였다.

대부분 학생들이 의식주 분야에서 비슷한 점과 다른 점을 많이 서술하였다. 다른 언어권 학생들이 다른 점을 제시한 것에 비해 중국에서 온 학생들은 비슷한 점에 대해 많은 예시를 들었다. 아무래도 인접해 있는 국가이다 보니 서로 비슷한 문화가 많이 있을 것이라 짐작할 수 있었다. 기억에 남는 답변 중 베트남에서 온 한 남학생이 한국의 저출생 현상에 대해 모국과 다른 점으로 제시한 것이었다. 그리고 러시아에서 온 여학생은 한국의 대외 관계를 언급하며 외국 방문이 비교적 쉬운 것에 대해 제시하였다. 이런 생각에 대해서는 한국 학생들이 함께 있어서 좀 더 깊은 대화를 통해 서로의 생각을 나눠보면 좋겠다는 아쉬움이 남았다.

학생들이 작성한 한국과 모국의 비교 내용(예시)

교사의 질문	한국과 모국의 문화 중 비슷한 점, 다른 점이 있나요? 어떤 점인가요?	
	비슷한 점	다른 점
학생들의 답변	러시아 · 사람들이 산다.	· 학교 시설이 더 좋고 한국의 길거리, 급식실이 깨끗한 것 같다. · 한국은 다른 나라와 대부분 우호 관계를 맺고 있어 해외여행이 비교적 쉽다.
	베트남 · 잘 모르겠다.	· 먹을 수 있는 음식과 먹을 수 없는 종류가 다르다. · 한국인들은 출산에 대한 지원이 많은데도 출생률이 낮다. 베트남은 한국에 비해 지원이 안 되지만 출생률은 높다.
	이집트 · 닭 요리를 먹는다	· 의복 양식, 외모(피부색), 주로 먹는 음식과 먹는 방식, 건물 모양 등이 다르다.
	중국 · 옷 모양이 비슷하다. · 말소리도 좀 비슷하다. · 거리 모습이 비슷하다. · 비슷한 문화가 많다.	· 한자를 사용하긴 하지만, 모양이 다르다. · 옷 모양이 다르다. · 한국어와 중국어, 언어가 다르다. · 물가가 다르다. · 민족과 생활 방식이 다르다.

그럼, 이제 문화가 무엇인지 알아볼 차례이다. 문화가 무엇인지 설명하기도, 이해하기도 어려울 것으로 예상되어 우리가 사용하는 문장이나 문구에서 문화가 포함된 것들을 떠올려 보게 했다. '문화'라는 단어가 어떻게 쓰이는지를 통해 문화의 특성을 이해하려는 의도였다. 학생들의 답변을 통해 문화가 일상생활 속에서, 학습 과정에서 많이 사용되고 있음을 알 수 있었다. 학생들에게 문화란 사회 구성원에 의해 만들어지고 전해지는 행동 양식과 생활 양식, 그로 인해 얻어지는 결과물이며 시대, 지역에 따라 다르게 나타난다는 점에 대해 이야기를 나누었다.

'문화'가 포함된 것들(예시)

학생들의 답변	• 어느 나라 문화예요? • 박물관에 있는 @@문화관 • 음식 문화/주거 문화/의복 문화 • 언어 문화/예절 문화/학교 문화 • 전통 문화/현대 문화/청소년 문화

문화의 의미에 대해 생각해 본 후, 다양한 문화가 있어서 좋은 점과 그렇지 않은 점에 대한 학생들의 생각이 궁금했다. 단순하게 문화가 달라서 재미있다는 생각 외에 구체적인 답변을 학생들에게 요구했다. 이때 PMI 기법을 사용하여 학생들의 생각을 정리할 계획이었다. 이 기법은 장점(Plus), 단점(Minus), 흥미로운 점(Interesting)을 뜻하는 세 단어의 첫 글자를 모은 용어로, 세 관점에서 대상 및 아이디어를 평가하고 분석하는 데 사용할 수 있는 기법이다. 대상에 대한 생각이나 의견을 분석적으로 정리할 때 효과적이어서 학생들과 수업에서 자주 활용하는 편이다.

그런데 학생들이 답변을 쓸 수 있느냐 없느냐를 우려하기 전에 더 큰 문제가 생겼다. 장점과 단점이 무엇인지에 대한 질문은 이해하는데, 흥미로

문화의 다양성에 대한 PMI 정리를 위한 틀

교사의 질문	서로의 문화가 달라서 좋은 점, 그리고 안 좋은 점, 흥미로운 점은?		
	장점	단점	흥미로운 점
학생 답변			

운 점에 무엇을 써야 하는지 모르겠다고 한다. 질문 자체가 이해가 안 된 다고 했다. 의사소통의 한계를 느끼는 순간이었다. 흥미로운 점에 대해서는 장점과 단점에서 나온 답변을 이용하여 함께 다뤄보면 되겠다고 생각 하고 흥미로운 점 질문에 대한 답변란은 공란으로 두는 것으로 변경하여 진행했다. 이런 과정을 거치며 학생들에게서 나온 답변은 꽤 다양했다. 문 화가 서로 달라 생기는 좋은 점으로는 다양한 문화를 새롭게 알게 되고 또 체험할 수 있다는 점, 신선한 느낌이 든다는 점 등이 있었다. 안 좋은 점으 로는 새로운 문화에 적응하기 위한 불편함, 어려움과 더불어 다른 문화에 대한 혐오감 등을 제시하였다.

문화와 이념이 다를 경우 전쟁이 발생할 수 있다는 의견을 제시한 학생 이 있어서 이 부분에 대해 좀 더 자세히 이야기를 들어 보았다. 문화의 차 이로 인해 갈등이 발생할 수 있고 그 갈등이 해결되지 않으면 극단적인 상 황에서 전쟁까지 일어날 수 있다는 의견이었다. 구체적인 전쟁 사례는 언 급하지 않았지만 요즈음 세계 곳곳에서 일어나는 전쟁에 대해 안타까움 을 서로 공감할 수 있었다. 문화의 다름으로 인한 장단점에 대한 의견들 을 전체 학생들과 공유하면서 "같은 상황에 대해 다른 관점으로 바라볼 수 있다는 점이 흥미롭지 않냐?"라고 학생들에게 질문을 던졌다. 학생들 이 크게 호응하지는 않았지만, 처음에 의도했던 PMI 기법 중 흥미로운 점 (Interesting)을 하나라도 생각해보게 하려는 나의 의도가 담긴 것이었다.

문화의 다양성에 대한 장점과 단점 내용(예시)

교사의 질문		서로의 문화가 달라서 좋은 점은, 그리고 안 좋은 점이 있다면 무엇일까요?	
		장점	단점
학생들의 답변	러시아	다양한 의상 문화, 각각의 옷이 다 예뻐요. 다양한 음식을 맛볼 수 있고, 특히 김치를 체험할 수 있어서 좋아요. 다양한 언어, 다양한 축제를 즐길 수 있어요. 다양한 사람들과 만나 인사할 수 있어요.	서로 다른 음식을 먹는 것에 대해 혐오감이 들어요. 전통문화 중 현대와 달라서 이해하기 어려운 것들이 있어요. 낯선 학교 시스템에 적응하기 힘들어요.
	베트남	서로 다른 인사법이 재미있어요. 다양한 언어를 배우는 게 좋아요. 새로운 음식을 먹어 볼 수 있어요. 편리한 시설들이 많다는 걸 알게 되었어요.	교통수단이 달라서 불편해요.
	중국	다양한 문화권으로 여행을 갈 수 있어요. 신선한 느낌이 들어요. 문화 간 구분이 편리해요.	경제적 능력에 따라 다양한 문화를 경험하는 게 달라져요. 다른 문화권 사람들과 이야기를 나누려면, 다른 언어를 배워야 해요. 문화가 다르고 이념이 다른 경우 전쟁이 발생하기 쉬워요. 교육 방식이 다르면 가치관의 차이가 생겨요.

나의 문화, 너의 문화, 우리의 문화

문화의 의미, 내가 경험한 문화의 다양성, 문화다양성에 대한 장점과 단점을 알아보았으니, 이제 본격적으로 프로젝트의 핵심이라고 볼 수 있는 문화 소개 자료를 만들 차례이다. 학생들에게 모국과 한국의 문화 중 소개하고 싶은 것들을 생각해 보도록 했다. 모국을 대표하여 외국인에게 문화를 홍보하는 역할을 경험하고, 자신이 조금 먼저 만난 한국 문화에 대해 외국인의 시선으로 바라보는 기회를 갖게 하고 싶었다. 우선 쉽게 접근하기 위해 학생들이 생활해 본 결과 한국에서 모국으로 가져가고 싶은 것, 그리고 모국에서 한국으로 가져오고 싶은 것이 무엇인지 물어보았다. 한국에서 모국으로 가져가고 싶은 것에는 치킨 전문점, 대나무 매트, 편의점, 생활소품 판매점, 커피전문점, 학교 급식 시스템, CCTV 설치, 깨끗한 거리, 태권도 등이 나왔다. 모국에서 가져오고 싶은 것은 중국의 전통 의상, 베트남의 오토바이 교통수단, 학교 내 휴대전화 사용의 자율화, 이집트의 다양한 음식과 과자 등을 말했다.

지금 생활하고 있는 한국과 전에 생활하던 모국 간에 서로 전하고 싶었던 문화를 참고하여 모국 문화 소개 자료, 한국 문화 소개 자료 제작을 시작했다. 계획서 안에는 소개하고 싶은 문화의 종류, 배경 국가명, 특징, 선정 이유, 특별히 소개하고 싶은 대상을 작성하도록 하였다. 계획서 및 소개지 작성 단계에서는 2명을 한 팀으로 구성하여 진행하였는데, 이주 배경 국가별 학생끼리 같은 언어를 사용하여 협력할 수 있게 하기 위해서였다. 베트남 학생은 1명이라 교사와 팀을 구성하여 진행하였다. 모든 계획서 내 언어는 모국어 사용을 허용했다. 모국어로 쓴 글을 번역 프로그램을 통해 나에게 전달하고 다시 내가 한국어로 번역하여 정리하는 과정을 거쳤다. 번역 내용을 함께 정리하면서 궁금한 점이나 부족한 부분이 있을 경우 수정하고 보완하면서 자료를 만들어 나갔다. 베트남 남학생은 혼자이다 보니, 처음에는 소극적인 자세를 보였지만 이번 단계부터는 교사와 함께 팀을 이루면서 적극적으로 변하는 모습을 보였다. 교사의 질문에 대해 학생이 답변하는 식으로 진행했다. 교사의 프로젝트 진행 과정 중 개별 피드백의 중요성에 대해 실감할 수 있었다.

문화 소개 자료 제작을 위한 계획서 양식

삽입하고 싶은 이미지 설명	
제목	
배경 국가	
특징	
선정 이유	
추천하고 싶은 대상	

    러시아 학생들이 소개하고 싶은 모국의 문화에는 바이칼 호수, 러시아 전통 가옥 양식 이즈바, 대표 음식인 보르시와 블리니, 모스크바에 있는 크렘린 궁전이 있다. 그리고 한국 문화로는 국립중앙박물관, 가수 싸이와 그의 음악 세계, 비빔밥과 김치, 생활용품 전문 판매점을 선정했다. 중국 학생들은 바둑, 단오절, 콩주스, 북경오리, 구운 냉면을 소개하고 싶은 중국 문화로 선정했고 대나무 매트, 한복, 한국학교 환경, 바른 예절 문화를 한국의 것으로 소개하기를 원했다. 이 외에도 이집트와 베트남 학생들은 모국의 음식, 건축물과 한국의 음식 등을 서로 소개해주고 싶어 했다. 내가 짐작했던 소재들보다 훨씬 다양한 문화들이 많이 소개되었다. 그중에서 한국의 생활용품 전문점을 모국에 소개하고 싶은 계획서에는 특징, 선정 이유, 소개하고 싶은 대상을 구체적으로 잘 제시하였다. 자신들이 이용해 본 경험에서 우러난 생활과 밀접한 사례였다.

문화 소개 자료 제작을 위한 학생 계획서 완성본(예시)

삽입하고 싶은 이미지 설명	
제목	생활용품 전문 판매점

배경 국가	대한민국
특징	• 저렴하면서도 꼭 필요한 물건을 판매하는 상점입니다. • 다양한 물건을 살 수 있어서 좋습니다.
선정 이유	물건이 가격이 싸고 편리해서 생활용품 전문 판매점을 소개하고 싶어요.
추천하고 싶은 대상	여러 종류의 물건을 아주 저렴하게 구입하고 싶은 분들에게 추천합니다.

다음으로 팀별로 정리한 계획서를 바탕으로 홍보지를 만들었다. 홍보지는 교사와 각 팀이 만나 계획서 내용을 하나씩 확인하면서 번역을 함께 했다. 모국어로 작성한 내용의 의미가 제대로 전달 되었는지를 소통하면서 진행했다. 소통 과정에서 학생이 한국이나 모국의 정보에 대해 오개념이 있을 경우에는 정확한 정보 검색을 통해 수정하는 과정도 있었다. 네 팀 모두에게 우리가 조사하고 정리하는 문화는 우리의 경험을 토대로 정리된 것일 뿐, 어느 것이 더 우수한 문화라고 평가할 수는 없음을 강조했다. 활동 앞부분에서 배웠던 것처럼 문화는 서로 다르고 비슷할 뿐이지, 우위를 결정할 수 없다고 말이다. 베트남 학생이 오토바이를 많이 이용하는 베트남 사람들을 소개하기를 원했다. 나도 베트남에 여행 갔을 때 오토바이의 끝없는 행렬에 놀라기도 하고, 오토바이 경적에 적응이 되지 않았던 경험이 있어서 그 학생의 소개 자료가 흥미로웠다.

문화 소개 자료 학생 결과물(예시)

제목	오토바이 문화
배경 국가	베트남
특징	• 차도가 좁아서 오토바이를 타기 편해요. • 베트남 사람들은 오토바이 타는 것을 좋아해요. • 남녀노소 상관없이 많이 타는 편이에요. • '빵빵' 소리를 내도 괜찮아요. 큰 소리를 내는 것을 이상하게 생각하지 않아요. • 고속도로에도 오토바이 전용 도로가 있어 이용이 가능해요.

여러분은 이미 양국을 잇는 문화사절단입니다.

　마지막 단계로 서로가 만든 작품을 평가하는 과정을 거쳤다. 학생들은 다른 친구들이 소개한 자료를 빨리 보여 달라며 적극적으로 관심을 보였다. 한국어로 작성된 소개 자료를 번역 앱을 이용하며 집중하여 읽는 모습에 뿌듯한 기분이 들었다. 각자 소개 자료를 만드는 고민의 과정을 겪었기에 다른 친구들이 한 결과물에 더 집중할 수 있었던 것으로 짐작된다. 친구들의 모국 문화 소개 자료에는 직접 그 나라 언어로 간단한 소감을 적기도 했다. 서툴지만 열심히 쓴 친구들의 모국어 댓글을 보고 학생들을 깔깔거리며 웃는 모습을 보이기도 했다.

　서로의 홍보 작품에 관심을 갖고 밝은 분위기로 평가 단계를 마치는가 싶었는데, 돌발상황이 발생했다. 이집트에서 온 여학생이 베트남 '반미'[6] 소개 자료에 이런 댓글을 썼다. "미안하지만, 나는 이 음식이 좋지 않아요." 그 댓글을 본 베트남 남학생은 화를 내면서 자신도 이집트 문화 소개 자료에 안 좋은 평가를 하겠다면서 다시 돌려 달라고 요청했다. 문화의 차이로 인한 갈등이 발생하는 순간이었다. 나는 먼저 베트남 남학생에게 베트남어로 이렇게 전달했다. "문장 앞부분에 미안하다는 표현이 있는 걸 보면 좋지 않다고 표현한 이유가 분명히 있을 거야. 그러니 그 이유를 직접 물어보는 게 어떨까?" 그 후에 이집트 여학생에게 그 이유를 물었고, 자신은 무슬림이라 안타깝게도 육류가 들어있는 반미는 먹을 수가 없다는 답변을 들을 수 있었다. 여학생의 답변을 그 남학생에게 전달하면서 오해가 처음 생길 때 풀려는 노력이 있다면 더 깊은 갈등으로 가는 것을 막을 수 있다는 내 생각을 함께 전했다.

　프로젝트 마지막 단계로 참여 소감을 작성해 보았다. 대부분의 학생이

6　베트남식 샌드위치로, 바게트를 반으로 가르고 채소 등의 속 재료를 넣어 만든 음식을 말함.

기억에 남는 활동으로 양국의 문화에 대해 조사하고 소개하는 활동을 언급했다. 어려웠던 점으로는 번역으로 인해 보고서 작성 시간이 오래 걸린 점에 대해 말하는 학생이 있었다. 앞으로 문화사절단으로 어떤 역할을 하고 싶은지에 대한 답변으로는 새로운 문화를 계속 조사한다, 이번 프로젝트로 정리한 소개 자료를 다른 많은 친구들, 더 나아가 전 세계 사람들에게 홍보하고 싶다는 내용이 있었다. 프로젝트를 통해 유용한 정보를 많이 얻었고, 책임감이 느껴졌다는 러시아 학생의 의미 있는 소감을 전체 학생들에게 공유했다. 우리가 조사한 문화 외에 더 다양한 문화가 있음을 확인하면서 앞으로 문화사절단의 커다란 역할에 대한 기대감으로 프로젝트를 마쳤다. 계속해서 만날 예비 문화사절단을 위한 다음 프로젝트를 준비해야겠다.

'역사 속에서 평화를 만나다' 프로젝트

평화에 대한 다양한 생각

세계시민교육을 현장에서 실천하다 보면 이런 궁금함이 생긴다. '교육 대상에 따라 어떤 방식으로 내용을 구성하고, 수업의 목표를 어떻게 설정해야 할까?'이다. 예를 들어, 초등학교 저학년 학생에게는 세계시민교육에서 다루는 내용, 목표 등이 어렵게 느껴질 수 있고, 실천으로 연결하는 과정이 쉽지 않을 수 있다. 이러한 궁금함을 해결하기 위해 다음과 같은 방식으로 접근해 보았다. 교과서에 있는 내용 중 교육과정과 연계하여 쉽게 알아볼 수 있는 소재로 접근하기, 프로젝트의 결과보다 과정에서 저학년 학생들 수준에 맞는 태도와 자세를 형성하기, 마지막으로 실천의 범위를 좁혀서 학생 주변으로 정하기 등이다.

　대상에 맞춰 수업의 내용과 방법을 준비하는 것은 프로젝트를 준비할 때 반드시 필요한 과정이다. 이와 비슷한 맥락으로 이주배경 학생들과 함께하는 역사 수업은 매번 그 준비 과정에서 어려움이 생긴다. 국제적으로 민감한 이슈에 대한 주제 선택, 외국인 대상의 역사 지도 시 관점과 방향 설정에 관한 고민이 늘 따른다. 그리고 좀 더 객관적인 시각에서 역사를 바라보도록 할 수 있는 방법에 대해서도 생각해 본다.

　역사 수업주제 중 '평화'가 많이 등장한다. 전쟁과 갈등 상황 속에서 평화에 대한 노력은 계속되어 왔기 때문이다. 이주배경 학생들이 바라보는 평화는 어떤 모습일까? 각자의 경험에 따라 다양한 이야기들을 품고 있을 것이다. 나는 평화에 대한 그들의 다양한 시각과 관점이 궁금했고, 기회가 되면 그에 대한 이야기를 나눠 보고 싶었다.

　2022년 인천광역시교육청이 주관하는 '세계 속 한국사 바로 알리기 프로젝트 개발'사업에 참여하여 '지역 이야기를 이용한 역사 다시 보기'를 진행한 적이 있다. 강화도의 역사를 알아보고, 그 속에서 평화를 바라보는 관점을 정리해 보는 프로젝트였다. 그 당시 나는 초등학교 3학년 담임교사였고, 관련 내용은 학생들에게 적용하기 어렵다고 판단하여 6학년 담임교사와의 협력 수업을 제안하여 함께 프로젝트를 진행했다. 프로젝트를 통해 첫째, 학생들의 비판적 사고, 의사결정에 필요한 인지적 기능 역량을 신장시키고자 했다. 둘째, 공감 능력, 다른 관점들에 대한 열린 태도와 같은 정서적 기능 역량을 키우고자 했다. 셋째, 다른 배경을 가진 사람들과 연대하고 상호작용을 하는데 필요한 의사소통 능력 역량을 신장시키고자 했다.

　이 프로젝트는 6학년 지구촌 갈등의 원인과 문제점을 찾는 사회 교과에서 출발한다. 시리아 내전의 갈등과 이스라엘-팔레스타인 영토 분쟁 등 지구촌 곳곳의 갈등 상황을 배운 후에 고려시대 몽골이 침략할 당시 한국의 역사에 대해 알아본다. 유배지였던 강화가 몽골의 침략 당시에는 수도가 되어 강화의 중심에 궁궐이 세워지는 사실을 알아보고, 당시에 건축된 궁궐이 현재의 강화읍에 남아있는 모습을 함께 살펴본다. 강화도를 중심으로 침략의 역사만을 모아 그 특징을 찾아보고, 전쟁의 아픔을 이해하며 평화를 위해 우리가 할 수 있는 일을 알아본다. 또 강화도 내에 침략이나 전쟁과 관련된 장소를 찾아본다. 이를 바탕으로 미술 교과에서는 평화의 이미지를 표현하고, 국어 교과에서는 평화의 필요성에 대하여 자신의 생각과 타당한 근거를 들어 논설문을 써 본다. 강화도를 통해 배운 한국 침략의 역사를 떠올리며, 평화롭게 지내지 않았을 때의 아픔을 알고 평화의 필요성에 대한 간단한 글을 쓴다.

역사 속에서 평화를 만나다 프로젝트 수업

과목	사회, 국어	학년	초등 6학년	차시	8차시
세계시민교육 학습주제	6. 차이와 다양성의 존중 8. 윤리적으로 책임감 있는 행동				
세계시민교육 학습 목표	• 같음과 다름을 구분하고, 모든 사람은 권리와 책임이 있음을 인식한다. • 사회정의와 윤리적 책임의 개념을 이해하고, 이를 일상생활에 적용하는 법을 배운다.				

핵심 활동
• 지구촌 갈등의 원인을 알아보고 과거의 영토 분쟁 상황을 알아본다.
• 강화도의 침략과 관련된 역사, 장소에 대해 알아본다.
• 평화에 대한 생각을 이미지와 글로 표현한다.

성취기준
[6사02-01] 인권의 중요성을 인식하고 인권 신장을 위해 노력했던 옛사람들의 활동을 탐구한다.
[6사08-03] 지구촌의 평화와 발전을 위협하는 다양한 갈등 사례를 조사하고 그 해결방안을 탐색한다.
[6국02-05] 매체에 따른 다양한 읽기 방법을 이해하고 적절하게 적용하며 읽는다.
[6국03-05] 체험한 일에 대한 감상이 드러나게 글을 쓴다.

핵심 질문
지구촌의 평화를 위해 우리는 무엇을 해야 하는가?

프로젝트의 흐름
1차시: 지구촌 분쟁 사례, 과거의 영토 분쟁 사례를 알아보고 프로젝트 개요를 안내한다.
2차시: 강화도의 침략과 관련된 역사 이야기를 알아본다.
3~4차시: 강화도의 전쟁 관련된 장소, 사람들의 삶에 대해서 알아본다.
5~6차시: 평화에 대한 자신의 생각을 그림으로 표현한다.
7~8차시: 평화의 필요성에 관한 논설문을 쓰고 친구들과 함께 이야기를 나누며 프로젝트를 마무리한다.

주요 결과물
평화를 이미지로 표현한 작품, 평화에 대한 글쓰기 작품

평가 계획 및 채점 기준

평가 요소	채점 기준(점수)		
	상(◎, A)	중(○, B)	하(△, C)
강화도의 역사적 특징을 알고 그에 대한 생각을 설명하기	강화도의 전쟁과 관련된 역사를 알고 이를 토대로 그에 대한 생각을 근거를 들며 설명할 수 있다.	강화도의 전쟁과 관련된 역사를 알고 이를 토대로 그에 대한 생각을 설명할 수 있다.	강화도의 전쟁과 관련된 역사를 알 수 있다.
평화를 이미지로 표현하고 평화의 필요성에 관한 논설문 쓰기	평화에 대해 떠오르는 이미지로 표현할 수 있고, 평화의 필요성에 대해 알맞은 근거를 들어 논설문을 쓸 수 있다.	평화에 대해 떠오르는 이미지로 표현할 수 있고, 평화의 필요성에 대해 논설문을 쓸 수 있다.	평화에 대해 떠오르는 이미지로 표현할 수 있다.

지금의 지구촌 분쟁, 그리고 옛날 강화의 전쟁

첫 번째 차시에서는 간략하게 지구촌의 갈등 원인과 해결 방법에 대해

이야기를 나눠보고자 했다. 먼저 시리아 내전 이전과 이후의 모습을 비교해 보고, 자신이 알고 있는 지구촌의 분쟁 상황에 대해 말해 보고, 지구촌 나라들은 왜 전쟁과 갈등을 겪고 있을까에 대한 생각도 공유하면서 학생들의 수업 참여를 유발시켰다. 팔레스타인과 이스라엘의 영토 분쟁 사례, 메콩강 유역의 갈등 상황 사례를 알아보면서 지구촌 곳곳에서 영토 분쟁이 일어나고 있음을 확인해 보며 구체적인 사례를 만나 보았다. 이때 나라 간 갈등의 원인을 특정한 나라의 잘못으로 판단하지 않도록 해결 방법에 초점을 두고 접근하였다. 과거의 영토 분쟁 사례로 고려의 강화도 이야기를 소개했다. 강화도를 처음 알게 된 학생들이 대부분이어서 지도를 통해 강화도의 위치를 확인하고 자연적, 인문적 특징을 간단하게 소개했다. 고려시대 몽골의 침입과 그에 따른 강화도 천도, 분쟁의 과정 등을 함께 알아보았다. 학생들의 이해를 돕기 위해 EBS 초등스토리 한국사[7] 영상을 활용하였다. 몽골과의 전쟁 사례를 이야기하면서, 그 당시 사람들의 삶은 어떠했을지를 짐작해 보게 했다. 학생들과 나는 평화를 지키지 못하고 끊임없이 전쟁이 일어나는 이유, 지구촌 갈등의 원인이 무엇일까에 대해 생각해 보았다. 그리고 갈등을 해결하기 위한 방법에는 어떤 것들이 있을지도 이야기를 나눠보았다.

 다양한 이주배경의 학생들이 함께 공부하는 역사 교실을 우리는 앞으로 많이 마주할 것이다. 수업을 진행하던 6학년 교실에는 몽골에서 온 여학생이 한 명 있었고 몽골과의 과거 이야기를 할 때마다 신경이 쓰였다. 최대한 진행 과정에서 나는 그 학생이 불편해하지 않도록 배려하려고 노력했다. 우리가 지금 배우고 있는 것은 과거에 역사적으로 겪은 사건이다, 현재는 한국과 몽골이 사이가 좋다, 과거의 갈등을 현재까지 연결시키는 것보다 앞으로의 긍정적인 발전을 위해 함께 협력하는 것에 대해 생각하

---

[7] EBS 초등. 14강 외적의 침입과 극복(2). https://primary.ebs.co.kr/main/primary

는 것이 중요하다고 계속 강조했다. 나의 이런 발언이 그 학생을 포함한 다른 학생들에게 기억에 오래 남았는지, 마지막 소감을 공유할 때 나온 이야기 중 '한국과 몽골은 현재 사이가 좋다.'라는 내용이 많이 있었다.

과거의 영토 분쟁에 대한 질문(예시)

그 당시 고려의 상황에 대해 질문합니다.

1	몽골의 침입 이후 고려는 도읍을 개경에서 강화도로 옮기고 몽골과 싸웠습니다. 강화도로 도읍을 옮겨간 이유는 무엇일까요?
2	강화도로 주거지를 옮기지 못한 백성들은 어떻게 되었을까요?
3	강화도로 주거지를 옮긴 왕과 귀족들은 제일 먼저 무슨 일을 했을까요?
4	분쟁 이후 사람들의 삶은 어땠을까요?

다음으로 강화도에서 전쟁과 관련된 장소를 알아보는 활동을 했다. 각 장소의 사진을 함께 보면서 고려궁지, 외규장각, 강화산성, 돈대, 방어시설인 진과 보, 선원사지 등에 대해 알아보았다. 강화도의 지도를 보며, 전쟁과 관련된 각 장소의 위치를 확인해 봄을 통해 궁궐과 문화재는 강화도의 중심 부분에 있고 방어시설은 주로 해안가 옆 외곽에 있음을 알 수 있었다. 이어서 정묘호란, 병자호란, 병인양요, 신미양요, 강화도 조약까지 강화도와 관련된 역사적 사건들을 간략하게 짚어 나갔다. 그리고 오랜 기간 간척으로 인해 바뀐 강화도의 지형도 살펴보았다. 학생들은 강화도에서 왜 이렇게 전쟁이 많이 일어났는지 이해가 안 간다며 안타까운 감정을 표현했다. 강화도가 도읍과 가까웠고 접근하기 힘든 지리적 특성을 설명하면서 교사인 나도 학생들이 느끼는 안타까움에 공감하였다. 강화도의 전쟁과 관련된 장소, 역사 중 새롭게 알게 된 내용 등을 정리하고 전쟁 이후 남게 된 상처에 대해 이야기 나누며 수업을 마무리했다. 남겨진 사람들

의 삶을 생각하며 평화의 필요성에 대해 절감하는 순간이었다.

미술 시간을 활용하여 '평화'를 이미지로 표현하는 활동을 진행했다. '평화'하면 떠오르는 것에 대해 먼저 질문했다. 비둘기, 행복한 내 가족과 집, 다양한 피부색의 친구들이 함께 어울리는 장면, 사랑, 초록색 숲 등의 답변이 나왔다. 각자 자신이 생각하는 평화를 이미지로 표현했다. 다음 국어 시간 활동으로 평화를 주장하는 논설문 쓰기 수업을 통해 평화를 주장하기 위한 적절한 근거를 찾아보는 것부터 시작했다. 앞에서 배운 강화도 이야기, 자신이 생각하는 평화 이야기, 자신이 경험한 평화 이야기 등을 떠올리며 학생들은 논설문을 썼다. 한국어로 글쓰기에 익숙하지 않은 학생들이라 논설문의 형식에 맞게 근거를 들면서 글을 잘 쓰지는 못했다. 그래도 각자의 생각이 드러나게 평화에 대한 생각을 써 나갔다.

평화를 주장하는 글쓰기 학생 작품(예시)

작품1	전쟁이란 무엇일까요? 전쟁은 항상 있었고, 앞으로도 일어날 것입니다. 전쟁은 종종 무의미합니다. 전쟁은 국가에 대한 오해에서 발생합니다. 석유, 가스 등 자원을 얻기 위해 종종 발생하지만, 그 결과 생태계가 많은 피해를 입습니다. 사람, 동물, 식물이 모두 다 죽게 되는 전쟁은 공포입니다. 우리는 같이 살아야 합니다.
작품2	이 세상에 전쟁이 없었다면 좋았을 텐데요. 다른 나라 사람들이 함께 어울릴 수 있으니까요. 전쟁으로 인해 부서진 집과 화재의 비극적인 그림은 없었을 거예요. 전쟁으로 인한 피해는 지울 수 없어요. 세계에 더 이상 전쟁이 없기를 바랍니다.

역사 속에서 만나는 평화 이야기들

평화에 대한 글쓰기 활동까지 마치고 학생들에게 프로젝트에 대한 소감을 물었다. 프로젝트를 통해 알게 된 점, 느낀 점 등을 자유롭게 말해 보도록 했다. 그리고 마지막으로 학생들에게 우리가 역사를 공부하는 이유에 대해서 질문해 보았다. 학생들은 알아야 하는 역사를 꼭 알기 위해, 미래를 위해서, 그 나라가 어떤 사회인지와 어떤 문화를 보여주는지를 알기 위해 역사를 공부해야 한다고 말했다.

프로젝트 참여 학생 소감(예시)

학생1	나는 계속해서 평화를 이야기해 왔어요. 앞으로도 모든 사람에게 평화를 주장하는 사람이 될 거예요. (카자흐스탄 학생)
학생2	침략받은 강화도가 불쌍해요. 나의 나라도 전쟁 중이에요. 전쟁 중인 많은 나라들이 평화롭게 지냈으면 좋겠어요. (아프가니스탄 학생)
학생3	나의 나라도 옛날에 평화롭지 않았어요. 그래서 나는 이번에 이웃 나라들에게 평화롭게 지내자는 편지를 썼어요. 모두 친구가 되었으면 좋겠어요. (캄보디아 학생)
학생4	한국의 역사를 알게 되어서 좋아요. 더 많은 한국의 역사를 알고 싶어요. (중국 학생)
학생5	강화도에 직접 가보고 싶어요. 그리고 내가 쓴 평화를 주장한 글을 많은 사람들에게 보여주고 싶어요. (러시아 학생)

한국의 역사를 비 이주배경 학생들에게 지도할 때는 마주하지 않았던 어려움과 불편함을 이번 역사 수업에서 직면하게 되었다. 어느 한쪽에 치우친 시각이 아니고 객관적인 관점에서 역사적 사건을 바라볼 수 있도록 프로젝트 내내 노력했던 것 같다. 역사를 학습하는 것이 모두의 평화를 위해 꼭 필요한 것임에 대해서는 이주배경 요인을 떠나 교사와 학생 모두 공감하는 것이란 걸 깨닫게 되었다. 객관적이고 통합적 시각에서의 역사 지도에 대한 필요성도 다시 한번 느끼는 계기였다. 역사를 통해 그 나라의 문화를 알 수 있다는 학생의 말을 기억하며 문화다양성을 인정하고 존중하는 역사 수업을 꿈꿔본다.

수업을 마치며

함께 살아가기 위한 문화다양성 수업을 꿈꾸다

특별하고 새로운 것을 좋아하는 교사와 교사보다 더 특별한 학생들이 함께 문화다양성 프로젝트를 지금도 계속 실천하고 있다. 프로젝트를 열심히 마무리한 뒤, 세계시민으로서 큰 뜻을 실천하자는 의지를 다짐하고 난 후에 정작 바로 옆에 있는 친구와의 갈등이 심해지는 학생의 모습을 발견할 때 나는 가끔 의기소침해지기도 한다. 하지만 곧 학생들에게 내 옆에 있는 사람들을 이해하고 잘 지내는 것부터 시작해야 한다고 강조하며 의지를 재다짐한다. 학생들이 배운 것을 잘 실천하려면 작은 것부터 학생들의 삶 속에서 시작해야 한다는 것을 늘 잊지 않으려고 노력하면서 말이다. 그리고 학생들의 삶에 기반한 의미 있는 프로젝트를 또 준비하고 준비한다. 다양한 경험 속에서 학생들은 세계시민으로 성장할 수 있을 것이라 믿는다.

나는 '스타일'이란 단어를 좋아한다. 개인의 취향에 따라 선택되는 그 무엇을 일단 존중하고 싶기 때문이다. 가끔 나는 '수준'이란 단어를 '스타일'로 바꿔 사용하면서 평가자의 입장에서 같은 곳을 바라보는 동반자로 변신하는 특별한 경험을 하게 된다. 선택할 수 없이 이미 정해진 채로 세상에 등장하게 되는 것들이 있다. 그런 것에 대해 우리가 '잘했다, 못했다' 판단하고 평가하는 것은 적절하지 않다고 생각한다. 있는 그대로의 다양성을 인정하고 존중하며, 함께 살아가는 방법을 경험할 수 있는 문화다양성 수업을 앞으로도 실천하고 싶다.

3장

지구공동체를 가꾸는 프로젝트 수업

· 김미정 ·

역마살이 들어있는 팔자라 22년 교사 생활 중에 11번을 이사한 이력이 있다. 영어교육을 하다 한때 국제교류를 진행했고, 국외연수도 다녀왔다. 게다가 지금은 도서에서 근무하며 5島 2市 생활을 한다. 가 보지 않은 길에 관심이 있어 여기저기 들락거리다 세계시민교육에 발을 디뎠다. 인권, 평화, 지속가능발전, 문화다양성, 글로벌 이슈, 디지털 시민성 등 다양한 주제로 인류 보편의 가치를 삶에서 실현하는 길이 참 매력적이라 그렇다. 더 정의롭고 평화로우며 공정한 세상을 만드는 데 얼마나 많은 걸음이 필요할까? 한 사람의 열 걸음보다 열 사람의 한 걸음을 이끌고자 오늘도 고군분투하는 중이다.

환경이 뭐길래?

환경은 자연환경과 인문·사회 환경으로 나뉜다. 기후 위기가 자주 뉴스에 나오고, 유례없는 기상 이변이 거론된다면 이는 자연에만 국한되어 있는 이야기일까? 아니다. 알고 보면 자연과 인문·사회 요소가 함께 상호작용한 결과를 우리가 마주한다. 집에서 쓴 물건들과 쓰레기, 전기에너지, 먹은 음식, 길에서 느낀 햇살과 바람 이 모두가 지구 거주인으로 접하는 환경이다. '나는 누구인가?', '어디에서 어떻게 살아갈까?', '무슨 행동을 취할까?'를 결정할 때 '나' 스스로의 선택도 있지만, 환경적 영향을 받는다.

환경에 대해 알고 고민할수록, 나의 삶에 대해 여러 가지 생각과 감정이 따라온다. 자연과 환경을 무시하여 오늘날과 같은 비상사태의 기후위기를 만든 인간의 이기적인 정책이나 결정, 행동에 대해 분노하다가도 문득 내가 오늘 나의 편의와 욕구를 채우기 위해 했던 많은 결정과 행동을 떠올리며 급 부끄러워진다.

> "맞아, 나 오늘 텀블러를 안 가져가서 일회용 컵으로 음료를 받았지. 입을 옷도 많은데 홈쇼핑 쇼호스트의 광고에 혹해 또 쓸데없는 쇼핑도 했네…."

그렇다. 환경을 지키자던 내 생활은 모순덩어리다. 그러나 넬슨 만델라 대통령이 "교육은 세상을 바꾸는 가장 강력한 무기 가운데 하나이다"라는 명언을 떠올리며 다시 나를 다독인다. 가끔 환경을 아끼고 잘 챙기지 못하더라도 후세대가 살 터전을 잘 넘겨주기 위한 교육은 확실히 할 수 있지 않을까?

우리는 환경에 대해 어떤 자세를 가져야 할까? 기후위기가 심각해질수록 거대 산불, 가뭄, 폭우, 사막화, 지진·해일 같은 자연재해가 안전한 삶의 기반을 흔든다. 그 덕분에 식량 자원의 고갈이 심각해지고, 물가 폭등, 분배의 불평등이 야기된다. '어떻게 해야 우리는 존엄한 사람으로 잘 살아갈까?'에 대한 고민과 협력이 유치원·초등학교 시절부터 다뤄져야 한다. 기후위기로 우리 집에 당장 먹거리가 없어 배고픈 일이 펼쳐지지 않으면, 환경 문제가 피부에 와닿기 어렵다. 남의 일이 아닌 내가 일상에서 겪는 불편과 연결되는 이해가 일상에서의 실천으로 이어지기 때문이다. 나는 환경교육을 통해 자라나는 우리 아이들이 환경에 관심을 갖고 환경 문제에 민감한 환경 시민으로 자라길 바란다. 또한 아이들이 자연에 고마움을 느끼며, 자연과 더불어 살아가는 즐거움을 경험했으면 한다. 마지막으로 아이들이 환경을 위해 작은 일이라도 각자의 위치에서 실천하고, 환경을 지키는 결정과 선택을 하는 '생태전환적 삶'[8]을 살았으면 좋겠다.

'슬기로운 텃밭 생활' 프로젝트 수업

텃밭에서 삶을 바라보는 포용적인 시민으로 거듭나기

"애들아, 나가자. 오늘은 학교 텃밭에 심은 오이가 얼마나 컸나 살펴보자."
"오늘은 옥수수랑 저랑 키 크기 해볼 거예요."
"오늘은 방울토마토가 더 많이 빨개졌으면 좋겠어요. 그래야 따 먹을 수 있죠."

---

8 생태전환적 삶: 심각해지는 기후 위기에 대응해 인간과 자연의 공존과 지속가능한 생태 문명을 위해 생각과 행동의 총체적 변화를 추구하는 삶

직접 식물을 키우는 경험을 통해 아이들은 노력의 대가와 수확의 기쁨, 직접 키워낸 열매에 대한 애착심을 기를 수 있다. 요즘 육류 소비가 늘어 비정상적 축산물 사육환경이 문제가 되고 있다. 또, 인스턴트 식품에 많이 노출된 학생들의 식습관을 고려할 때 채소 섭취에 대한 긍정적 효과는 텃밭 교육의 중요한 효과로 볼 수 있다.

텃밭 활동 전 학생들을 대상으로 '농사'에 대한 이미지를 물어보면, 절반 이상의 학생들이 '벼농사' 또는 '논에서 일하는 농부'를 떠올리며 매우 단편적 인식을 보였다. 학생들이 직접 경험과 다양한 활동을 통해 농업 이미지를 제고하고, 미래 산업으로 발전시키는 사고의 전환도 필요하다. 기후 위기로 인해 식량안보의 중요성이 커지고 있기 때문이다. 텃밭 활동은 교과 내용 중 생물과 관련된 과학실험과 관찰이 포함된 학습 효과가 높고, 학생들의 성장과 발달에 긍정적인 영향을 준다.

개인과 모둠활동 안에서 학생들은 사회성을 익히며, 모둠에서 자기 의견을 전하고, 배려와 양보를 알아가며 관계를 발전시키기 때문이다. 특히 작물의 성장 과정을 읽고 쓰는 활동과 더불어 원하는 바를 표현하고 소통하며 언어 능력의 향상을 보였다. 또, 초록 환경과 마주하는 활동으로 정서 안정과 긍정적인 생활 태도 변화 또한 확인했다.

이른 봄 땅이 녹을 때 선생님들과 함께 밭을 갈고, 거름을 주고 시기에 맞추어 모종을 심는다. 그리고 여름 뙤약볕에서 잡초를 뽑는 일, 벌레를 잡고, 상처 나지 않게 수확하는 일도 체험한다. 이 모두가 성실한 태도와 자세를 기르는 과정으로 세계시민으로서의 성장과 맞닿아 있다. 우리 학교 텃밭의 작물이 잘 자라는데 기후 역할이 크다는 것을 알아차리고, 식량 자원의 생산과 연계되어 있음을 학습한다. 이는 식량 생산의 감소, 곡물 가격의 상승과 연결되며 인간다운 삶을 유지하는 조건을 결정한다. 따라서 지구촌 환경을 위한 행동을 지속한다. 3~4월 텃밭을 만들고 퇴비를 섞기 전 흙을 고르는 것이 중요하다. 그리고 땅에 심을 모종을 준비해 심는다. 모종이 자랄 때 비가 안 오면 물을 충분히 줘야 한다. 5월에는 잡초를 뽑고, 덩굴식물이 타고 자랄 지지대를 세운다. 6월에는 곁순을 따주고, 성장한 작물을 수확하면 된다.

슬기로운 텃밭 생활을 통해 식물의 성장 알아보기

슬기로운 텃밭 생활 프로젝트 1~2학기 연계 텃밭 활동 및 학습 내용

		교육활동 주제	텃밭 활동	교과 단원 연계	준비물
봄	4월	텃밭 설계하기	조 나누기, 흙 고르기	6학년 실과 생활 속 농업 체험	씨감자, 호미, 조리개, 칼, 흙, 거름
		텃밭 만들기	꽃모종 심기 씨 뿌리기	4학년 과학 3. 식물의 한살이	상추모종, 호미
		땅을 건강하게	지렁이 관찰, 거름 만들기	4학년 과학 3. 식물의 한 살이	고추, 방울토마토 모종
		봄 작물 알기	봄 작물 심기	6학년 과학 식물의 구조와 기능	오이, 호박 모종
	5월	음지식물 – 빛의 역할	잡초 뽑기	6학년 실과 친환경 미래농업	지렁이사육통, 가위, 신문지, 지렁이, 흙, 물, 지주대, 퇴비
		잎과 줄기 역할	덩굴식물 지지대	6학년 과학 식물의 구조와 기능	모내기용 통, 물, 흙, 모내기 모종
여름	6월	수확의 과정	곁순따기	6학년 실과 생활 속 농업 체험	호미, 바구니
		수확의 기쁨	잎채소 수확		
		빗물의 이용– 물의 순환	열매채소 수확	6학년 사회 바람직한 경제 활동	호미, 흙, 물,
	7월	로컬푸드란	수확물로 요리	6학년 실과 간단 음식 만들기	호박, 감자, 조리도구

	9월	가을작물 준비	작물 모종 심기	6학년 실과 친환경 미래농업	배추, 무 모종, 흙, 조리개, 거름
가을		웃거름 주기	텃밭 거름주기	6학년 실과 친환경 미래농업	거름, 천연 농약
	10월	열매 수확	배추, 무 수확	6학년 실과 생활 속 농업 체험	호미, 바구니

'슬기로운 텃밭 생활' 프로젝트 수업은 학교 텃밭에서 여러 학년이 교과 내용과 연계하여 작물을 심고 기르는 활동이다. 텃밭 활동은 학교 일과 시간 중 교과 활동, 아침 활동, 점심시간을 적절히 연계한다. 또 WFP(세계식량계획)에서 만든 헝거맵(https://hungermap.wfp.org/)을 통해 지구촌 식량 자원이 어떻게 소비되는지 알아보고 사람들의 영양 섭취, 분쟁 문제를 살펴본다. UN에서 왜 이런 지도를 만들고 알리는가에 대한 이야기를 나누었다. 이를 통해 정의롭고 평화로운 세상에서 공동체 구성원으로 살기 위해 식량의 공급과 소비가 중요함을 탐구하는 프로젝트 수업이었다. 학생들이 조사와 토의를 통해 기후변화로 인해 벼, 밀 등의 대표적인 식량 자원 재배지와 생산량이 감소하는 현상을 파악했다. 또, 기후변화의 영향은 식량 안보 위기와 밀접하게 연결되어 있으며 이를 해결하기 위한 시민으로서의 실천 방안을 모색한다. 실시간으로 세계의 굶주림 이슈를 여러 측면에서 파악할 수 있다. 이를 통해 자원 순환과 지속가능발전을 위한 세계시민으로서 책임 있는 의사결정을 실천하는 배움을 확장한다. 이 프로젝트는 6학년을 위한 활동으로 진행하였으나, 학교 텃밭을 4학년에서도 활용하여 과학과 수업 방법도 위 표에 제시하였다.

슬기로운 텃밭 생활 프로젝트 수업

과목	사회, 실과, 자율	학년	초등 6학년	차시	8차시

세계시민교육 학습주제
2. 지역·국가·세계 차원에서 공동체 간의 상호작용과 연계에 영향을 미치는 이슈
7. 개인·집단적으로 취할 수 있는 실천

세계시민교육 학습 목표
- 지역공동체에 영향을 미치는 이슈를 알아보고 글로컬 이슈가 개인의 삶과 공동체에 갖는 의미를 알아본다.
- 우리가 사는 세상이 더 나아지려면 어떤 행동이 필요한지 살펴본다.

핵심 활동
- 기후변화로 인한 식량안보, 영양, 분쟁 등의 데이터를 조사하여 토의한다.
- 텃밭 작물을 기르며, 생명의 소중함과 채식의 중요성을 파악한다.
- 기후재난으로 생기는 문제의 해결을 넘어 지속가능한 지구를 위한 실천을 지속한다.

성취기준
[6사07-03]세계 주요 기후의 분포와 특성을 파악하고, 이를 바탕으로 하여 기후 환경과 인간 생활 간의 관계를 탐색한다.
[6실05-08] 지속할 수 있는 미래 사회를 위한 친환경 농업의 역할과 중요성을 이해한다.
[6실05-09]생활 속의 농업 체험을 통해 지속할 수 있는 생활을 이해하고 실천 방안을 제안한다.

핵심 질문
텃밭 활동을 통해 탄소배출을 줄이는 식생활을 어떻게 실천할 수 있을까?

프로젝트의 흐름
1차시: 프로젝트 목표를 설정하고 프로젝트 활동을 안내한다.
2차시: 모둠별로 텃밭 가꿈 계획을 세우고, 텃밭 작물을 키운다.
3~4차시: 모둠별로 Hunger Map의 데이터 분석을 실시한다.
5~6차시: 전 세계의 식량과 영양, 분쟁, 날씨와 결과와 자료를 분석, 정리, 평가한다.
7차시: 식물의 구조와 기능을 이해하고 지속할 수 있는 생태환경을 위한 의견을 제시한다.
8차시: 지구촌의 현실과 문제 해결을 위해 한 가지 이상 목표를 정해 세계시민으로 실천한다.

주요 결과물
슬기로운 텃밭 생활 보고서, Hunger Map 조사 및 발표 자료 https://hungermap.wfp.org

1~2차시는 텃밭 활동을 하면서 키울 작물을 정하고, 시기별 계획을 정리하였다. 학교 텃밭을 가꿀 공간을 확인하고 모둠별 땅에 모종을 심고, 학생들이 역할을 나눠서 작물을 기르고 관찰일지를 함께 썼다.

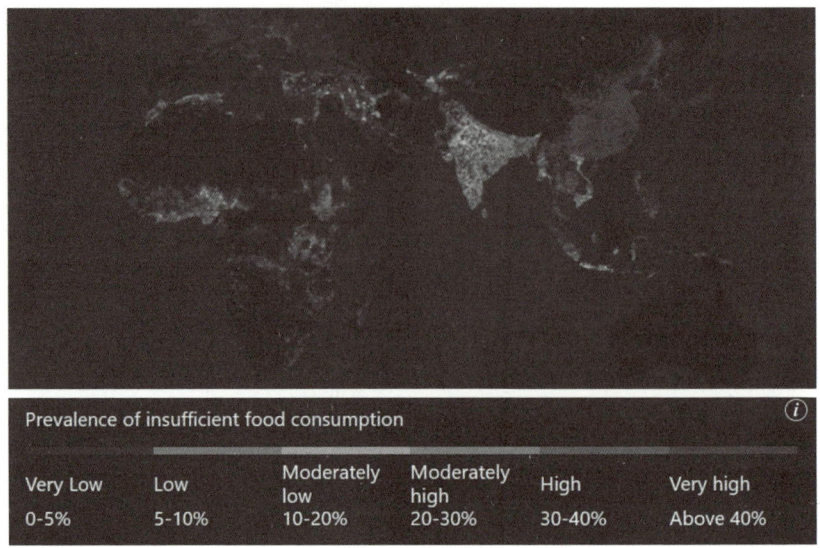

출처: 헝거맵 홈페이지(https://hungermap.wfp.org/)

　3~4차시는 헝거맵에 접속하여 기후위기로 인한 나라별 음식 소비를 알아본다. 헝거맵은 위처럼 실시간으로 음식 소비, 기후변화, 나라별 분쟁과 갈등을 지도상 색깔과 그래프로 보여준다. 이를 통해 기후변화가 식량 생산에 끼치는 영향이 다양하다는 사실을 알 수 있다. 또, 사회·경제적 발전 계획으로 기아 취약성에 더 많은 영향을 끼치는 것도 파악할 수 있다. 전쟁으로 인한 식량부족과 대규모 난민 발생도 나타낸다. 이렇게 학생들이 굶주림의 상황을 파악하고 다음 5~6차시에서 나라별 식량과 영양, 영아 사망률과 전염병 발생, 분쟁의 영향을 조사하였다.

　학생들이 조사한 내용을 온라인 작업을 통해 정리하고, 지구촌 국제교류와 협력의 필요성을 정리하였다. 〈왜 세계의 절반은 굶주리는가?〉와 같이 기아의 문제가 쉽게 해결되지 않는 구조적 문제를 파악하는 토의 과정을 거쳐 세계시민으로 어떤 행동이 필요한지 이야기를 나누었다.

소는 배불리 먹고 사람은 굶는 현실, 사막화와 산림파괴, 도시화와 식민지 정책의 영향, 정치·경제적 체제의 문제 등을 다루면서 학생들이 기아의 실상에 대해 놀라워했으며, 기후변화를 줄이기 위한 노력을 더 깊이 있게 이해하였다. 다만, 텃밭 가꾸기는 오랜 시간이 걸려서 모둠별 작물 관리가 어려웠다. 학생들이 물을 제대로 주는지 교사가 종종 확인해야 한다. 과일 껍질과 음식물을 잘게 잘라 중간에 텃밭에 뿌리고, 지렁이를 투입하면 더욱 좋다.

두 달 넘게 작물이 자라는 모습을 보며, 학생들이 서로 물주기를 미루기도 하고, 열매 맺을 때 나중에 조리 실습에 활용한다고 들떠 있는 모습도 볼 수 있었다.

평가 계획 및 채점 기준

평가 요소	채점 기준(점수)		
	상(◎, A)	중(○, B)	하(△, C)
텃밭 작물 재배계획 세우기(20))	주제 선정 및 작물 재배계획 세우기에 능동적으로 참여하였다.	주제 선정 및 작물 재배계획 세우기에 팀원과 협력하며 참여하였다.	주제 선정 및 작물 재배계획 세우기에 수동적으로 참여하였다.
Hunger Ma 조사하기(30))	기후변화로 인해 발생하는 기아, 식량부족 원인과 불균형 문제를 비판적으로 4가지 이상 파악하였다.	기후변화로 인해 발생하는 여러 가지 문제를 2~3가지 파악하였다.	기후변화로 인해 발생하는 여러 가지 문제를 파악하는데 노력을 요한다.
문제 해결방안을 정리하기(40)	정리 자료가 분명하고 글의 내용과 조사 자료의 일관성이 있다.	정리 자료가 분명하나 글의 내용과 조사 자료의 일관성이 부족하다.	정리한 조사자료 형식 면에서 짜임새와 구성이 미흡하다.
동료평가 및 자기평가(10)	모둠원의 역할 분담이 고르고 구성원 모두가 적극적으로 참여했다.	모둠원의 역할 분담이 배분되었으나 일부 구성원이 소극적으로 참여했다.	모둠 구성원 대부분이 소극적으로 참여했다.

'슬기로운 텃밭 생활' 프로젝트 수업에서 교사의 역할

교사의 역할	• 학생들이 주도적으로 프로젝트를 설계, 참여하게 지원하고, 자연스럽게 배움의 과정으로 이끌어 주기 • 텃밭 조성을 위한 공간 학생들과 찾고 역할 나눠서 관리하기 • 학교 텃밭을 가꾸고 또래와의 협력 경험 제공하고 격려하기 • 프로젝트 활동을 통해 기후변화 문제에 대한 조사를 통해 세계시민으로서의 지구촌 문제를 인식해 매일 실천하도록 동기 부여하기

••• 이렇게도 활동할 수 있어요

프로젝트 주제(예시)	방법	텃밭 활용 문제 살피기 (핵심 질문 예시)
생활 속의 텃밭 활동 이해	베란다, 옥상 텃밭 활용 텃밭 정원 디자인	생활 속 실천 가능한 텃밭 활동에는 어떤 것이 있을까?
생활 속의 텃밭 활동 가치	여가 활동으로 신체적, 정신적 건강 유지	학교의 어떤 공간을 텃밭 장소로 활용할 수 있을까?
생활 속의 텃밭 활동 종류 조사	내가 실천할 수 있는 농업 활동과 지속가능발전 실천 행동	우리 식량 자원을 보호하고 지속 가능한 발전 방법은 무엇일까?
생활 속 텃밭 체험활동	텃밭 활동 수확물로 할 수 있는 일	수확 작물로 할 수 있는 일은 무엇이 있을까?

슬기로운 텃밭 생활 프로젝트를 진행하며 얻은 팁을 언급하면 다음과 같다. 학교 텃밭 운영 목적을 분명히 하고 교육과정의 질 향상을 위한 프로젝트를 수행하는 역할을 정확히 인식할 때 텃밭 활동이 무리 없이 진행된다. 넓은 공간이 아니어도 학교에 자투리땅이 있다면 시도할 수 있다. 텃밭 공간은 관리하지 않으면 잡초가 무성하게 자라고 거대한 쓰레기장으로 변한다. 따라서 지속적으로 운영하도록 학교 실정에 맞는 프로그램을 찾고 계획해야 한다. 긍정적인 눈으로 보면 부지런히 움직이는 습관을 기를 수 있다.

또 담당자 한 사람이 텃밭을 운영할 수 없다. 따라서 지역 연계 기관과

학교 구성원의 협력이 필요하다. 학생, 학부모, 교원의 참여를 통해 함께 만드는 학교 텃밭이 되도록 역할과 책임을 나눈다. 수확기에 맞춰 음식 만들기 또는 마을에 기부한다면 어떤 형식으로 나눔을 실천할지 정해야 한다. 그리고 학생들이 직접 경험하는 환경을 제공하여 공동의 경험과 배움의 과정을 이야기하도록 한다.

존 듀이가 말했듯이 'Learning by Doing'의 철학이 녹아있는 텃밭 활동이 학생들의 사고력과 정서·심리적 성장에 도움이 된다. 직접 먹거리를 키우는 경험을 통해 학생들이 채식급식과 식단 관리의 필요성을 체득하므로, 실천력이 강화된다. 특히 학생들 스스로 쓴 농기구와 쓰레기는 스스로 정리하고 안전한 환경을 함께 만들도록 꾸준히 확인해야 한다.

'하지 감자'라는 말을 아시는가? 하지에 감자를 얻으려면 3월에 심어서 6월에 수확한다. 분이 많이 나고 맛 좋은 감자를 찌거나 튀기거나 전을 부치거나 할 수 있다. 100일 만에 흙 속에서 보물처럼 자라주는 감자 덕분에 학생들과 신나게 땅을 파는 재미를 느꼈다. 예전 할머니, 할아버지 때에는 가을걷이한 곡식을 아껴 먹다 봄과 여름 사이 배고픈 시기를 이겨내게 한

고마운 작물이 감자였다. 장갑을 끼고 열매가 상하지 않게 조심조심 땅을 파다 손가락 끝에 느껴지는 존재의 반가움이란! 더위가 본격적으로 시작되기 전 100일의 손님을 맞이하는 기쁨을 누려보시길 추천한다.

'바른 먹거리 한 그릇' 프로젝트 수업

"쌀을 이용한 한 그릇 음식을 만든다면 어떤 메뉴가 떠오르나요?"

"비빔밥이요."
"유부초밥이요."
"주먹밥이요."
"김밥이요."
"카레요."

쌀로 만든 한 그릇 음식 메뉴 질문에 학생들 대답이 다양하다. 우리나라 전통은 쌀이 주식이지만, 교류와 무역을 통해 다양한 나라의 문화가 스며들어 먹거리도 변화하기 때문이다. 쌀을 주재료로 하되, 채식을 이용한 한 그릇 음식을 만들기로 이야기하고 원하는 메뉴를 결정하기로 했다. 점심 급식 외에 학생들이 인스턴트나 배달 음식을 많이 섭취한다. 냉장고에 첨가물이 많은 양념과 재료 대신 채소와 건강한 식재료로 한 끼 식사를 만들어 먹으면 다정하고 사려 깊게 나와 환경을 챙기는 과정이 된다.

'함께 잘 살아감'을 먹거리로 실천하기

실과 시간 '세계의 한 그릇 음식 만들기'에 도전했다. 이왕이면 5학년에서 배운 식품 영양소 구성을 고려하기로 했다. 지구에서 사람만이 아니라 '다른 생명체를 존중하며 함께 살아가는 것이 세계시민의 행동이다.'라는 합의를 거쳤기 때문이다. 동물과 환경을 사랑하고, 감사한 마음으로 필요한 만큼 소비하는 미덕을 한 그릇 음식에 담아 만드는 것도 좋은 경험이다. 비록 더 많은 생각과 신경을 써야 하지만, 선한 불편함을 감수해서 '함께 잘 살아감'을 실천하는 것이 미래를 위한 선택이므로 이와 같은 활동을 전개했다.

일상 먹거리를 영양과 소비, 환경과 양극화, 굶주린 시민들의 인권 불평등 주제와도 연결할 수 있다. 소비자가 산 식재료가 얼마나 많은 물과 에너지를 소비하는지, 합리적인 소비가 어떤 영향과 변화를 주는가를 되돌아볼 수 있다. 장을 보러 갈 때 과소비를 피하고 냉장고에 남은 음식을 활용해 쓰레기를 줄이는 것도 탄소 발자국과 물 발자국을 줄이는 방법이다. 음식물 쓰레기는 현재 생활 쓰레기 전체 발생 중 29%를 차지한다.[9]

제철 행복을 느끼는 채식 한 그릇 음식을 선택하고 꾸준히 섭취하는 것이 몸과 마음 건강을 이끄는 길이다. 바쁜 일상에서 영양 가득한 음식을 가족들과 함께 나누고 챙긴다면 개인과 공동체의 잘 삶을 실현할 수 있다. 그래서 제철 음식을 활용한 채식 한 그릇 음식 프로젝트 수업 사례를 살펴보자.

---

9 음식물 쓰레기 현황. 한국환경공단.
https://www.citywaste.or.kr/EgovPageLink.do?link=/ucwmsNew/portal/sysInfo/sysInfo07

바른 먹거리 한 그릇 프로젝트 수업

과목	사회, 실과, 자율	학년	초등 6학년	차시	8차시
세계시민교육 학습주제	5. 사람들이 속한 다양한 공동체와 공동체 간의 상호연계 방식 7. 개인 · 집단적으로 취할 수 있는 실천				
세계시민교육 학습 목표	• 채식 한 그릇 음식 만들기로 생태전환실천행동 연결 관계를 설명한다.				

핵심 활동
- 계절에 맞는 채소와 쌀을 활용한 한 그릇 음식을 만든다.
- 식재료 생산과 소비, 탄소배출과 물 소비의 연결 관계를 탐구한다.
- 한 그릇 음식을 만든 경험에 대해 자신의 생각을 표현하는 글을 쓴다.

성취기준
[6사08-05]지구촌의 주요 환경 문제를 조사하여 해결방안을 탐색하고, 환경 문제 해결에 협력하는 세계시민의 자세를 기른다.
[6실02-10]밥을 이용한 한 그릇 음식을 위생적이고 안전하게 준비 · 조리하여 평가한다.

핵심 질문
우리가 먹는 음식의 생산과 소비에 따른 영향을 알아보고, 지속가능한 채식 식단 선택을 실천할 수 있을까?

프로젝트의 흐름
1차시: 프로젝트 활동 내용과 평가 방법, 학습 과정을 안내한다.
2~3차시: 세계의 의식주를 조사하고 한 그릇 음식으로 만들 요리 방법을 정리한다.
4~5차시: 모둠별로 채식을 활용한 한 그릇 음식을 만들고 맛보며 상호 평가한다.
6차시: 활동 결과 및 생태 전환과 관련한 실천 행동을 정리하여 내용을 공유한다.

주요 결과물
다양한 식재료 당 탄소발자국 조사 및 한 그릇 음식 레시피, 한 그릇 음식 요리 결과 보고서

평가 계획 및 채점 기준

평가 요소	채점 기준(점수)		
	상(◎, A)	중(○, B)	하(△, C)
식량 재배와 생산, 판매에 들어가는 탄소발자국 조사하기(30)	식자재 생산, 유통에 투입되는 에너지와 자원을 바탕으로 세계에 미치는 영향을 설명할 수 있다.	식자재 생산, 유통에 투입되는 에너지와 자원과 소비의 관계를 설명할 수 있다.	친환경 음식 자료를 수집할 수 있다.

영양 섭취와 환경을 고려하며 채식 중심의 한 그릇 음식 만들기 (40)	영양 섭취와 탄소배출, 물 소비를 고려한 재료를 선택해 한 그릇 음식을 만들 수 있다.	영양 섭취와 환경 중 한 가지를 중심으로 선택한 재료로 한 그릇 음식을 만들 수 있다.	영양 섭취와 환경 일부를 고려하여 한 그릇 음식을 만드는 데 노력을 요한다.
일주일 동안 채식 중심 식사를 실천하기(30)	프로젝트 주제에 맞게 주 2회 이상 식단 관리를 실천했다.	프로젝트 주제에 맞게 채식 중심의 식단을 1회 실천했다.	채식 식단 실천에 소극적으로 참여했다.

우리나라는 식재료와 요리법이 다양하다. 이에 사회과 수업주제 중 특색있는 식생활을 먼저 알고, 지리적 환경이 음식의 요리법과 식재료에 어떤 영향을 주었는지 조사·탐구한다. 그리고 영양 섭취와 탄소배출, 물 소비를 고려한 식재료를 골라 한 그릇 음식 만들기에 도전하였다. 특히 학생들이 장을 보거나 조리 경험이 적다 보니, 어떤 채소와 과일이 제철 음식을 몰랐다. 그래서 이와 관련하여 분기별 우리나라 제철 음식을 알아보고 이를 반영하여 한 그릇 음식 만들기를 실천했다.

수업 PPT

시기	우리나라 제철 음식
12~2월	채소: 배추, 무, 당근, 연근, 우엉, 시금치, 콜린플라워, 미나리, 쑥갓, 갓 과일: 귤, 사과, 레몬, 유자 해산물: 굴, 홍합, 명태, 대구, 도미, 가자미, 정어리, 옥돔, 청어, 아귀, 북어, 매생이
3~5월	채소: 봄동, 쪽파, 달래, 냉이, 씀바귀, 고들빼기, 돌미나리, 쑥, 죽순, 머위, 취, 마늘, 마늘종, 상추, 양파, 원추리, 더덕 과일: 금귤, 딸기, 한라봉, 앵두, 살구 해산물: 바지락, 꽃게, 우럭, 멍게, 미더덕, 주꾸미, 대합, 고등어, 삼치, 전갱이, 준치
6~8월	채소: 오이, 부추, 셀러리, 열무, 깻잎, 풋고추, 꽈리고추, 옥수수, 열무, 양배추, 감자, 고구마, 고구마순, 근대 등 과일: 토마토, 참외, 매실, 복숭아, 멜론, 포도, 복분자, 블루베리 해산물: 갈치, 장어, 병어, 농어, 갑오징어, 성게

9-11월	채소: 늙은 호박, 토란, 송이버섯, 표고버섯, 아욱, 고들빼기, 도토리 과일: 사과, 배, 석류, 밤, 감, 키위, 무화, 은행 해산물: 도루묵, 연어, 대하, 옥돔, 꽁치, 정어리, 미꾸라지, 모시조개

출처: 〈대한민국 집밥 레시피〉(손성희, 리스컴)

3월 말 또는 4월 초 학교에서 감자, 방울토마토, 상추 모종을 심으면 좋다. 하지에 감자를 텃밭에서 길러 만드는 요리는 감자 삶기, 감자 부침개, 감자샐러드, 감자밥 등 다양하다. 방울토마토를 키워내면 샐러드, 카나페, 방울토마토 달걀 볶음에 도전할 수 있다.

상추와 오이를 이용한 김밥 만들기도 좋다. 학생들이 자기 힘으로 농작물을 수확하고 요리를 직접 해 먹으면 그만큼 채식에 대한 인식이 달라짐을 느낄 수 있었다. 학급에서 불을 사용해 요리하기 어렵다면 샐러드와 카나페로 도전하시길 추천한다.

생명의 소중함도 배우고, 우리 식탁에 올라오는 식재료를 키우기 위해 누군가의 땀과 정성이 들어가는 과정을 직접 겪기에 급식도 더욱 맛있게 먹었다. 또래들과 함께 음식 만들기를 통해 즐거움과 감사의 마음도 나누었다.

기후변화가 농산물에 끼치는 영향을 알아보기도 하였다. 기온 상승과 강수량 증가에 따른 농작물 재배지 변화, 생산성 감소, 병해충 피해 등에 대해서 배우는 과정도 학생들의 생태 감응력을 높이는 기회가 되었다. 어족자원과 관련된 탐구 활동으로 이어져도 좋고, 기후위기 비상행동과 같이 적극적인 참여도 좋다. 거창하지 않아도 일상에서 밥상 위에 올라오는 소중한 식재료를 아끼고 섭취하는 기쁨을 나누는 게 진정한 세계시민성이 아닐까?

・・・ 이렇게도 활동할 수 있어요

프로젝트 주제(예시)	방법	지역 문제 살피기 (핵심 질문 예시)
공유지의 비극	공동으로 소유하거나 사용하는 자원을 공동체 구성원이 함께 지키고 살리는 방법 조사·토의	협력과 경쟁의 문제로 연결되는 기후위기는 어떻게 해결할 수 있을까? 식량 자원의 생산과 소비는 어떻게 하면 공정하게 이뤄질 수 있을까?
베블런 효과	높은 계층과 부유한 사람들이 구매하는 제품을 따라 사는 현상	명품을 꼭 사려는 소비와 합리적 소비의 결과는 무엇일까? 지속가능한 사회발전은 어떤 소비와 어떤 관계가 있을까?

 IPCC 6차 보고서에 따르면 2030년까지 지구 평균 온도가 2도 이상 상승할 가능성이 높다고 한다. 1.5℃ 올라도, 가뭄은 2.4배, 홍수는 1.5배, 태풍의 빈도는 10% 이상 늘어나는 것으로 예상된다. 지금은 이 현상이 먼 나라 이야기일 수 있다. 하지만, 농사를 지어 먹고 사는 세계의 저소득층 시민들에게 가뭄이 두 배 이상 늘어나면, 가족이 모두 굶주려 죽는다. 기후변화는 잘 사는 나라 시민들이 탄소배출을 늘리면 결국 지구 어딘가에서 엄청난 피해를 받는 '공유지'의 비극과 닮아있다.

 경제는 생태환경에서 일어나는 현상과 많이 닮아있다. 환경에서 제한된 자원을 둘러싸고 포식자가 너무 많이 생기면 항상 경쟁과 다툼이 일어난다. 특히 그 자원이 공유되는 경우라면 더욱 그렇다. 생물학자인 개릿 하딘(Garrett Hardin)은 1968년 〈사이언스(Science)〉에 실린 그의 논문에서 공유지의 희귀한 공유 자원은 공동체의 강제 규칙이 없다면 많은 이들의 무임승차 때문에 결국 파괴된다는 사실을 지적했다. 이른바 '공유지의 비극(Tragedy of the Commons) 이론'이다. 보고서는 "기후변화는 식량과 물 안보에도 영향을 주고 있다"라면서 33~36억 명이 기후변화에 매우 취약한 상태에 놓여있다고 밝혔다. 바다 옆에 있는 지역인 우리 인천의 피해도 예상할 수 있을 것이다. 방학 때 해외여행을 가서 그 지역의 물과 에너지를 쓰면 원래 살던 주민들의 농사나 일상생활에 소비될 자원이 줄어든다.

'베블런 효과'는 소비자들이 남들보다 돋보이고 싶은 마음에 '명품'을 소비하는 현상을 말한다. 외제 자동차나 보석과 같은 값비싼 상품을 구입하는 능력을 과시하는 욕구가 그 속에 담겨 있다. 그래서 불경기에도 고가의 제품 가격이 오르는데도 수요가 줄지 않고 오히려 늘어나는 현상을 설명한다. 꼭 필요해서 구입하는 경우도 있지만, 단지 자신의 부유함을 과시하고 허영심을 채우려는 소비도 포함된다. 학생들이 많이 쓰는 휴대전화를 살펴보자. 휴대전화가 고장 나기 전까지 쓰는 게 아니라 최신형으로 바꾸는 소비 행태에도 과시적 소비 의식이 담겨 있다. SNS로 소통하는 일이 잦은 학생들도 사진을 찍어 올리는 일상에서 비싼 물건을 소유한 모습을 종종 드러낸다.

소비할수록 수요가 증가하기에 휴대전화를 만드는 데 필요한 자원을 생산하는 국가에서 채굴과 관련된 노동 문제가 발생한다. 그 예로 스마트폰 배터리에 필요한 코발트가 아프리카의 콩고민주공화국 광산에서 아동 노동에 의해 생산되는 일이 있다. 그 나라의 경제·정치적 구조 문제가 해결되지 않는 한 아동노동 착취가 끝나지 않는다. 그렇다면 되도록 오래 휴대전화를 쓰고 새 제품보다는 수리해서 쓰는 소비 태도를 갖는 것이 답이다. 누군가에게는 크리스마스 선물 또는 생일 선물로 소비되는 스마트폰이 지구 다른 쪽 아이에게는 생명이 위태로운 노동 현장 확대로 이어지는 구조적 문제를 파악하는 것이 중요하다.

80억 인구가 사는 지구촌에서 매일 먹는 먹거리로 지구 평균 기온을 낮추고 건강도 챙길 수 있다면 일석이조가 아닐까? 전쟁과 기아로 굶주린 인구가 약 8억에 달한다.[10] 어딘가에서 비만의 문제를 걱정하고, 또 다른 한편에서는 성장이 아니라 생존의 문제를 걱정한다. 어떻게 지속가능한 세상을 만들까 생각을 나누고 실천으로 이어가는 것이 중요하다. 음식과 식량 자원에 대한 지식을 쌓고, 땅에서 나온 식재료로 만든 식사로 탄소배출을 줄이는 실천하는 과정이 '함께 잘 살아감'의 모습일 것이다.

'온책 읽기로 만나는 인권감수성' 프로젝트 수업

한 학기 한 권 읽기로 문학작품을 통해 삶 속의 복잡한 문제들을 만난다. 이야기의 주인공이 겪은 갈등과 딜레마를 '나라면' 어떻게 풀어갔을까 고민하는 순간, 역량이 길러진다. 상황을 이해하고, 중요하게 생각하는 가치를 성찰하기 때문이다. 이때 장면으로 학생들을 이끄는 중요한 기술이 '질문'이다.

인권감수성 키우기 프로젝트 수업						
과목	국어, 사회, 자율		학년	초등 6학년	차시	8차시
세계시민교육 학습주제	2. 지역 · 국가 · 세계 차원에서 공동체 간의 상호작용과 연계에 영향을 미치는 이슈 7. 개인 · 집단적으로 취할 수 있는 실천					
세계시민교육 학습 목표	• 지역공동체에 영향을 미치는 이슈를 알아보고 글로컬 이슈가 개인의 삶과 공동체에 갖는 의미를 알아본다. • 우리가 사는 세상이 더 나아지려면 어떤 행동이 필요한지 살펴본다.					

핵심 활동
- 에너지, 물, 식량 자원이 삶의 질을 결정하는 정도에 대하여 토의한다.
- 온책 읽기를 하고 이야기 내용을 간추려 Book Creator로 다시 쓴다.
- 공동체와 정부의 역할과 사람의 지위에 따른 차별, 위기 상황의 갈등 해결을 넘어 함께 공존하는 공동체를 위한 행동을 정하고 실행 결과를 기록한다.

---

10 https://ko.wfp.org/ending-hunger

성취기준
[6국02-03] 글을 읽고 글쓴이가 말하고자 하는 주장이나 주제를 파악한다.
[6국03-06] 독자를 존중하고 배려하며 글을 쓰는 태도를 지닌다.
[6국05-05] 작품에 대한 이해와 감상을 바탕으로 하여 다른 사람과 적극적으로 소통한다.
[6사05-04] 민주적 의사결정 원리(다수결, 대화와 타협, 소수 의견 존중 등)의 의미와 필요성을 이해하고 이를 실제 생활 속에서 실천하는 자세를 지닌다.

핵심 질문
나와 인권은 어떤 관계가 있고, 고민, 문제 해결 시 어떤 가치를 중요하게 생각해야 할까?

프로젝트의 흐름
1차시: 온책 읽기 도서를 정하고 프로젝트 계획을 짜서 안내한다.
2~4차시: 모둠별 온책 읽기를 진행하고, 각 장의 내용과 관련된 질문을 작성한다.
5~6차시: 모둠별로 관심 있는 인물을 정하고 가상 인터뷰를 실시한다.
7~8차시: 인권의 정의와 종류를 정리하고, 이야기 속에 사건과 연결 지점을 찾는다.
9~10차시: 이야기를 'book creator'로 간추리고 인권과 관련된 문제와 해결책을 제시한다.
11~12차시: 인물의 입장에서 문제를 해결하는 인권 실천 행동을 정해 세계시민으로 참여하고 그 결과를 기록한다.

주요 결과물
〈Book creator 결과물〉, 인물 집중 인터뷰 질문 리스트

평가 계획 및 채점 기준

평가 요소	채점 기준(점수)		
	상(◎, A)	중(○, B)	하(△, C)
이야기 속 인물의 인권 바로 알기(20)	이야기 속에서 인권 보장이 필요한 상황을 탐구하여 인권의 중요성을 적극적으로 설명한다.	이야기 속에서 인권 보장이 필요한 상황을 찾지만, 그 중요성을 설명하는 데 소극적이다.	이야기 속에서 인권 문제를 찾고 그 중요성을 설명하는 데 노력을 요한다.
인물에게 묻고 답하며 인권 문제 해결(30)	인물 가상 인터뷰를 진행하며 인권과 관련된 문제 해결 질문을 3가지 이상 한다.	인물 가상 인터뷰를 통해 인권 관련 질문을 1~2가지 한다.	인물 가상 인터뷰에 참여하나 인권 측면에서 질문을 만드는 데 소극적으로 참여한다.
권리와 의무의 조화를 추구하는 생활 속 인권 존중 실천(40)	생활 속 인권 존중 행동을 1주일 동안 실천하고 기록한다.	생활 속 인권 존중 행동을 3~4회 실천하며 기록한다.	생활 속 인권 존중 행동 실천이 미흡하다.

동료평가 및 자기평가 (10)	모둠원의 역할 분담이 고르고 구성원 모두가 적극적으로 참여했다.	모둠원의 역할 분담이 고르게 배분되었으나 일부 구성원이 소극적으로 참여했다.	모둠 구성원 대부분이 소극적으로 참여했다.

질문을 만들고 학급 전체에서 나누는 과정을 다음과 같이 진행했다. 아이들이 직접 만든 질문을 각 모둠에서 나누고, 페들렛에 공유하는 방법이다. 모둠별로 이야기 속 인물에게 묻고 싶은 질문을 2개 이상 쓴다. 학생들이 질문한 내용을 서로 확인하고 아래 '♡'를 표시해서 같은 학급에서 전체와 나누고 싶은 질문을 정한다. 학생들이 서로의 질문을 보면서 어색한 부분은 상호 반응을 통해 수정하는 모습도 보였다.

같은 글을 읽고 어떤 질문이 나왔는지 확인하면서 다른 학생들의 물음을 통해 내용을 더 깊이 이해하는 경험을 하였다. 중요하지 않은 질문을 걸러내고, 물음을 통해 글의 내용을 함께 나눌지 정하기 때문에 학생들의 학습 주도성이 길러진다. 다만, 글을 읽으며 '인권'의 의미를 찾도록 자율 또는 사회 시간에 학습하는 과정이 선행되어야 한다. 인물들이 겪는 사건과 갈등 속에는 서로의 입장이 다른데, 추구하는 가치와 인권이 다르기 때문이다.

다른 모둠의 질문을 보고 우리 모둠과 비슷한 질문들끼리 묶는 활동도 진행했다. 먼저 해결하면 좋은 질문과 나중에 해결하면 좋은 질문을 순서대로 나열하고 배치하였다. 질문의 순서를 정하고 학생들이 그 답에 들어갈 키워드를 정리하면서 이야기를 더 자세히 살펴봤다. 이 책을 읽고 더 나누고 싶은 질문을 만들자 했다. 그 예로 '위기 상황에서 비상전력을 가동한다면 어디를 반드시 고려할까?', '전쟁 중 보호자가 없을 때 아이들이 먼저 피해를 입는 이유는 무엇일까?', '정부가 제대로 기능하지 못할 때 어떻게 스스로 안전을 지켜야 할까?'와 같은 좋은 질문도 나왔다.

우리나라 헌법 제10조를 보면 '모든 국민은 인간으로서의 존엄과 가치를 가지며 행복을 추구할 권리를 가진다'고 하였다. 여기에서 사람답게 살 수 있는 권리인 '인권'의 의미가 이어진다. 인종이나 사회·경제적 지위와 관계없이 누구나 동등하고 공평하게 누려야 하는 권리가 '인권'이다. 시민혁명 이후 등장한 자유권은 사생활 및 통신에 대해서 간섭받지 않는 자유이자 의견 표현의 자유, 양심과 종교의 자유, 평화적인 집회와 결사의 자유가 포함된다. '인권'의 가치는 세계시민교육에서 늘 빠지지 않는다. '사람다움'의 삶은 사회 구성원 모두가 만들어야 하며 공동체가 일상에서 그 구조를 결정하기 때문이다. 학교에서 마주하는 여러 가지 문제들도 인간의 존엄성을 제대로 지키지 못할 때 일어난다. 사람들 사이의 어긋난 신념과 폭력, 놀림, 방관, 무시, 차별, 혐오와 같은 현상은 나중에 어른이 되어서도 마주할 수 있다. 그래서 온책 읽기와 같은 프로젝트를 통해 인권감수성을 풀어가는 것이 좋다.

••• 이렇게도 활동할 수 있어요

인권 주제	교과 학습 주제(예시)	활동 내용
인간의 존엄성과 인권 존중	• 불공정한 조건에서 놀이하기 • 일상생활에서 경험한 일 나누기	• 공정한 행동의 중요성을 이야기하고 일상생활에서 실천
장애인 차별 예방	• 학교와 마을에서 필요한 보편적 설계 디자인 공간 찾고 제안하기	• 우리 마을 산책·탐방로에서 장애인 위한 공간 설계 제안
폭력 예방	• 전쟁과 내전으로 인한 인권침해 • 난민 및 이주배경 노동자 차별	• 어린이 노동 착취 및 이주배경 노동자 인권침해
성평등 (일·가정 양립문화)	• 우리 집안일은 어떻게 나눌까? • 디지털 양성평등교육	• 성별 논쟁과 혐오·차별 사례, 그림자 노동 알아보기

온책 읽기 활동이 아니어도 교육과정 프로젝트 안에서 인권은 생태, 학교폭력, 문화다양성, 성평등, 전쟁과 기아, 난민과 이주, 경제적 불평등, 안전 등과 연결할 수 있다.

　우리 반 학생들과 한 학기 동안 읽은 책 〈블랙아웃〉[11]에도 인권의 문제가 등장한다. 일주일 동안 일어난 대규모 정전 사태에 대한 일상의 변화를 국민과 사회가 어떻게 대응하고 있는지, 어떠한 문제가 발생하는지 동민이와 동희의 시선으로 바라본다. 하필 정전이 시작되기 전 부모님은 중국 출장으로 떠났다. 폭염이 지속되는 여름날 갑자기 정전이 일어나고 남매 둘이서 식량과 식수 확보 등 여러 문제를 마주한다. 타인인 어른들은 재난 상황에서 어린아이들을 강탈하고 외면한다. 어려운 상황이 펼쳐지면, 법이나 규칙이 지켜지는 것이 아니라 약자들이 배척되고 소외되는 현실을 담고 있다. 일주일 동안 전기와 수도가 끊기고 범죄가 발생하며 본능만 있는 원시적인 사회로 돌아가는 모습을 두 아이가 목격한다.

　모둠별로 인물을 돌아가며 맡아서 인터뷰를 통해 학생들이 서로 묻고 답하는 활동을 통해 감정을 읽고, 그 상황에서 어떤 생각을 했나 자유롭게 이야기를 나눴다. 열린 질문을 받으면 맡은 역할에 따라 인물의 입장을 말하고, 자신에게 중요한 일이 무엇이었나 답했다. 이렇게 대화를 하다 보면 '나'와 비슷한 삶의 모습이 떠오르고, 인물에게 더 가까이 다가가는 느낌이 든다고 말하는 학생도 있었다. 서로 무관심한 이웃의 모습, 국민의 알 권리를 무시하는 정부의 모습, 비상 전력이 모자라 벌어지는 생존의 문제를 '역지사지'의 방법으로 풀어가는 내용이다. 각 장마다 등장하는 인물의 말과 행동에서 어떤 인권 문제가 등장하는지, 또 인상 깊은 장면은 무엇이고 왜 그런 생각을 했는지 학생들이 기록을 통해 배움의 기록을 남겼다. 그리고 시간의 흐름에 따라 일어난 일을 모둠별로 간단하게 요약했다.

---

11 〈블랙아웃〉 박효미 글, 한겨레아이들(2014)

인물 인터뷰 계획서(예시)

모둠 주제	대형 재난 속 인물 만나기		모둠 명	행복하죠
가설 (문제/해결안)	국가적 재난 상황에서 안전을 지키는 방법은 무엇일까?			
이미 알고 있는 내용(knowing)	성별에 따른 차별 문제는 어떤 것이 있을까? 성평등은 인권에서 어떤 부분과 연결될까?			
역할 분담	동민 : OO / 동희 : DD	질문자 **		기록자 ㅇㅇ
준비물	노트북, 필기도구			
인터뷰 질문	OO께서는 왜 물 한 통에 양심을 버리셨나요?			
	생필품을 구하지 못해 가장 어려운 점은 무엇인가요?			
	가족들에게 부탁하고 싶은 점은 무엇인가요?			

　실제 맥락 속에서 학생들이 인권에 대해 배워 내가 사는 현실에서 성찰하는 과정을 거쳐 실천으로 자연스럽게 이어졌다. 평소 우리 집에서 전기를 제한한다면 무엇부터 써야 하는가에 대한 진지한 물음과 의견이 오고 갔다. 재난에 대비한 생존 방법은 얼마나 알고 있는가, 전력이 부족할 때 먼저 쓸 권리가 있는 사람은 누구인가라는 질문에 병원, 경찰·방송국, 교도소, 군대 등으로 답하고 순서를 정했다. 전쟁과 비슷한 위기 상황을 글로 읽으며 학생들이 안전과 삶을 돌아보는 배움을 이어갔다.

　인공지능기술이 발달하고 노동을 기계에 맡기게 되면, 과연 사람의 역할은 무엇이며 권리와 의무는 어떻게 지켜야 할까? 인물들이 겪는 상황의 불합리성을 파악하고, 인물의 마음을 헤아리기, 나는 실제 생활 속에서 어떤 실천을 이어 나갈까에 대한 되돌아봄이 시민성을 기르는 과정이었다. 삶은 모순과 딜레마의 연속이다. 그 속에서 자기 자신을 돌보고, 다른 사람을 존중하는 태도는 관찰과 질문을 통해 길러진다. 이 글을 읽는 독자들이 현장에서 펼쳐갈 인권감수성의 확장과 심화의 모습은 무엇일까 궁금해진다.

수업을 마치며

그럼에도 불구하고 사람답게 살기 위해 오늘 어떤 실천을 하셨나요? '공존'과 '상생'은 어렵고 머나먼 개념이 아니라, 우리가 사는 지금 어디에서 무엇을 했는가로 증명된다. 기술은 발전하여 점점 사회가 빠르게 변하고 있다. 변화하는 일상에서 우리 학생들과 언급한 프로젝트를 풀어가며 느끼고 생각한 바를 정리해 본다.

첫째, 세계시민교육은 안전을 지키는 경험이다. 기후위기, 전쟁, 전염병, 이주민, 격차를 겪는 사람들의 모습으로 인한 무시와 차별, 갈등과 혐오가 벌어진다. 기후변화로 물 고갈, 가뭄, 홍수, 대량 산불이 일어나면 농업 수확량이 줄어든다. 전쟁으로 인한 난민 발생과 굶주림이 대를 잇는 저개발국은 사회경제적 격차가 더욱 커진다. 소득 불평등은 빈부격차로 이어지며, 교육 격차와 사회이동성이 줄어들면 성장과 복지를 둘러싼 갈등과 혐오가 확산될 수 있다. 불확실한 상황에서 사람들이 가장 먼저 느끼는 감정은 '불안'이다. 먹고사는 문제부터 시작해, 범죄와 불평등은 어떻게 풀어가야 할지 막막하기도 하다. 나에게 어떤 위험이 닥칠지 모르기 때문이다. 그리고 그 감정은 두려움과 충동으로 변이되기도 한다. 서로가 서로에 대해 모르고, 서로를 인정하고 존중하지 못하면 함께 할 기회가 사라지기도 한다. 어떻게 하루를 살아가며 인류 보편의 가치를 실현하는가에 대한 질문이 세계시민으로서의 할 일이다. 그래서 알지 못하는 세계와 세상에 대해 관심을 갖고 바라보기, 먼 곳의 문제가 나와 어떻게 연결되는지 파악하기, 다른 문화적 배경을 가져도 서로의 삶에 대해 이야기하고 마음을 나누기가 '의미'를 발견하고 태도를 바꿔 가는 지점일 것이다. 이러한 경험이 자꾸 쌓이면 좋은 습관을 기르고, 낯선 일을 마주해도 호흡을 가다 듣고, 현상을 파악하는 힘이 생긴다.

둘째, 세계시민교육은 관계를 가꾸는 힘을 키우는 과정이다. 우리는 언젠가 죽는다. 유전적·환경적 영향을 알아차려 100세 넘어 살면 과연 행복할까? 누구를 만나고 서로 소통하며, 생각을 실천하는 것이 삶의 질을 결정한다. 그렇다면, 어떻게 성장하고 나이 들어가는 삶이 가치 있는가? 이는 우리 주변 세대들의 삶을 돌이켜보고, 세계의 변화를 파악하면 어렴풋이 짐작할 수 있다. 여기서 세계는 가정, 학교, 지역사회, 우리나라, 그리고 다른 나라와 지구촌을 포함한다. 그리고 사회 속에서 살아가는 날을 보다 정의로우며 아름답고 평화롭게 만들 책임이 있다. 개인으로서, 또 집단의 구성원으로서 삶을 어렵게 만드는 구조적 제약을 함께 해결하려는 노력이 필요하다.

식물을 기르는 일은 씨앗 또는 모종, 화분, 꽃삽과 흙만 있으면 된다. 물론 시작할 때 식물의 종류와 심는 시기, 자라는 속도, 꽃이 피고 열매 맺는 시기에 대한 특성을 이해하고 물주기를 적당히 하는 배움이 연결되어야 한다. 가족과 친구들과 함께 할 때 서로 관계를 돈독히 하고, 이웃과 나누는 즐거움을 더할 수 있다. 네덜란드처럼 농업 강국을 만드는 기술을 학생들의 꿈과 연결 지을 수도 있다.

다른 예를 들면 가족들을 먼저 살피자. 일상에서 늘 대하는 존재들이지만, 그 소중함을 잘 모른다. 편하고 익숙함에서 오는 관계의 부담이 적기 때문이다. 좀 심심하고 지루하며 답답하더라도 매일 조금씩 꾸준히 할 일들을 묵묵히 해보자. 가정이든 공동체든 매일 해야 하는 일을 처리하는 사람이 진짜 주인이다. 동네 시장과 가게에 들러 우리 지역에서 나온 과일과 채소를 만나며 장을 보자. 집에서 쓸 수 있는 물건을 정리해 보자. 재활용 쓰레기를 모아서 배출하고, 이웃과 나눌 물건을 챙겨 전하자. 가족들과 함께 도란도란 이야기 나누는 식사를 챙기자. 휴대전화로 짧은 동영상과 게임을 보기보다는 옆 사람의 눈을 마주하며 요즘 일상은 어떠한지 묻자. 몇 시간 안 걸린다. 30~40분 동네 한 바퀴를 걸어 보자. 문화 예술 활동을 위해 공연장과 전시회를 가고, 영화를 보며, 공원에 가서 걷자. 공원에서 친구를 만나 수다를 떨어도 좋다.

셋째, 세계시민교육은 교육과정 안과 밖에서의 '만남'이다. 도서관에 들러 책을 빌려 읽고 오늘의 생활을 돌이켜보자. SNS와 이미지로 쉽게 전하는 메시지는 쉽게 잊혀진다. 하지만, '글'을 온전히 읽고 생각을 정리하는 과정을 거치면 '질문'을 떠올린다. 그래서 온책 읽기를 통해 학생들과 끊임없이 대화를 이끌었다. 놀랍게도 책에서 찾은 '질문'은 답을 찾도록 만든다. 질문에서 찾은 답을 정리하고 기록하는 과정에서 '성찰'이 일어난다. 우리는 무엇이 익숙하고 어떤 공동체에 속해있는가에 의해 결정되는 존재이다. 누구와 무엇을 마주하는지, 어떤 세계와 상호작용하는가가 '나'를 만든다. 그래서 세계시민교육의 경험을 통해 스스로 '시민성'을 끊임없이 만드는 과정이 곧 삶이며, 그 속에서 개별성과 일반성을 모두 찾을 수 있다.

나와 더불어 다른 사람의 삶에 좋은 영향을 주기, 서로를 알고 공감하며 문제 해결을 위해 서로 힘을 모으는 일을 경험했다면 오늘 할 몫을 충분히 했다. 앞으로도 이 흐름을 계속 이어가기를 응원한다.

4장

마을에서 배우고 세계시민으로 성장하는 지역 연계 프로젝트 수업

• 양승분 •

누구에게나 특별한 순간이 있다. 나는 운좋게 말레이시아 페낭에서 '세계시민교육 페다고지 연구'를 주제로 세계시민교육 방법론 심화연수를 경험할 수 있었다. 덕분에, 지역 기반 학습법 연구와 페낭 현장 방문 및 사례연구, 현지 학교 방문, 액션 플랜 설계 및 발표 등 다양한 세계시민교육의 프로그램들을 체험할 수 있었다. 세계문화유산 도시이자 다양한 문화가 공존하는 말레이시아 페낭에서 서툰 영어로 인터뷰를 하고, 지역사회의 글로컬 문제를 탐구했던 경험은 잊지 못할 추억이 되었다. 나는 아이들이 계속 마을에 남지 않더라도 페낭에서의 나처럼, 잊지 못할 '추억의 순간'을 남겨주고 싶다. 아이들마다 마을과 연결된 '특별한 의미'가 있었으면 좋겠다. 그래서 자기가 자란 마을을 방관하지 않고 계속 사랑하고 돌볼 수 있는 멋진 시민으로 성장하게 돕고 싶다.

세계와 나, '나는 마을애(愛) 산다' 프로젝트 수업

내 삶의 場, 지역에 대해 얼마나 알고 있나요?

"여러분은 여러분이 살고 있는 마을, 인천에 대해 얼마나 알고 있나요?"

매년 3월 초, 새 학년 첫 프로젝트 수업을 시작하며 아이들에게 던지는 질문이다. 항상 이러한 나의 질문에 아이들은 대부분 1초의 망설임도 없이 자신 있게 대답한다.

"선생님, 저희 여기서 태어나고 자랐는데요! 저희 엄청 잘 알아요."
"우리가 살고 있는 마을이 세계 최고지요, 제일 멋져요!!"
"난 우리가 살고 있는 곳이 제일 좋더라~!!"

등등의 태어나고 자란 마을에 대한 자부심과 강한 애정을 과시하는 아이들의 열띤 고성이 오가곤 한다. 이때 시끌벅적한 분위기를 잠재울 수 있는 비장의 카드를 던진다.

"그럼, 여러분이 살고 있는 마을, 인천에 대해 알고 있는 것을 모둠별로 마인드맵으로 최대한 많이 적어봐요. 인천 속 역사적 사건, 인물, 문화유산, 관광자원 등등을 넣어 채워보세요."

순간 정적이 흐르고 아이들의 얼굴에 긴장감이 서린다. 사실 대부분 아이들이 즐겁게 오가고, 뛰어노는 활동공간으로서의 마을만 생각했지, 다른 곳과 차별화되는 고유한 지역성을 가진 마을로 생각해보지는 않았기 때문이다. 처음 아이들에게 자신이 살고 있는 마을에 대해 생각나는 것을 자유롭게 이야기해 보라고 하면 학교와 자신이 주거하는 아파트, 학원, 집 주변 가게 정도의 건물명, 마을 명에서 멈추는 경우가 많다. 아이들은 마을 공간이나 이웃에 대한 경험이 많이 부족하다 보니 마을이라는 공동체 의미나 소속감, 지역시민으로서의 정체성은 퇴색되어있는 편이다.

**내가 사는 지역을 통해
세계를 바라보는 비판적 시선 가지기**

세계시민교육 기반 프로젝트 수업에서 왜 학생들이 살고 있는 마을을 바르게 알고 제대로 바라보는 것이 중요할까? 학생들은 마을에서 살아왔고 앞으로 또 다른 지역에서 공동체를 이루고 살아간다.

학생들은 팀을 이루어 삶과 경험의 축적지인 '지역'을 기반으로 실생활에서의 문제 해결을 위한 과제를 탐구하고 조사하며 시민성을 기르기 위한 실천과 참여를 한다. 예를 들면 '우리 학교에서 에너지 사용을 줄일 수 있는 가장 좋은 방법은 무엇인가?', '우리 고장에 버려진 쓰레기들은 대부분 어디서 나오는 것일까?'와 같은 실생활에서의 문제를 생각했다면, 일정 기간 우리 고장의 특정 장소에서 버려진 쓰레기를 수거, 분리해보고 어떤 쓰레기가 많이 나오는지 탐구한다. 그리고, 이에 대한 쓰레기를 줄이는 창의적 해결 방법을 찾아 지역사회 홍보 및 캠페인, 플라스틱 줄이기나 음식쓰레기 줄이기 실천을 통해 우리 고장의 쓰레기를 줄이는 유의미한 결과를 도출할 수 있다.

이처럼 교실 속 배움을 일상-지역-국가-세계로 확장하여 내가 사는 지역을 통해 지구촌 공동의 문제를 해결하기 위해 실천하는 변혁적 세계시민으로 성장할 수 있을 것이다.

나만의 골목길 추억 탐방을 통해 마을과 친해지기

세계시민교육 기반 지역 연계 프로젝트 수업 영역별 목표

마을에 관한 교육	지식과 경험을 활용해 마을 골목길(사람, 환경, 역사, 문화, 변화양상 등)을 조사하여 발표할 수 있다.
마을을 통한 교육	마을의 도시화 발달 과정과 변화 모습을 알아보고 점차 사라지는 마을 골목길에 대해 이야기할 수 있다.
마을을 위한 교육	지속가능한 마을 골목길을 보존하기 위해 우리가 할 수 있는 일을 이야기하고 마을을 소중히 여기는 태도를 가질 수 있다.

'나는 마을애(愛) 산다' 프로젝트 수업은 마을 지도를 보며 각자 학생들은 자신이 알고 있는 마을 지식과 부평에서 살아온 경험을 활용해 화단이 예쁜 길, 가족 추억이 있는 길, 과거 시간 풍경을 담은 골목길, 입이 즐거운 먹거리 골목길, 이색 공간 골목길 등의 관심 있는 주제를 정해 친구들과 마을 골목길을 탐방하는 활동이다. 마을 골목길을 걸으며 미처 몰랐던 마을의 모습을 살펴보고, 그곳에서 다양하게 마을살이를 하고 있는 이웃들의 다양한 삶의 모습을 살펴보며 마을 울타리 안에서 공동체로 함께 살아가는 마을과 나의 연결성을 찾고, 우리 마을의 문제를 탐구해보는 프로젝트 수업이다. 도시화로 인해 사라져가는 구도심 마을의 풍경을 직접 촬

영하고, 마을 주민들을 만나 인터뷰를 통해 '전통과 미래가 공존하는 지속 가능한 마을을 만들기 위한 비전이나 생각, 고민을 듣자.'라는 단순한 취지로 진행되었다.

세계시민교육 기반 지역 연계 프로젝트 수업 절차

지역 연계 프로젝트 교육환경 조성	① 지역 연계 프로젝트 계획 수립을 위한 교육과정 분석 및 협의 ② 협력할 수 있는 지역 자원 및 지역기관 프로그램 확인 ③ 프로젝트 수업을 위한 학부모, 학생, 교사 의견 반영 ④ 지역사회 자원목록 네트워크 형성 및 예산 신청
교육과정 재구성 및 프로젝트 수업 구성	① 교육과정에서 지역사회와 연관된 내용 추출, 세계시민교육적 보편적 가치 파악 및 내용 재구성 ② 지역 연계 프로젝트 수업을 위한 지역기관 네트워크 연결 및 협의 ③ 교과, 교사 간의 협력체계 형성(지역 내 국제기구, NGO) ④ 지역 인적 역량, 물적 자원과 연계하여 지역 연계 프로젝트 수업 구성
지역프로젝트 수업 운영 및 평가	① 교과 및 창체, 교과 간 융합 교육과정 재구성 및 시수 확보 ② 방과후, 주말 학생 동아리 활동과 연계 ③ 지역기관 연계 협력 수업, 마을 자원 활용 사회참여 활동 진행 ④ 활동 결과 공유 및 평가 활동, 피드백 제공

우리 학교가 위치한 곳은 학교 주변을 둘러싼 아파트 단지와 상가 건물이 가득한 도심지역이지만, 내면을 살펴보면 거미줄처럼 촘촘한 구도심에 위치하고 있으며, 아파트 사이 주택과 빌라가 촘촘히 자리를 채우고 있다. 아파트 단지 옆 주택가 사이로 옹기종기 옛 골목길이 있는데, 담장 너머 활짝 핀 꽃이나 포도송이, 아기자기하게 그려진 벽화를 가진 골목길 등이 시선을 끈다. 학생들에게 국어, 사회 시간을 활용해 마을의 이야기와 나에게 의미 있는 장소를 선택하여 팀별로 나눠 마을활동가와 협조하여 도보 탐방을 실시하였다.

마을애(愛) 산다 프로젝트 수업

과목	국어, 사회	학년	초등 4학년	차시	8차시

세계시민교육 학습주제	2. 지역 · 국가 · 세계 차원에서 공동체 간의 상호작용과 연계에 영향을 미치는 이슈 7. 개인 · 집단적으로 취할 수 있는 실천
세계시민교육 학습 목표	• 지역공동체에 영향을 미치는 이슈를 알아보고 글로컬 이슈가 개인의 삶과 공동체에 갖는 의미를 알아본다. • 우리가 사는 세상이 더 나아지려면 어떤 행동이 필요한지 살펴본다.

핵심 활동
- 우리 마을의 도시화로 인해 사라지는 지역 장소를 조사하여 토의한다.
- 옛 추억이 담긴 마을의 골목길, 지역 장소를 현장 탐방하고, 탐방 장소에 대한 자신의 의견이 드러나게 글을 쓴다.
- 지역사회의 변화로 생길 수 있는 문제의 해결책 모색의 차원을 넘어 모든 세대와 문화가 공존하는 지속가능한 마을을 만들기 위한 마을 행사에 참여한다.

성취기준
[4사03-02] 고장 사람들의 생활과 밀접하게 관련이 있는 지역의 다양한 장소를 조사하고, 각 장소의 위치, 기능, 경관의 특성을 탐색한다.
[4국03-03] 관심 있는 주제에 대해 자신의 의견이 드러나게 글을 쓴다.

핵심 질문
나의 옛 추억이 담긴 마을의 골목길, 지역 장소는 지금 어떻게 변했을까?

프로젝트의 흐름
1차시: 프로젝트 시나리오를 제시하고 프로젝트를 안내한다.
2차시: 모둠별로 마을 탐방 계획을 세우고, 마을 주민과의 인터뷰 질문지를 작성한다.
3~4차시: 모둠별로 관심 있는 주제에 따라 마을 현장 탐방 및 인터뷰를 실시한다.
5~6차시: 탐방한 결과 및 사진, 인터뷰 자료를 분석, 기록하고 정리, 평가한다.
7차시: 옛 추억과 미래가 함께 공존하는 마을의 발전 방안을 제시한다.
8차시: 세대공감, 지속가능한 마을을 위해 사회 참여할 한 가지를 정해 세계시민으로 실천한다.

주요 결과물
나는 마을愛 산다 현장 탐방 결과 보고서, 마을 주민 인터뷰

평가 계획 및 채점 기준

평가 요소	채점 기준(점수)		
	상(◎, A)	중(○, B)	하(△, C)
마을 현장 탐방 계획을 세우기(20)	탐방 주제 선정 및 공공장소에서 지켜야 할 규칙을 생각하며 탐방 계획 세우기에 능동적으로 참여하였다.	탐방 주제 선정 및 공공장소에서 지켜야 할 규칙을 생각하며 탐방 계획 세우기에 팀원과 협력하며 참여하였다.	탐방 주제 선정 및 공공장소에서 지켜야 할 규칙을 생각하며 탐방 계획 세우기에 수동적으로 참여하였다.
지역 문제를 현장 탐방하여 조사하기(30)	탐방 계획서에 따라 지역 장소를 탐방하고 도시화로 인해 발생하는 여러 가지 지역 문제를 파악하였다.	탐방 계획서에 따라 지역 장소를 탐방하고 지역의 문제를 파악하였다.	탐방 계획서에 따라 지역 장소를 탐방하였다.
지역 문제 해결방안을 제안하는 글쓰기(40)	글의 주제가 분명하고 글의 내용과 조사자료의 일관성이 있다.	글의 주제가 분명하나 글의 내용과 조사자료의 일관성이 부족하다.	글의 내용과 조사자료의 형식 면에서 짜임새와 구성이 미흡하다.
동료평가 및 자기평가(10)	모둠원의 역할 분담이 고르고 구성원 모두가 적극적으로 참여했다.	모둠원의 역할 분담이 고르게 배분되었으나 일부 구성원이 소극적으로 참여했다.	모둠 구성원 대부분이 소극적으로 참여했다

　마을을 수업 소재로 가져온 이유는 마을이 아이들에게 가장 접하기 쉬운 작은 사회이자 직접 나와 연결된 사회참여 공간이기 때문이다. 아이들이 만나는 작은 사회가 아이들에게 교실 안 배움과 의미가 있는 연결고리가 되길 바라며, 마을과 친해질 수 있는 시간을 만들어 보았다. 세계시민교육과 관련해서는 지역의 도시화로 인해 발생하는 구도심 지역의 문제를 탐구해보고, 도시재생을 위해 노력하는 우리 지역기관이나 시민단체들의 활동을 알아보는데 주안점을 두었다. 아이들은 프로젝트 탐방 계획을 세우며 제일 먼저 어디를 탐방할 것인지 뜨겁게 토의했는데, 가급적 학교와 집주변, 도보로 탐방할 수 있는 마을 골목길 공간을 선정하였다. 우리가

쉽게 지나치고 놓쳤던 마을 장소와 사람들을 아이들과 연결하고 마을공동체로서의 나의 정체성을 깨닫고, 책임감을 가지고 마을 문제 해결에 참여하게 하고 싶었기 때문이다.

마을애(愛) 산다 추억의 골목길 탐방 및 인터뷰 계획서(예시)

모둠 주제	우리 마을 속 추억의 골목길		모둠 명	O 모둠
가설 (지역 문제/해결안)	우리 마을 속 나의 추억이 묻어 있는 골목길 사진을 찍어보고, 우리 학교 주변의 골목길 여행을 하며 우리 고장 사람들의 삶의 모습, 우리 고장의 문제(안전, 쓰레기 투기) 등을 파악할 수 있을까?			
이미 알고 있는 내용(knowing)	도시화, 산업화에 따른 도시문제는 어떤 것이 있을까?			
현장 탐방 일정	일자(장소)		수행 내용	
	2000.0.0.0요일(마장로 동편)		골목길 사진 촬영 및 주민 인터뷰	
역할 분담	탐방 장소 사전 조사하기, 사진 촬영하기		사진 촬영 및 정리하기, 보고서 작성하기	
준비물	마을일지도, 핸드폰, 수첩, 필기도구			
인터뷰 질문	• 우리 고장 OO에서 얼마나 오래 사셨나요? • 우리 고장의 도시화, 산업화로 옛날과 달라진 점은 무엇이 있을까요? • 우리 마을 골목길과 관련된 마을 역사 이야기나 추억이 있으신가요? • 우리 고장 OO는 살기 좋은 곳인가요? 왜 그렇게 생각하시나요? • 고장의 미래를 위해 개선돼야 할 부분은 무엇일까요? (교육, 환경, 복지 등)			
유의 사항	1. 모둠 친구들과 협력하여 활동에 참여합니다. (장소선정, 역할 배분, 인터뷰하기 등) 2. 공공장소에서 질서와 예절을 지켜요. (사진 촬영 및 인터뷰는 반드시 동의 구하기) 3. 골목길 해설사 선생님 말씀을 잘 듣고, 중요한 내용은 기록합니다.			

골목길 탐방을 위해 아이들이 마을의 주요 장소에 대해 주민들에게 인터뷰할 질문 목록과 함께, 지켜야 할 예절 및 안전 유의 사항을 넣어 탐방

계획서를 작성한다. 학교 밖 마을 어른들과 인터뷰를 할 때는 학생도 긴장하지만, 교사도 혹여 주민들께 무례가 될까 걱정 한가득이다. 다행히도 마을 주민들은 환한 미소로 맞이해 주셨고 자녀, 손주처럼 친절히 엉뚱한 질문에도 유쾌하게 답변을 해주셨다. 특히 노인 어르신들이 귀여운 아가들의 재롱잔치를 보듯 인터뷰에 잘 응해주셨다. 그러다 보니 아이들마다 인터뷰를 잘해주실 것 같은 특정 대상을 찾아 분주하게 뛰어다니는 모습이 웃기기도 했다. 부평의 골목길 사진, 특색, 골목길 사람들과의 인터뷰, 골목길과 관련된 우리의 추억 이야기 등을 담아 내용을 기록하는 경험 습득 외에도, 우리 지역의 이웃들과의 세대공감 및 긍정적인 유대감을 느낀 학생도 의외로 많았다.

마을애(愛) 산다 추억의 골목길 탐방 결과 보고서 (예시)

우리는 부평愛 산다 마을 탐방 보고서

모둠 명(모둠원)	
탐방 날짜	20○○년 ○월 ○일 ○요일
탐방 장소	
조사한 내용	

1. 우리가 조사한 곳은 인천 ○○초등학교를 중심으로 학교의 (동)쪽에 위치하고 있는 (포도송이가 있는 주택 담장 및 ○○식당이 있는 마을 골목)입니다.
2. 학교에서 조사 장소까지 가는 동안 볼 수 있었던 것들은 (아파트 단지, 유치원(학원) 건물, 다세대주택, 1~2층 주택건물) 이었습니다.

3. 학교에서 출발해서 조사한 곳까지 걸어간 길을 지도에 표시해 보기 (선생님이 나누어 준 마을 지도에 표시해 보세요)

4. 조사한 장소를 탐방하며 알게 된 것(보고 듣고 느낀 점)을 적어보기

제가 11살 때 친구 생일파티를 여기서 했는데 양도 많이 주시고 사장님도 착하십니다. 떡은 밀떡이고 소스가 달콤하고 매콤합니다. 그래서 한 번 가보는 걸 추천합니다.	요즘 학생들이 탕후루나 마라탕 등 새로운 유행이 되는 간식을 자주 사 먹는다. 가게에 손님이 많이 줄어 힘들지만 그래도 학생들이 잊지 않고 방문할 때 너무 기쁘다.	떡볶이가 정말 맛있는데 소스의 비결이 무엇인지 궁금하다. 또 우리 학교 학생들에게 부탁하고 싶은 것은 무엇일까?
이미 알고 있는 것들 (장소와 관련된 나의 추억)	새로 알게 된 것들	더 알고 싶은 것들

5. 마을 주민 면담 인터뷰 기록지

마을 주민 (OO 식당 사장님)께 여쭈어보았습니다.	
질문내용 1	우리 고장 OO에서 얼마나 오래 사셨나요?
대답 1	전라도에서 태어나 10대에 인천으로 와 50년 이상 OO에서 살고 있다.
질문내용 2	우리 고장의 이미지는 무엇이라고 생각하나요? 왜 그렇게 생각하시나요?
대답 2	환경생태의 푸른 도시, 최근 깨끗한 환경을 위한 마을 정책이 많아서
질문내용 3	우리 마을 골목길과 관련된 마을 역사 이야기나 추억이 있으신가요?
대답 3	어릴 때 왔던 친구들이 성인이 되어 자녀와 함께 다시 찾아올 때 뿌듯하다.
면담을 통해 알게 된 사실	우리 마을의 이미지는 환경생태의 푸른 도시〉 문화와 예술의 도시〉 교육의 도시라는 의견이 많았다. 우리 마을의 소식을 인터넷을 통해 자주 접한다고 하셨다. 향후 우리 마을이 추구하는 도시 상은 인권문화 존중〉 국제문화교류의 중심지가 되었으면 좋겠다는 의견이 있었다.

마을 골목길 추억 탐방으로 학생들은 배움과 삶이 연결되고 통합되는 경험을 통해 마을에 대해 좀 더 이해하고 아끼는 마음을 가질 수 있었다. 마을 골목길 추억 탐방이 가진 의미와 취지는 좋았지만, 그 취지가 아직 어린아이들에게 잘 전달이 되었을까는 사실 잘 모르겠다. 사라지는 옛 추억에 대한 향수를 느끼기에는 신도시의 깨끗하고 편리한 주거 공간이 아

이들에게 더 유혹적일 수도 있을 것이다. 그러나 마을 골목길을 직접 찾아가 사진 찍고, 그 속에서 자신의 추억을 설명하고, 다양한 마을 이웃분들의 이야기를 듣고 기록하는 모습은 아이들에게 마을 공간과 마을 스토리, 마을 사람들과 연결하는 순간이 되었을 거라 생각된다. 수업 시간에 배운 도시화와 산업화의 발달 과정이 나의 삶에 영향을 미치고 있음을 이해하고, 의견을 적극적으로 제시하는 경험은 미래 변혁적 시민으로서의 초석이 되지 않았을까?

'나는 마을애(愛) 산다' 프로젝트 수업에서 교사의 역할

교사의 역할	• 학생들이 주도적으로 프로젝트를 설계, 참여하게 지원하고, 자연스럽게 배움의 과정으로 이끌어 주기 • 학생들을 지역사회의 구성원으로 인정하고 지역시민성 성장시키기 • 마을 장소, 마을 기관, 마을 사람들과의 소통과 협력, 작은 사회참여를 경험하는 기회 제공하고 격려하기 • 우리 지역이 가진 가치(역사, 생태, 자연환경, 생물다양성, 문화다양성, 배리어프리[12] 등)를 학생들이 스스로 발견하기 • 프로젝트 활동을 통해 마을 문제에 대한 참여를 통해 세계시민으로서의 지구촌 문제를 해결하기 위해 작은 일이라도 실천할 수 있도록 격려하기

'나는 마을애(愛) 산다' 프로젝트 수업 학생 소감

프로젝트를 마치며 학생 소감	• 우리가 살고 있는 마을 이곳저곳에 이렇게 다양한 이웃들과 다양한 가게, 골목길이 있는지 알게 되어 재밌었어요. • 우리 마을에 예쁜 골목길도 있었지만, 쓰레기가 마구 버려져 발길을 피하게 되는 골목길도 있었어요. 우리 마을 골목길이 더 깨끗해졌으면 좋겠어요. • 마을프로젝트 수업 후 우리 마을에 대해 잘 알게 되고 더 애정 어린 마음으로 마을을 바라보게 되었어요. • 활동은 힘들었지만, 우리 마을 주민들과 더 친해지게 된 것 같아 좋아요. 저를 알아보고 먼저 인사해주시는 마을 어른들이 생겼어요.

---

12 배리어프리: 장애인 및 노인 등 사회적 약자들이 편하게 살아갈 수 있게 물리적인 장애물, 심리적인 벽 등이 제거된 정도

· · · 마을 프로젝트, 이렇게도 활동할 수 있어요

프로젝트 주제 (예시)	탐방지역(예시)	인터뷰 대상(예시)	지역 문제 살피기 (핵심 질문 예시)
벽화 골목길 탐방	부평 골목길 – 원인재 골목길 – 송림동 골목길	마을 주민	옛 골목의 장점을 발굴하기 위해 그려진 벽화는 도움이 되었을까?
특산물 탐방	밴댕이 거리 – 강화 풍물시장 – 인삼 시장 – 화문석 시장	강화 화문석 장인	우리 고장의 특산품에 대해 얼마나 알고 있니?
레트로길 탐방	우리사진관 – 인천근현대사박물관 – 백투더레트로	30년 된 노포 가게 주인	우리 고장의 세월과 내공이 담긴 노포 가게의 보존 가치는 무엇일까?
문화다양성 탐방	부평 미얀마 거리 – 중구 차이나타운 – 논현동 다문화거리	다문화거리 상인, 주민	우리 고장, 인천은 문화다양성에 얼마나 수용적일까?
근대교육 추억 탐방	인천동명초등학교 – 인천창영초등학교 – 영화초등학교 – 도국산 달동네 박물관	조부모님, 부모님	인천 최초 근대식 교육기관을 둘러보고, 부모님(조부모님) 세대의 생활 모습을 상상할 수 있을까?

'더불어 사는 세상 만들기, 인천바로알기' 프로젝트 수업

"여러분의 꿈은 무엇인가요?"
"여러분이 나아갈 방향을 어디서 찾고 있나요?"
"여러분은 세계시민을 만나본 적이 있나요?"

선생님의 뜬금없는 질문에 아이들의 눈동자에 지진이 일어난다. 이미 앞에서 밝힌 바와 같이 세계시민은 세계라는 공동체에서 지구촌 시민으로서 더불어 사는 지구촌을 만들기 위해 공동체 의식을 바탕으로 다양한 지구촌 문제에 관심을 갖고 이를 해결하기 위해 적극적으로 행동하는 사람을 말한다. 세계적인 청소년 환경운동가 그레타 툰베리나 파키스탄의 인권운동가이자 노벨평화상 수상자인 말랄라 유사프자이, UN이나 국제기구, NGO, SDGs 기업 등에 종사하는 사람들을 흔히 떠오르는데 우리가 어떻게 마을에서 세계시민을 흔히 만난단 말인가?

> "지역 문제와 세계문제는 나비효과처럼 긴밀하게 연결되어 있어요. 우리가 살고 있는 지역에 대한 관심과 실천이 인류 보편적 가치인 자유, 인권, 평화, 다양성 등과 연결되어 세계시민으로 성장할 수 있는 밑거름이 된답니다."

인천 속 세계, 세계 속 인천을
알고 체험하며 세계시민으로 성장하기

인천은 과거 한반도의 관문을 여는 항구도시 역할을 했고, 현재는 인천국제공항과 항만을 통한 국제교류의 주요 허브 도시로 자리하고 있다. 또한 인천은 국제도시이자 강화도, 개항장 등의 근현대역사를 가진 역사 도시, 168개 섬을 가진 도시로 2023년부터 섬으로 가는 바다학교를 운영하고 있다. 인천 강화군 교동면에 체험형 평화교육 전문기관인 인천난정평화교육원을 설립하여, 평화감수성 및 평화 역량을 함양하는 평화체험교육을 진행하고 있다. 이렇듯 인천은 무궁무진한 교육적 자원을 지닌 지역이다.

우리가 살고 있는 인천 속 세계, 세계 속 인천을 경험하며 지역에서 세계시민교육을 구체적으로 실천할 수 있다. 자신과 세계의 관계를 주체적으로 인식하고, 마을·지역·국가·세계 등 다양한 공동체와 협력하며 인권침해나 차별, 환경 문제 등을 해결할 수 있다. 예를 들어, '인천 속의 세계'에서는 인천에 자리 잡은 다양한 지구촌 사람들의 모습을 살펴보고 보편적 가치인 인권이 이들의 삶 속에서 충분히 보장되고 있는지 등에 대해 탐구한다. 또, 구도심 지역의 도시재생 문제나 환경 문제, 소외되고 있는 이웃들의 불평등 문제에 대해 조사한다. '세계 속의 인천'에서는 세계와 인천이 만나는 다양한 통로인 인천국제공항이나 인천항, 국제기구, 국제업무지구 등을 살펴보고 이러한 국제기관이나 기구가 인천에 위치한 이유는 무엇인지 탐색한다. 그리고, 인천에 있는 국제기관이나 기구가 지구촌 공통의 가치와 기준을 지향하는 데 어떤 기여를 할 수 있는지, 그것이 인천시민에게 어떤 영향을 줄 수 있는지 등에 대해 분석한다.

이렇듯, 학생들은 인천의 다양한 곳곳을 직접 걸으며 내가 살고 있는 지역을 바르게 이해하고, 세계 평화를 만들어갈 시민을 양성하여 더 평화로운 세상을 만들 수 있도록 함께 협력하여 나아갈 수 있다.

얘들아, 역사 기행 떠나자!
다(多)가치 인천애(愛) 살다

"우리가 살고 있는 인천에 대해 무엇을 어떻게 알아볼까?"
"인천이 가진 과거, 현재, 미래의 가치는 무엇이 있을까?"
"인천의 도시적, 역사적, 문화적, 생태환경적, 평화적 가치는 무엇이 있을까?"
"인천에는 세계와 연결된 장소와 인물, 역사, 국제기구, 이야기가 있을까요?"

"多가치 인천愛 살다" 프로젝트 수업은 우리가 살고 있는 삶의 장소인 인천을 바르게 이해하고, 인천 속 다양한 가치(SDGs, 인권, 평화, 다양성, 환경 등)를 파악하게 한다. 지역과 나의 관계성을 넘어 지역주민들과의 연대 의식, 지속가능발전도시 인천 제안하기 등으로 지역시민성에서 세계시민성으로 확산될 수 있도록 내용과 과정을 구성하였다.

제일 먼저 생각해야 할 것은 프로젝트 주제 선정이다. 인천에는 강화도와 개항장, 차이나타운, 부평 캠프마켓이 상징하듯 근·현대 지역사가 마을 곳곳에 자리하고 있으며 이와 관련해 활발히 연구가 진행되고 있다. 학생들이 발을 딛고 있는 이곳 인천, 격동의 세월 속에서 어떤 아픔과 시련을 겪고 이겨냈는지, 미처 모르고 지나쳤던 돌부리에는 어떤 이야기가 담겨있는지, 허름한 옛터와 나무 한 그루부터 관심을 갖고 잊혀져 가는 기억을 되새기는 일, 이것이 지역 연계 세계시민교육의 출발점이 될 수 있다.

학생들이 살고 있는 지역을 중심으로 옛이야기와 근현대 문화유산, 역사를 탐구하고 소중한 우리 마을의 근현대 지역사 문화유산의 가치를 보존할 방법을 찾는다. 이를 통해 나의 삶과 밀접한 관련이 있는 공동체 역사를 담은 지역사에 관심을 가지고 이를 통해 내가 사는 지역에 대한 애착과 자긍심을 가질 수 있다. 이때, 자기 지역의 전통이나 고유성을 지나치게 강조하기보다 세계시민적 관점에서 객관적으로 지역사를 바라보고, 역사 일반의 관점에서 분석하고 수용한다. 또한 그 당시의 세계정세와 국가 정책, 행정이 지역사에 어떤 영향을 주는지, 국가나 다른 지역의 역사가 우리 고장의 역사에 어떤 영향을 미치는지 상호의존적 역사의 관계성에 주목하도록 프로젝트를 구성할 수 있다.

• • • 인천바로알기 연계 지역사 프로젝트 수업 예시

프로젝트 주제(예시)	탐방지역(예시)	인터뷰 대상	인천바로알기(핵심 질문 예시)
AR/VR 인천바로알기 (인천 과거)	인천역 – 짜장면박물관 – 청·일 조계지경계계단 – 카페팟알 – 중구청 – 자유공원 – 맥아더장군 동상	인천 관광공사	AR/VR을 활용한 인천바로알기 도보 탐방을 통해 알리고 싶은 인천역사는 무엇인가?
	인천역 – 한중원(우리탕) – 인천 아트플랫폼(아펜젤러) – 근대건축 전시관(김란사) – 중구청(헐버트) – 누들플랫폼(김구) – 제물포구락부&조계지 계단(사바틴)	개항장 문화해설사	인천e지를 활용한 인천 과거 역사 장소 도보 탐방을 기획한 배경은 무엇일까?
인천의 근현대사 (1)	화도진지→송현시장(수문통)→수도국산(송현배수지제수변실, 달동네박물관)→배다리→싸리재고개(경동)와 황 굴고개(도원역)	대안예술공간 스페이스빔 대표	어떻게 시민들은 자발적으로 구도심 지역인 배다리마을을 과거와 현재가 공존하는 재생 도시로 재창조할 수 있었는가?
개항장 일대와 종교의 전파 과정	인천신사터(현 인천여자상업고등학교) – 내리교회 – 성공회 내동교회 – 답동성당 – 의선당 – 인천개항박물관 – 한국근대문학관 – 대불호텔	인천개항박물관 해설사	1885년 인천항을 통해 선교사가 처음 들어왔다는 역사적 사실을 바탕으로 다양한 종교 문화와 근대문물의 전파는 옛 고장 사람들에게 어떤 영향을 미쳤을까?
인천의 근현대사 (2)	제물포→수봉산(현충탑, 인천지구전적 기념비, 재일학도의용군참전 기념비)→인천기계공고(4·19학생의거기념탑)	인천기계공업고등학교 학생	4.19 당시 인천기계공고 학생들이 인천 최초로 불의와 억압에 맞서 참여했다는 사실에 대해 자부심을 가질 수 있는가?
인천 포구와 삶	인천역 – 북성포구 – 만석부두 – 괭이부리마을 – 화수부두	인천 포구 마을 주민	인천 포구를 중심으로 모여든 옛 고장 사람들의 삶과 노동의 흔적을 찾을 수 있는가?
인천의 도시형성과 근대교육의 탄생	동인천역→수도국산달동네박물관, 송현배수지 제수변실→동명초→배다리→창영초→영화초→도원역	마을 도시재생 시민단체	도시재생사업을 언제 처음 접하게 되었으며, 그때와 지금의 도시재생사업의 형태나 진행에 변화가 있나요?
인천 민주항쟁의 발자취	4·19학생의거기념탑 – 5·3인천 민주항쟁 – 옛 시민회관 쉼터 – 주안동 성당 – 주안역 문화공간 – 주안5동성당 – 천일염전 표지석	인천민주화운동센터	그 당시 학생의 신분으로 민주항쟁에 참여하게 된 이유는 무엇인가요?
인천 민주로드 부평 평화의 길	부평역 – 캠프마켓 조병창 – 부평공원 평화의 소녀상 및 징용노동자상 – 삼능 줄사택	부평 캠프마켓 해설사	일제강점기 시대 우리 고장 옛 이웃들의 삶과 노동의 모습은 어떠했나요?

〈인천e지(스마트한 인천 여행의 시작)〉 앱 내려받기 ☞

지역사를 세계시민적 관점에서 바라보기

'지역사를 통해 평화로운 세계시민으로 성장하기' 프로젝트는 학생들이 생활하는 공간인 고장 마을에서 지역, 그리고 우리나라로 역사적 사실을 확장한다. 지역사에서 한국사로 자연스럽게 연결 지으며 지역문화유산의 역사적 가치를 인식하고, 옛 선조들의 삶을 통해 지역문화의 특성을 이해한다. 지역사를 세계시민적 관점으로 바라보며, 지역사회의 정체성을 이루는 가치도 발견할 수 있다. 역사적인 건축물이나 장소는 과거의 상징으로만 남아 있는 것이 아니라 변화된 환경에 따라 다른 의미를 부여받는다. 과거에는 역사적 비극과 불편한 기억을 가진 식민통치·수탈·강제노동의 상징인 건축물이 현재는 평화의 소중함을 알려주는 지역 유산으로 바라볼 수 있다.

지역사를 통해 평화로운 세계시민으로 성장하기					
과목	사회	학년	초등 5학년	차시	10차시
세계시민교육 학습주제	5. 사람들이 속한 다양한 공동체와 공동체 간의 상호연계 방식				
세계시민교육 학습 목표	'인천 역사 속 다양한 교류와 갈등, 평화를 위한 옛사람들의 노력'을 알아보고 학생들 스스로 창의적이고 합리적으로 평화로운 세계시민적 관점에서 역사를 공정하고 책임감 있게 바라보고자 노력하는 자세를 가지도록 한다.				
핵심 활동 • 인천의 지역 곳곳을 직접 걷고 체험하며 삶과 배움을 연결한다. • 인천의 지역 근현대 역사 자원을 활용하여 현장체험형 근현대사 바로알기를 실시한다. • 삶의 공간인 부평, 인천이 가진 근현대 역사 탐방을 통해 긍정적 지역시민성 함양 및 지역 역사에 대한 관심과 이해를 바탕으로 보다 평화롭고 정의로운 세상을 위해 우리의 현실에 대한 역사적 인식과 나아가 세계시민으로서의 태도를 기르게 한다.					
성취기준 [5사02–01] 우리 고장의 지리적 특성을 조사하고, 이것이 고장 사람들의 생활 모습에 미치는 영향을 탐구한다.					
핵심 질문 우리가 살고 있는 인천의 지리적, 인문적 특징에 대해 알아보고, 이에 영향을 받는 다양한 음식 문화의 차이점과 연결 관계를 설명할 수 있을까?					

프로젝트의 흐름
1차시: 강화도에서 인천역사의 출발점 찾기, 유네스코 세계문화유산 강화 고인돌 이야기
2~3차시: 옛 부평도호부와 계양산성에서 근대 이전 인천 역사 찾기, 옛 부평의 중심지, 부평도호부와 부평향교, 삼국시대~임진왜란까지 평화를 지키던 계양산성
4~5차시: 강화도를 둘러싼 제국주의와의 투쟁 : 병인양요, 신미양요, 강화도 조약. 강화도를 둘러싼 병인양요, 신미양요, 강화도 조약, 통상과 개항에 대한 역사토의
6~7차시: 부평을 중심으로 알아보는 광복을 위한 우리나라 사람들의 노력과 경인철도 부설로 인해 달라진 부평의 근대화 모습, 부평수리조합, 부평병참기지화 역사 살펴보기
8차시: 세계시민적 관점에서 지역사 바라보기

주요 결과물
지역사 탐구 보고서, 패들렛 자료

평가 계획 및 채점 기준

평가 요소	채점 기준(점수)		
	상(◎, A)	중(○, B)	하(△, C)
인천의 지역사를 잘 파악하여 조사하였는가(주제 부합성)(40)	고장과 관련된 지리적 특성을 조사하고, 자료를 바탕으로 고장의 사람들의 생활 모습에 미치는 영향을 설명할 수 있다.	고장과 관련된 지리적 특성을 조사하고, 우리 고장의 음식 유래와 생활 모습을 설명할 수 있다.	고장과 관련된 음식 자료를 수집할 수 있다.
특정 주제에 대한 소재가 효과적으로 드러나 있는가(참신성, 창의성)(40)	우리 고장의 지역적 특색과 자랑거리 등을 창의적인 발상을 활용하여 생각이나 느낌, 경험을 참신하게 표현하는 글을 쓸 수 있다.	우리 고장의 지역적 특색과 자랑거리 등을 창의적인 발상을 활용하여 생각이나 느낌, 경험을 적절하게 표현하는 글을 쓸 수 있다.	우리 고장의 지역적 특색과 자랑거리 등을 창의적인 발상을 활용하여 생각이나 느낌, 경험을 표현하는 글을 쓸 수 있다.
카드 뉴스로 주제를 잘 전달했는가(전달력)(20)	읽는 이의 흥미나 관심, 입장, 반응 등을 충분히 고려하여 자신의 정서나 감정을 효과적으로 표현하는 글을 쓸 수 있다.	읽는 이의 흥미나 관심, 입장, 반응 등을 고려하여 자신의 정서나 감정을 표현하는 글을 쓸 수 있다.	읽는 이의 흥미나 관심, 입장, 반응 등을 부분적으로 고려하여 자신의 정서나 감정을 표현하는 글을 쓸 수 있다.

우리 고장 부평은 넓은 평야를 낀 농업 생산지대였으나 1920년대 부평 수리조합의 설치로 미곡 증산의 중심지로 바뀌었다. 1937년 중일전쟁이 일어난 뒤에는 전쟁 무기를 생산하는 일본육군조병창과 노동자들의 고단한 숙소인 삼릉 줄사택, 검정사택의 소재지로 일제의 수탈과 징용 노동자들의 노동과 슬픔이 서려 있는 역사 장소이기도 하다. 학생들이 즐겁게 뛰어놀고 있는 공원 한편에는 징용노동자상과 평화의 소녀상이 서 있음에도 이를 잘 모르고 지나치는 학생들이 많다. 학생들은 부평의 근대사를 배우며 일제강점기 시절 조선에서 시행된 일본의 정책들이 어떻게 우리 마을을 변화시켰는지, 마을 사람들이 어떻게 광복을 위해 노력했는지를 이해하며 공정하고 정의로운 평화를 추구하는 세계시민으로 성장한다. 세계시민이 된다는 것은 나를 둘러싼 세계를 조금씩 확장해 보는 작업에서부터 시작된다. 그동안 내가 전부라고 여겼던 지역을 시간과 공간으로 확장해 나가다 보면 함께 살아가야 할 이유에 대해 더 분명해질 것이다.

··· **인천지역 근현대사 내용 요소와 수업 활동 예시**

프로젝트 주제 (예시)	근현대사 내용 요소	탐방지역(예시)	인천바로알기 (수업 활동 예시)
강화도에서 평화를 외치다	양요	외규장각, 초지진, 갑곶돈대, 광성보, 덕진진, 작약도(신미양요 미군 군함 정박지), 강화역사박물관, 강화전쟁박물관	병인양요, 신미양요가 일어나게 된 세계정세의 변화 알아보기 / 외세의 침략을 막던 방어지로서의 강화도 역사 조사하고 현장 탐방하기
	강화도 조약	초지진, 연무당 터, 영종진 터, 청일조계지 경계계단	강화도 조약이 불평등 조약인 이유 이야기하기 / 평화에 대한 생각과 강화도의 평화 연결 짓기

부평 근대사를 통해 평화를 배우다	일제 경제 수탈의 현장 (징용 노동)	인천육군조병창, 부평공원(미쓰비시 부평공장), 부평역 인근 다다구미 사무소 터, 영단주택, 삼릉줄열사택, 부평 지하호	부평 지도를 검색하여 부평의 근대 역사 장소나 관련 사진을 살펴보고 그와 관련된 역사적 사건이나 옛이야기 적기
	신미 증식계획	가토 정미소 터, 굴포천, 부평수리조합, 일선해운주식회사, 서부간선수로	일제의 식량 수탈을 위해 만들어진 '부평수리조합'에 대해 알고 부당함을 알리는 글쓰기
인천항 개항의 역사와 문화를 걷다	근대도시 출발	근대건축전시관, 인천개항박물관, 대불호텔과 중구 생활사 전시관	인천항 개항으로 시작된 근대은행과 근대 건축의 역사와 함께 경제 수탈의 그림자도 함께 찾아보기
	인천 근대문학	마루보시 사택, 첫 선교수녀 도착지 기념비, 오정희 작가 집터, 자유공원, 하인천어시장, 축항선 철길, 한국근대문학관	인천 개항장에 위치한 한국근대문학관을 탐방해보고 근대문학가들의 작품 배경이었던 개항장 일대를 걸어보기

인천의 맛과 멋을 담은 누들로드를 찾아

"이번 주말에 가족끼리 외식을 한 경험이 있나요?"

"가족이랑 차이나타운에서 짜장면 먹으러 갔어요!"
"가족이랑 화평동 냉면 거리에서 냉면 먹었어요, 엄청 그릇이 커요!"
"전 엄마랑 신포시장에서 쫄면이랑 바지락 칼국수 먹었어요."

"여러분이 얘기한 짜장면, 쫄면은 여기 인천에서 태어난 음식이라는 걸 알고 있나요?"

짜장면과 쫄면의 발상지이자 냉면·칼국수 테마 거리가 있는 인천. 서해 바지락 국물이 끝내주는 칼국수, 투박한 정이 넘쳐흐르는 세숫대야 냉면, 친구와 함께 먹던 매콤쫄깃 쫄면 그리고 호불호 없는 짜장면까지 인천 바로알기 프로젝트 수업으로 만나보자.

인천바로알기, 인천 누들로드 도보 탐방 프로젝트 수업

과목	국어, 사회	학년	초등 3학년	차시	10차시
세계시민교육 학습 주제	5. 사람들이 속한 다양한 공동체와 공동체 간의 상호연계 방식				
세계시민교육 학습 목표	우리가 사는 인천 속 다양한 음식 문화의 차이점과 연결 관계를 설명한다.				

핵심 활동
- 우리 고장의 위치와 지형, 지리적 특성을 알아본다.
- 인천 누들(쫄면, 짜장면, 냉면, 칼국수) 음식문화가 만들어진 시기와 과정을 조사하고 누들 음식 문화 간 공통점과 차이점, 연결 관계를 탐구한다.
- 인천 누들로드 지역 장소를 현장 탐방하고, 알게 된 내용에 대해 자신의 마음을 표현하는 글을 쓴다.

성취기준
[4사02-01] 우리 고장의 지리적 특성을 조사하고, 이것이 고장 사람들의 생활 모습에 미치는 영향을 탐구한다.
[4국03-04] 읽는 이를 고려하며 자신의 마음을 표현하는 글을 쓴다.

핵심 질문
우리가 살고 있는 인천의 지리적, 인문적 특징에 대해 알아보고, 이에 영향을 받는 다양한 음식 문화의 차이점과 연결 관계를 설명할 수 있을까?

프로젝트의 흐름
1차시: 고장의 지리적 특성이 중요한 까닭을 알아보고, 프로젝트 활동 내용과 방법을 안내한다.
2~3차시: 누들이 만들어진 시기와 지리적 특성 알아보고 박물관 조사계획을 통해 인천 누들 음식이 생겨난 과정을 조사한다.
4~5차시: 모둠별로 인천 누들로드 이야기를 소개하는 자료를 다양한 방법으로 정리한다.
6~7차시: 모둠별로 관심 있는 주제에 따라 마을 현장 탐방 및 인터뷰를 실시한다.
8차시: 탐방한 결과 및 사진 자료를 정리하여 내용을 공유한다.

주요 결과물
인천 누들로드 맵핑 자료, 인천 누들로드 도보 탐방 결과 보고서

평가 계획 및 채점 기준

평가 요소	채점 기준(점수)		
	상(◎, A)	중(○, B)	하(△, C)
고장과 관련된 지리적 특성과 고장 사람들의 생활 모습 조사하기 (50)	고장과 관련된 지리적 특성을 조사하고, 자료를 바탕으로 고장의 사람들의 생활 모습에 미치는 영향을 설명할 수 있다.	고장과 관련된 지리적 특성을 조사하고, 우리 고장의 음식 유래와 생활 모습을 설명할 수 있다.	고장과 관련된 음식 자료를 수집할 수 있다.
읽는 이를 고려하며 인천 누들 음식에 대해 자신의 마음을 표현하는 글쓰기(40)	읽는 이의 흥미나 관심, 입장, 반응 등을 충분히 고려하여 자신의 정서나 감정을 효과적으로 표현하는 글을 쓸 수 있다.	읽는 이의 흥미나 관심, 입장, 반응 등을 고려하여 자신의 정서나 감정을 표현하는 글을 쓸 수 있다.	읽는 이의 흥미나 관심, 입장, 반응 등을 부분적으로 고려하여 자신의 정서나 감정을 표현하는 글을 쓸 수 있다.
인천바로알기 도보 탐방(10)	프로젝트 주제에 부합되게 질서를 지키며 주도적으로 인천바로알기 도보 탐방에 참여했다.	프로젝트 주제에 부합되게 인천바로알기 도보 탐방에 참여했다.	인천바로알기 도보 탐방에 소극적으로 참여했다.

인천은 1883년 인천항이 개항되면서 개항장을 중심으로 외국 문물과 외국인이 유입되기 시작하였으며, 1935년 우리나라 최초로 밀가루 공장이 들어서면서 인천만의 고유한 면을 이용한 누들 요리가 발달하기 시작했다. 특히, 개항장 청국 조계지에서 산동 출신 중국 상인들이 만들어 팔기 시작한 인천 북성동 차이나타운 짜장면과 국수 공장에서 밀려드는 주문량에 면발을 뽑는 사추리를 잘못 끼워 실수로 나온 굵고 질긴 면발의 인천 신포동 쫄면, 서해 갯벌에서 채취되는 바지락을 이용한 인천 용동의 바지락칼국수, 이북식 냉면이 지역화되어 재탄생된 화평동 냉면 등이 그 대표적인 예이다.

인천 중구에 위치한 북성동 차이나타운-신포동-용동-화평동을 잇는 누들로드를 중심으로 '인천바로알기, 인천 누들로드 도보 탐방 프로젝트'는 3학년 대상 지역 연계 프로젝트로 구성되었다. 사회 교과 '환경에 따라 다른 삶의 모습' 단원을 중심으로 학생들이 생활하는 공간인 고장과 관련된 옛이야기와 문화유산의 역사적 가치 등을 인식함으로써 고장에 대한 자긍심을 갖도록 하는데 주안점을 둔다.

누들로드 도보 탐방 프로젝트에서는 아이들이 직접 인천누들플랫폼 및 누들과 관련된 다양한 박물관 도보 탐방을 하며 교실에서 배운 내용을 직접 보고 체험해 볼 것을 추천한다. 짜장면의 메카인 차이나타운을 직접 걸으며 100여 년 전 우리나라 짜장면의 역사가 시작된 요릿집 '공화춘'을 방문해보자. 오래된 현관과 의자 등 박물관 곳곳 자욱한 역사와 세월의 흔적을 직접 만져보고 체험하는 경험은 단순히 지식을 암기하는 것보다 마음에 큰 울림을 준다. 북성동 차이나타운은 짜장면의 발상지로 짜장면박물관을 비롯해 30여 개의 중화요리집이 있으며 신포동의 쫄면과 용동의 칼국수 거리에는 국숫집이 10여 곳, 또 동구 화평동에는 세숫대야 냉면을 파는 냉면집이 10여 곳이 있다. 그 주변은 근대 건축전시관, 개항박물관, 답동성당 등 1883년 개항에 따른 문화재가 현존하는 역사적 장소이다.

차이나타운 인근에는 쫄면을 탄생시키며 우리나라 면발의 역사를 새로 쓴 광신제면이 있다. 1970년대 초 중구 경동에 있는 국수 공장에서 밀려드는 주문량에 면발을 뽑는 사출기를 잘못 끼워 나온 굵고 질긴 면발을 버리기 아까워 이웃 분식점에 선심을 쓴 것이 쫄면의 시조이다. 고민 끝에 주인은 면에 채소와 고추장으로 버무렸고 쫄깃쫄깃한 쫄면으로 재탄생된 것이다. 근처 화평동에는 지름이 30㎝에 가까운 세숫대야처럼 생긴 대형 냉면 그릇으로 유명한 냉면집 10여 곳이 있다. 가난한 노동자를 대상으로 한 음식점에서 귀한 소고기로 육수를 낼 수 없어 갖가지 재료에 고추장 양념으로 맛을 내고 커다란 그릇에 냉면을 담아 팔았던 것이 세숫대야 냉면의 원조이다. 1883년 인천항이 개항되자 새로운 일자리를 찾아 전국에서 사람들이 유입되었고, 사람들이 모이다 보니 먹을거리가 풍성해졌던 것이다. 이렇듯 이주민의 음식이 원주민의 입맛에 맞게 재탄생하고, 우연과 필연이 만나 새로운 음식이 창조되는 과정은 전국 각지에서 몰려온 사람들이 함께 살아가며 새로운 에너지를 분출하는 다양성의 도시, 융합의 도시 인천과 참 비슷하다.

• • • 인천바로알기, 누들로드 도보 탐방 코스

인천개항장근대건축전시관 – 인천개항박물관 – 대불 호텔전시관 – 중구 생활사전시관 – 한중문화관 – 짜장면박물관 – 누들플랫폼

누들플랫폼 : 쫄면, 짜장면 등의 대중이 즐기는 '누들'의 발상지인 인천을 중심으로 발전한 다양한 누들을 전시하고 체험하며, 교육할 수 있는 국내 최초 누들 테마 복합문화 공간이다.
주소: 인천 중구 신포로27번길 36 누들플랫폼(수인분당신포역 3번 출구에서 535m)
영업시간: 화~일, 9:00~18:00 (입장 마감 :
관람료: 무료 관람 / 홈페이지: https://ijcf.or.kr/load.asp?subPage=523.03

Think-Share-Act, 지역에서 세계시민으로 성장하기

지역 연계 프로젝트 수업은 학교라는 제한된 물리적 공간과 자원을 넘어 지역사회로 확대시켜 학생들이 보다 확장되고 다양한 활동이 가능하게 한다. 예를 들어, '차이와 다양성 존중'을 주제로 수업을 상상해보자. 지역사회에서 발생하는 인권 차별과 문화다양성 존중, 인권 보호에 대해 이론수업으로 진행할 수 있다. 하지만 직접 지역 인권단체를 방문하거나, 장애인이나 고령자들을 위한 시설 등이 잘 구비되어 있는지 조사할 수도 있다. 고령자나 장애인, 어린이, 외국인과 같이 사회적 약자들이 살기 좋은 사회

를 만들기 위한 지역 정책을 제안하거나 불편한 공간을 새롭게 개선하도록 건의할 수도 있다.

　세계시민교육은 참여 지향적이며 실천 지향적인 교육이다. 지역 기반 프로젝트 수업으로 '세계시민성에 대해 배우는 교육'을 넘어 '세계시민성을 실천하고 미래의 비전을 제시하는 교육'이 되어야 한다. 학생들은 지역 시민으로서의 삶과 정체성에 대한 이해를 높이고, 일상생활에서 직면하게 되는 문제 상황에 능동적으로 대처해나감으로써 궁극적으로 공존과 평화를 배울 수 있을 것이다.

나는야, 지역사회를 바꾸는 체인지메이커!

　지구공동체로 함께 살아가기 위해서 지역사회가 나와 어떻게 연결고리가 있는지 알고, 지역 문제에 책임감을 가지고 행동하고 실천해야 한다.

　등굣길 빗물받이대에 버려진 담배꽁초를 보고 그냥 지나치는 게 아니라, "담배꽁초가 배수로를 거쳐 결국 바다로 흘러가 바다 생태계를 위협할 텐데…." 하며 불편함에 빠진다. 불편함을 느낀 개인은 정답지를 찾아 탐구하게 된다. 그리고 개인의 힘으로 바꿀 수 없는 문제를 해결하기 위해 타인과 연대하기 시작한다. 평소였으면 생각하지 않고 익숙하게 지나쳤을 불편함을 발견하는 바로 그 순간이 체인지메이커로서의 첫 시작점이 될 것이다.

　학생들이 자기 삶의 터전인 지역, 이웃, 지역사회 공동체를 위해 할 수 있는 일을 직접 제안하고 지역 문제 해결 과정에 참여하는 경험은 매우 중요하다. 가령 등하굣길 안전한 통학로 만들기, 우리 학교 안전사고 줄이기, 인천의 도시문제를 개선하기 위한 적정기술 발명 아이디어 제시하기,

지역 연계 프로젝트 수업을 통한 체인지메이커 활동 흐름

① 지역 문제에 별로 관심이 없다. → ② 어렴풋이 지역 문제에 관심을 가지게 된다. → ③ 조금씩 지역 문제에 관심을 가지게 된다. → ④ 나와 지역 문제가 관련이 있다는 생각을 하게 된다. → ⑤ 지역 문제에 관심이 생긴다. → ⑥ 지역 문제를 해결하기 위해 참여한다.

인천에서 세계시민으로 살아가기 그림책 만들기, 커뮤니티 매핑으로 안전한 마을 만들기 등을 제안하고 함께 연대하며 실천할 수 있다. 이러한 경험은 학생들이 지역·국가·세계적 차원에서 주도적인 시민으로서 참여하는 방법을 알게 하는 발판이 될 것이다.

• • • 지역사회 연계 '세상을 바꾸는 체인지메이커' 프로젝트 활동(예시)

관련 장소	문제 제기(문제점 찾기, 원인 분석)	체인지메이커 활동 내용
학교	등하굣길, 학생 안전을 지켜주세요	등하굣길 위험 요소 체크, 설문조사, 서명받기, 청원서 제출하기
	우리 학교 안전사고가 많이 발생해요	학교 내 안전사고 발생 장소 조사하기, 학생 대상 설문, 안전 캠페인 하기
마을	동네 안전 우리가 지켜요. 우리 마을에 가로등이 없는 위험장소가 있다?!	안전매핑으로 위험장소 조사하기, 앙케트, 정책 결정자에게 편지쓰기
	기후위기 및 생태환경에 대한 지역사회의 사회적 인식 제고가 필요해요	손수건부터 버스킹 가드닝까지 탄소 중립을 위한 친환경 실천 챌린지

'세상을 바꾸는 체인지메이커' 프로젝트 수업 학생 소감	
프로젝트를 마치며 학생 소감	• 선생님이 시키는 대로 따라 하는 것은 너무 쉬운데 우리가 마을의 문제를 생각하고 찾는 게 너무 힘들었다. • 적극적으로 참여하지 않는 팀원에게 화도 나고 서로 의견이 달라 다투기도 했어요. 그래도 생각은 달라도 마을을 위한 마음은 하나였어요. • 내가 지역사회에 도움을 줬다는 사실이 뿌듯하다. 사회를 변화시키는 사람들이 특별한 사람들이 아니라 우리 모두가 될 수 있다는 걸 알았다.

엄마, 아빠! 여기 어때요?

30년 이상 오래된 물건, 장소, 사람들 등 나와 세월을 같이 한 오래된 것들에는 그리웠던 그때 그 시절의 문화와 추억, 정서가 담겨 있기 마련이다. 오래된 노포 가게는 단순히 지역 상업 공간을 넘어 지역의 멋과 역사를 보존한 작은 역사박물관 같은 장소이다. 급격한 도시의 변화와 프랜차이즈 상권 경쟁체제, 빠르게 변화하는 유행 트렌드 속에서 묵묵히 제자리를 지키고 있는 '인천 대표 노포 가게'를 학생들과 함께 알아보고, 직접 부모님과 주변 친구들, 마을 주민들에게 홍보할 수 있는 사회참여 프로젝트 수업을 계획하였다.

인천에서는 30년 이상 업종 변경 없이 영업을 지속한 노포 가게를 대상으로 '이어가게'를 선정한다. 선정 기준은 역사성, 희소성, 지역성, 지속가능성, 확장성. 등으로 심사하는데 인천의 특색이 담긴 노포 가게를 발굴·지원해 골목상권을 활성화하기 위해 추진하는 사업이다. 이와 관련해 우리 학생들에게 인천의 역사와 지역 정서가 녹아든 가게를 알리고 홍보하는 것을 넘어, 인천 고유의 브랜드화가 가능한 가게로 우리 마을에서 쭉 이어갈 수 있게 지원해 보자.

••• 인천 대표 오래된 가게, 우리 마을에서 쭉 이어가게	
명월집(1966년 창업, 김치찌개 맛집) – 가조(1975년 창업, 한우구이 맛집) – 해장국집(1964년 창업, 해장국 맛집) – 송미옥(1958년 창업, 복어요리 맛집) – 경인면옥(1946 창업), 중국양화점(1950년 이전) 등	
부평의 오래된 가게	김용기 명과→삼천리자전거 부평성안점→용방앗간→남창문구사→복화루→대신모자→챠밍→국수노점→만수주단→은성상회
'이어가게'를 아시나요?	중앙치과→한양지업사→용신상회→대동학생백화점→신신옥→성광방앗간→의흥덕방앗간→신성루

우리 학생들에게 각자의 시선으로 삶의 터전인 마을을 바라보며, 학생들에게 잘 알려지지 않은 노포 가게를 방문하는 경험을 제공하고 싶었다. 무작정 지역구청 담당자와 연락해 이번 프로젝트 수업에 대해 이야기를 전달했더니 자발적인 학생 참여가 너무 반갑다며 인적, 네트워크 지원을 해주신다고 하였다. 매칭된 청소년활동진흥원 전문강사와 함께, 노포 가게 탐방 및 조사 활동을 위한 마을의 환경적 기반을 근거로 문화, 자원, 사회, 경제, 도시화 발전과정을 미리 학습하고 다양한 사람들이 전국 각 지역에서 우리 지역으로 이주하여 삶의 터전을 잡고 함께 더불어 살고 있음을 이해할 수 있었다. 오래된 노포 가게가 청소년과 청년, 엄마, 아빠 세대에게는 잘 이용하지 않는 공간이 되고 있다는 문제를 해결 과제로 두고, 학생들이 직접 마케팅과 홍보 활동을 통해 인천 대표 노포 가게를 인천 지역화 브랜드로 활성화하기 위한 청소년 사회참여 활동으로 출발했다.

인천애(愛) 산다 노포 가게 탐방 및 인터뷰 계획서(예시)

모둠 주제	우리 마을 속 추억의 노포 가게	모둠 명	
가설 (지역 문제/ 해결안)	우리 마을 속 오랜 역사를 가진 추억의 옛 노포 가게가 도시화로 인해 사라져 가고 있다. 지역의 역사와 정서를 간직한 노포 가게를 보존할 방안은 없을까? / 노포 가게 홍보하기		
이미 알고 있는 내용(knowing)	도시화, 산업화에 따른 도시문제는 어떤 것이 있을까?		
현장 탐방 일정	일자(장소)	수행 내용	
	2000.0.0. 0요일(0방앗간)	노포 가게 사진 촬영 및 인터뷰	
	2000.0.0. 0요일(00갈비)	노포 가게 탐방(지역주민 추가 인터뷰)	
역할 분담			
준비물	마을지도, 핸드폰, 수첩, 필기도구		
인터뷰 질문	(노포 가게) 0방앗간은 언제 처음 이곳에서 장사를 시작했나요? (노포 가게) 최근에 가게를 운영하며 가장 어려운 점은 무엇인가요? (노포 가게) 지역주민이나 우리 학생들에게 부탁하고 싶은 점은 무엇인가요?		
유의 사항	1. 모둠 친구들과 협력하여 활동에 참여합니다. (장소선정, 역할 배분, 인터뷰 하기 등) 2. 공공장소에서 질서와 예절을 지켜요. (사진 촬영 및 인터뷰는 반드시 동의 구하기) 3. 내가 맡은 역할을 끝까지 성실하게 마무리합니다.		

디자인과 마케팅에 관심 있는 학생들은 인천 상징 브랜드를 넣어 노포 가게 홍보를 위한 배지, 종이가방, 에코백 등의 마케팅 상품을 디자인하여 지역구청에 전달하였다. 또한 디지털 도구인 미리캔버스와 캔바를 통해 지역의 역사와 문화가 담긴 노포 가게의 가치를 홍보하는 작품을 제작하여 학교 홈페이지와 지역구청 홍보 블로그에 게시해 지역시민들에게 노포 가게를 알려 활성화를 도왔다. 프로젝트에 참여했던 학생은 "노포 가게나 이어가게라는 단어가 처음에는 정말 생소했지만, 우리 지역에 오랜 세월

동안 지역주민들의 추억을 담고 있는 노포 가게가 여러 곳에 있어 자랑스럽다. 어려움에 처한 노포 가게를 활성화하는 일에 작게나마 도움이 됐다는 생각이 들어 무척 뿌듯했다"라며 "20년이 지나 내가 어른이 되어도 그 자리에 노포 가게가 그대로 있었으면 좋겠다."고 말했다. 프로젝트 수업을 통해 학생들이 지역의 문제에 관심을 가지고, 청소년 스스로 주도적인 사회참여 활동을 통해 지역사회 구성원으로서 역할을 배우고, 본인의 적성과 흥미를 찾을 수 있는 뿌듯한 활동이었다.

• • • 프로젝트 수업을 마치며

학생	• 지역 연계 프로젝트 수업을 통해 내가 살고 있는 인천에 대한 이해와 더불어 인천시민, 세계시민으로서의 책임감과 정체성을 가지게 되었어요. • 지역 연계 프로젝트 수업을 통해 익숙한 장소, 작은 문제부터 세계시민교육을 실천해 보니 막상 문제 해결이 어렵지 않다는 것을 느꼈어요.
교사	• 지역 연계 프로젝트 수업에서 가장 중요한 점은 우리가 살고 있는 지역과 그곳에 살고 있는 사람들의 삶을 존중하는 자세가 가장 중요해요. • 인천시민이라면 누구나 한 번쯤은 방문했다고 해도 과언이 아닐 만큼 우리에게 익숙한 부평역, 배다리, 강화도, 개항장, 인천섬을 새로운 관점으로 다시 바라보고 이해해 보도록 해요. • 삶과 교육이 연계된 학생 중심 프로젝트 활동을 통해 더불어 살아갈 수 있는 인천을 품은 세계시민성을 함양할 수 있었어요.

수업을 마치며

내 삶의 場,

지역 연계 프로젝트 수업은 무한도전 중

"오래 보고 자세히 들여다보니 우리 마을이 더 예쁘고 사랑스러워요"
"교실에서 공부하는 것보다 마을 곳곳을 직접 다니며 공부하니 너무 재미있어요."

"전 지난번 프로젝트 수업 때 간 노포 가게를 한 번 더 가족들과 함께 갔어요. 사장님께 인사도 드렸는데 엄청 반겨 주셨어요. 다음에 또 갈 거예요."

"마을 곳곳을 걸으며 마을의 역사와 유래를 배우다 보니 우리가 살고 있는 지역과 우리 이웃들이 너무 자랑스러워졌어요"

어린 학생들을 데리고 지역 현장 탐방을 계획하고 이웃들과 소통하며 시민단체와 함께 실천하는 지역 기반 프로젝트 수업은 교사로서 그리 쉬운 결심은 아니다. 하지만 우리 마을 이웃이나 지역 문제에 관심이 없었던 아이들이 지역 연계 프로젝트를 통해 달라지는 모습은 참으로 감동적이고 뿌듯하기도 하다. 내가 살고 있는 지역에 대해 어렴풋이 관심을 가지게 되고, 고장 이웃들과 지역기관들과 소통하며 조금씩 함께 해결해야 할 글로컬 이슈나 갈등에 궁금증을 가지게 된다. 그리고 작은 것부터 실천하며 문제를 해결하는 사회참여를 통해 어린 나도 지역사회의 한 시민이며, 공동체를 이루는 책임 있는 일원임을 인지하고 보다 나은 지역사회를 만들기 위해 또 다른 참여로 이어진다.

나와 세계가 연결되어 지구촌 보편적 가치를 지키고 문제를 해결하는 세계시민은 멀리 있지 않다. 시키지도 않았는데 지역사회나 학교 주변 문제를 어떻게 하면 개선할 수 있을지 고민하는 학생들을 보며, 이 아이들이 커서 평화롭고 정의로운 세상을 만들기 위해 세계시민으로 멋지게 성장하는 내일을 기대하게 된다. 지역의 인적, 물적, 환경적 자원조사는 내가 살고 있는 지역사회에 관심을 가지는 지역 연계 프로젝트 수업의 첫걸음이다. '천 리 길도 한걸음'부터 라는 말이 있듯이, 나의 지역과 세계를 연결해 보고 소통해 보자. 지금부터 무한~도전!!

5장

도란도란 '대화 버스' 타고
지구마을 여행

• 김민정 •

어린 시절, 작은 가방을 머리 위에 이고 세상을 누비는 꿈을 꾸던 소녀가 어느새 초등학교 교사가 되었다. 이 사회의 어른이자 교사가 되었지만 교실 밖 세상에 대한 갈망은 여전했다. 늘 학교 밖으로 나가고자 노력하고 애썼다. 그러다 문득 '교실 밖 세상을 아이들과 함께 누비면 어떨까?'라는 생각이 들었다. 하고 싶은 일을 하는 행복한 교사가 있고, 아이들에게 좋은 교육을 해주고 싶은 간절함이 깃든 교실이라면, 훌륭한 교육의 장이 될 수 있을 것이라는 믿음이 생겼다. 국제교류를 통해 세상과 소통하면서 행복을 느끼는 내가 누구보다 행복한 교사가 될 수 있으리라 기대했고, 삶의 중요한 가치를 타인과 나누며 세상을 이어주는 사람으로 자라나는 아이들을 볼 수 있을 것이라는 기대에 설레었다. 그렇게 교실 속 국제교류를 시작했고 여전히 진행하고 있다. 교사인 내가 만든 문을 열고 세상 밖으로 당당하게 걸어가는 아이들, 그리고 그 아이들이 만들어 갈 수십, 수백 개의 문을 통해 하나로 이어질 아름다운 세상을 꿈꿀 수 있어 오늘도 나는 행복한 교사다.

지구마을 여행을 떠나기 전

본 수업은 온라인 국제교류 활동을 위한 수업 가이드입니다. 온라인 국제교류를 시작하기 전의 마음가짐, 국제교류 수업 활동에 대한 가이드이지만 국제교류 수업이 아닌 학급 운영을 위한 수업으로도 활용될 수 있습니다. 대면 국제교류 활동을 위한 수업 가이드는 중등 국제교류 수업 편을 통해 확인할 수 있습니다.

공감의 대화로 지구마을 여행 준비하기

함께 할 때 더욱 빛나는 우리

새 학기, 낯선 친구들과의 만남처럼 국제교류는 설렘, 걱정과 함께 시작된다. 아이들은 자신의 학교생활에 기반을 둔 공감의 대화를 통해 국제교류에 대한 두려움을 줄이고, 긍정적인 마음으로 새로운 친구들을 만나기 위한 준비를 할 수 있다. 서로의 경험을 나누며 국제교류의 의미를 함께 찾을 수 있다.

아이들의 학교생활에서 '함께 한다는 것'은 매우 중요하다. '함께'라는 가치는 교실에서 친구들과의 관계뿐 아니라, 국제교류에서도 중요하다. 친구들과 함께 지내며 경험한 존중, 신뢰, 협력, 공감, 친절과 같은 가치들을 국제교류에 적용하며, 서로 돕고 배려하며 함께 성장하는 기쁨을 느낄 수 있기 때문이다. 아이들은 코로나19 극복, 환경 보호와 같은 전 지구적인 문제들을 통해 협력의 중요성을 깨닫고, 서로 다른 문화를 이해하고 존중하며 함께 문제를 해결해 나가는 과정에서 진정한 국제교류의 가치를 발견하게 된다. 서로를 이해하고, 더 넓은 세상으로 함께 나아갈 수 있는 마음, 바로 세계시민으로서 지녀야 할 마음을 키운다.

　공감의 대화는 어떤 마음가짐으로 국제교류를 해야 하는지, 어떤 가치를 추구해야 하는지 함께 고민하고 배우는 소중한 시간이다. 그림책이나 영상을 통해 대화를 시작해도 좋다. 지구마을 여행을 출발하기 전 아이들이 국제교류의 가치를 스스로 탐색하고 공유할 수 있도록 교사는 공감의 대화를 할 수 있는 시간을 마련한다. 공감의 대화 예시는 다음과 같다.

국제교류를 위한 공감의 대화 예 I ('함께'의 가치)

교사		학생
우리는 모두 연결되어 있습니다. '함께'의 가치는 왜 중요한가요?	교실	• 서로 도와주고 배려하는 법을 배워요. • 혼자서는 할 수 없는 것들을 함께하면 할 수 있어요. • 다른 사람들과 같이하면 더 신나게 배울 수 있어요.
	국제교류	• 세상에 일어난 많은 문제를 함께 해결할 수 있어요. • 평화롭게 지낼 수 있어요.
친구들과 함께할 때 어떤 좋은 점이 있을까요?	교실	• 다른 사람들과 같이하면 더 많은 것을 배울 수 있어요. • 친구와 함께하면 더 즐겁고 재미있어요.
	국제교류	• 새로운 문화와 언어를 배워요. • 새로운 세상을 알게 돼요.
친구들과 함께 일하거나 놀 때 우리는 무엇을 배울 수 있나요?	교실	• 서로 대화하는 방법을 알게 돼요. • 다툼이 생겨도 해결하는 방법을 배워요.
	국제교류	• 다른 문화와의 공통점이나 차이점을 알아요. • 서로 존중하고 배려하는 방법을 알게 돼요.

국제교류를 위한 공감의 대화 예 II (국제교류에서 가져야 할 태도)

교사: 서로 믿고 아끼는 친구가 되고 싶어요. 서로에게 어떤 태도를 가져야 할까요?

		교실	국제교류
학생	(존중) 다른 친구들의 의견을 경청하고 존중해요.		다른 문화와 전통을 존중해요.
	(신뢰) 서로를 믿어요.		정직하고 열린 마음으로 서로를 믿어요.
	(협력) 함께 하는 마음을 가져요		서로 협력하여 공동의 목표를 달성하려고 노력해요.
	(공감) 서로 다르다고 무시하지 않아요		서로의 문화, 종교 등 다른 점을 이해하고 인정해요.
	(친절) 서로의 이야기를 경청하고 친절하게 행동해요		서로에게 친절하고 배려하는 태도를 가져요.

위와 같은 공감의 대화는 국제교류를 앞둔 아이들에게 단순한 지식 전달을 넘어, 국제교류를 통해 더 넓은 세상을 경험하고, 서로 다른 문화를 이해하며 함께 성장하는 마음을 가질 수 있도록 돕는다.

지구마을 여행 준비! 첫걸음부터 차근차근

아이들과 공감의 대화로 국제교류를 위한 마음 다짐을 했다면 이제 국제교류를 진정으로 시작할 때가 되었다. 지금부터 교사는 국제교류가 의미 있게 진행될 수 있도록 지구마을 여행의 설계자가 되어야 한다.

지구마을 여행의 첫 번째는 바로 국제교류를 함께 할 학교를 찾는 것이다. 교육청에서 국제교류학교를 연결해주었거나 근무학교에서 이미 국제교류를 진행하고 있지 않다면 누구나 막막해지는 순간이다. 다행히 국제교류를 희망하는 외국학교를 찾을 수 있는 웹사이트가 여러 개 있다. 각

사이트에 소개된 학교 정보를 천천히 살펴보고 우리 학교의 특성과 상황에 가장 어울리는 학교들을 찾아 메일을 보내자. 우리 학교를 소개하는 정보를 올리는 것도 잊지 말자. 지금 당장은 아니어도 우리 학교와 교류하고 싶다는 연락을 받을 수도 있다(글을 쓰고 있는 이 순간 나는 2022년 학교 소개 글을 써 놓았던 웹사이트를 통해 대만의 한 공립학교로부터 국제교류를 하고 싶다는 메일을 받았다). 국제교류 제안 메일을 보내자마자 즉각적인 회신이 올 것이라고 기대하지는 말자. 학기 운영 시기가 다를 수도 있고, 국제교류에 대한 열정의 온도 차가 있을 수도 있기에 답 메일은 기대처럼 빨리 오지 않는다. 한 학교에 메일을 보내고 기다리기보다는 여러 학교를 후보에 올려놓고 마음의 여유를 가진 후 국제교류 제안 메일을 보내는 것이 좋다. 나는 외국의 여러 학교에 메일을 보내는 동시에 재외 한국학교에도 메일을 보낸다. 재외 한국학교 아이들은 외국에서 생활하기 때문에 우리 아이들과 다른 문화적 배경을 가지고 있어 지구마을 여행을 함께하기에 좋다. 또한, 한국어로 소통할 수 있다는 큰 장점이 있다. 국제교류를 할 때는 보통 영어로 소통한다. 최근 번역 앱이나 외국어 소통 앱, 줌과 구글 미트의 자막 번역 기능 등을 활용하여 언어 장벽을 많이 낮출 수 있게 되었지만, 여전히 영어로 소통하는 것이 부담스러울 수 있다. 영어 소통에 부담을 느낀다면 재외 한국학교 학생들과의 교류부터 시작해보는 것도 좋은 방법이다. 언어가 큰 난관이 되지 않는다면, 외국학교와의 국제교류를 바로 시작해 보자. 외국학교와의 국제교류에 있어, 첫인상과 같은 교류 제안 메일을 작성해 본 경험이 없어 어려움을 느낄 수 있을 것 같아 예시 메일도 함께 적어본다.

지구마을 여행 설계 1단계 – 국제교류를 위한 준비 사항

국제교류 매칭 학교 찾기	Isnet4edu		
	UNESCO Associated School Network (유네스코학교 및 예비학교 신청 가능)		
	ietw2(대만 공립학교)		
	British Council		
	E-pals		
	각 지역교육청 국제교육원		
	재외교육기관포털 (한국어로 교류 가능)		
현지 학교 교사와 온라인 사전 미팅	공동수업 대상 학년, 학년 수, 사용언어(대체로 영어)		
	공동수업 대상 교과목 및 수업 주제(SDGs, GCED, ESD 등)		
	공동수업 진행 방법 및 일정(수업일, 수업시수 등)		
	온라인 수업 활용 방법 및 공동수업에 필요한 학교 내 기자재 여부 확인		
	온라인 수업 활용 기자재 사전테스트 일정		
	공동수업안 작성 수업 시 역할 분담		
	zoom과 구글 미트의 영어 자막 서비스 활용, 구글 번역 활용 등		
국제교류를 위한 학교 및 학부모 동의 (교육과정 재구성)	국제교류 프로젝트 수업 내부 기안		
	교육과정 재구성 흐름도		
	국제교류 수업 참여에 대한 보호자 동의서 가정통신문 발송		
교류 합의서 (선택사항)	교류 합의서는 필요 또는 상대 학교와 협의에 의해 선택적으로 할 수 있음		
	교류 합의서는 국가별, 학교별 선호 양식이 다르므로 상대 학교와 충분히 협의 후 융통성 있게 작성		
현지 교사와의 소통	WhatsApp	영국, 호주, 캐나다, 동남아 국가	소통의 시작은 메일이지만, 대화의 지속은 채팅 앱을 사용하는 것이 의견을 나누기에 매우 좋다. (우리 일상을 생각해보자. 메일 접속 빈도수와 채팅 앱 접속 빈도수, 승자는?)
	Line	일본, 대만	
	텔레그램	동남아 국가	
	Facebook Messenger	미국, 동남아 국가	
	Wechat	중국	

국제교류를 희망하는 학교에 보내는 메일의 예

Request for International Exchange Program between Elementary Schools

Dear [Recipient's Name],

I hope this email finds you well. My name is [Your Name], and I am a fifth-grade teacher at an elementary school in Incheon, South Korea. I am writing to you with a proposal for an international exchange program between our schools.

Our students are eager to learn about different cultures and make new friends from around the world. We believe that an exchange program would be a wonderful opportunity for them to broaden their horizons and develop a global perspective. Through this program, we hope to engage in various activities such as:

Pen pal exchanges
Virtual classroom meetings
Cultural presentations
Collaborative projects

We are very excited about the possibility of partnering with your school and would love to discuss this further. If you are interested, please let us know a convenient time for a video call or further correspondence.

Thank you for considering our proposal. We look forward to the possibility of working together to create a meaningful and enriching experience for our students.

Best regards,
[Your Full Name]
Fifth Grade Teacher
[Your School's Name]
Incheon, South Korea
[Your Email Address]
[Your Contact Number]

국가 교육과정 안에 국제교류라는 교과가 있지 않기에 국제교류를 진행할 때 교육과정 재구성은 필수다. 국제교류에 참여하는 아이들의 보호자로부터 국제교류 수업에 대한 개인정보 동의를 받는 것도 잊지 말자. 국제교류 수업계획안을 내부 기안할 때 가정통신문도 첨부 파일로 함께 기안하여 아이들의 국제교류에 대해 학교장과 보호자의 동의를 꼭 받고 시작하자.

국제교류 안내 가정통신문의 예

2024년 본교 「(도시명) - (외국 국가명)」 온라인 국제교류 활동을 위해 개인정보 수집 이용 및 활용 동의에 대해 안내드립니다.

▫ 국제교류 활동 목적
- (도시명)-(외국 국가명) 국제교류를 통한 상호 우호적인 미래 글로벌 리더 육성
- 세계 청소년 상호 이해 증진을 통한 평화·공존·연대의 가치 확산

▫ 국제교류 활동 방향
- 상호 교류원칙 유지를 통한 온라인교류 추진
- (도시명·외국 국가명) 초등학생을 대상으로 상대국의 역사·문화 이해, 학교생활체험, 문화체험, 지속가능목표(SDGs) 등의 주제 관련 온라인 수업 교류 진행
- 참여 학교 온라인 공동발표회를 개최하여 학교 간 온라인 국제교류 경험 공유

▫ 수집 항목들에 대한 정보 이용 동의를 거부할 권리가 있음을 알려드리며 아울러 거부 시 해당 항목의 서비스가 제공되지 않는 불이익이 있음을 인지하시고, 빠짐없이 확인하신 후 서명해 주시기 바랍니다.

개인정보 수집·이용 및 활용 동의서 정보

개인정보 보호법에 의거하여 다음의 개인정보를 "수집·이용"하고자 합니다. 다음의 사항을 충분히 읽어보신 후 동의 여부를 선택하시고, 서명하여 주시기 바랍니다.

학생 이름		학년 / 반	[　]학년 [　]반
보호자 명		관계	보호자 동의 서명 (인)

수집·이용하려는 개인정보의 항목	개인정보의 수집·이용 목적	개인정보 이용 기간 및 보유기간
소속, 성명, 성별, 휴대전화 번호, 이메일 주소, 교육활동 사진 및 영상	본인 식별 절차, 온라인 수업 진행, 교육활동 진행 및 운영, 보고에 이용	온라인 국제교류 운영 기간에 이용, 1년간 보관

※ 귀하께서는 개인정보 제공 및 활용에 거부할 권리가 있습니다.
○ 거부에 따른 불이익: 위 제공사항은 교육활동 운영에 반드시 필요한 사항으로 거부하실 경우 '활동 참여' 및 '학생기록부 활동 내용 기재'가 불가능함을 알려드립니다.

본인은 위와 같이 개인정보를 제공하고 활용하는 것에 동의합니다.
2020. ○. ○○.
○○초등학교장

이렇게 모든 준비가 끝났다면, 이제 '함께, 같이'의 가치를 아는 빛나는 아이들과 교실 밖 세상으로 나가는 첫 번째 문을 열면 된다. 지구마을로의 여행 '출발!~'

지구마을 여행 가이드 팁 하나.

넘어져도 괜찮아요

어렵사리 얻어낸 학교 관리자와 보호자의 동의, 머리를 쥐어짜며 재구성한 국제교류 수업계획안 등 야심 차게 국제교류를 시작하겠다고 도전했으나 제대로 된 국제교류를 시작하기도 전에 여러 가지 변수로 국제교류를 못 하게 되기도 한다.

여러 차례 국제교류를 진행했던 나 역시 이런 경험은 비일비재하다. 화기애애한 분위기 속에 외국학교 교사와 수업주제도 논의하고 실제로 패들렛을 통해 아이들의 소개를 하는 등 국제교류의 포문을 열었으나 본격적인 교류로 넘어갈 즈음, 외국학교 교사와의 연락이 두절되었다. 이메일, 메신저로 여러 차례 소통을 시도하였으나 묵묵부답. 이유는 알 수 없다. 몇 년이 지난 지금도 여전히 모른다. 학교의 사정이었는지, 교사 개인의 사정이었는지…. 그냥 그렇게 연락이 끊겼다. 오랫동안 준비한 국제교류였기에 아이들과 나의 실망은 매우 컸다. 정확히 말하면 아이들보다 나의 실망은 이루 말할 수 없었다. 하지만 친했던 친구와 어느 날 갑자기 연락이 끊어지는 경험…. 충분히 현실에서 일어날 수 있는 일 아닌가. 아쉽지만 이런 일이 발생하면 다음 교류를 위한 예행연습이었다고, 다음 해에 다시 시도해보자고 나의 마음을 잘 다독이는 것이 매우 중요하다. 다시 일어나 한 걸음을 뗄 수 있다면 넘어져도 괜찮다. 실패를 두려워하지 않고 앞으로 나아가는 마음은 우리 아이들에게만 필요한 것이 아니다. 우리 교사들에게도 꼭 필요한 역량이다.

키워드 중심 대화로 너와 나 연결하기

서로 닮은 듯 다른 우리! 나를, 서로를 알아봐요.

국제교류를 위한 첫발을 내디뎠다면, 이제는 서로를 이해하고 친해질 시간이 필요하다. 이는 마치 3월 새 학년이 시작될 때 교실에서 처음 만나는 순간과 비슷하다. 아이들은 새로운 친구들에게 어떻게 자신을 소개할지 고민하고, 자신에 대해 무엇을 말해야 할지 몰라 답답해하기도 한다. 지구 반대편 친구에게 자신을 소개할 때도 아이들은 비슷한 어려움을 겪을 수 있다. 어쩌면 스스로 탐색하고 알아볼 시간이 부족했기 때문일지도 모른다. 아이들이 '나는 누구일까?', '나는 무엇을 좋아할까?'와 같은 질문을 자신에게 할 시간을 준다. 이렇게 끊임없이 스스로 질문을 던지면서 아이들은 자기 자신을 더 잘 알아갈 수 있다. 생각에 생각을 거듭해 '나다움'을 찾아갈 수 있다. 그리고 나의 내면에 집중했던 것처럼 교실 속 친구의 이야기, 지구마을 친구의 이야기도 귀 기울여 듣는다. 아이들은 그동안 알지 못했던 자신과 친구들의 새로운 모습을 발견하게 된다. 이 과정에서 나와 너, 우리를 진정으로 알아가며, 서로를 존중하고 사랑하는 시간을 갖는다. 자아를 탐색하고 친구를 알아가며 서로의 연결고리를 찾아간다. 교사는 아이들의 연결고리가 더욱 단단해지도록 만다라트 기법을 활용한 키워드 중심 대화 수업을 준비한다.

만다라트 기법 활용 키워드 중심 대화 프로젝트 수업					
과목	국어	학년	초등 3~4학년	차시	5차시
세계시민교육 학습주제	4. 다양한 차원의 정체성 6. 차이와 다양성의 존중				
세계시민교육 학습 목표	• 정체성의 다양한 층위를 알아보고 타인과의 관계 형성에서 정체성은 어떤 의미가 있는지 살펴본다. • 다양한 개인 및 집단과 좋은 관계를 발전시킨다.				

핵심 활동
- 만다라트 기법을 활용해 키워드 중심 대화를 위한 질문을 만든다.
- 키워드 중심 대화를 통해 '나'의 정체성을 탐구한다.
- 키워드 중심 대화를 통해 '너'의 정체성을 탐구한다.
- 자아 탐구 동물 은유 학급 그림책을 만든다.
- 단점상점, 장점상점 학급 그림책을 만든다.
- 국제교류 친구들에게 자기 자신을 소개하는 글을 쓴다.
- 국제교류 친구들과 서로의 고민을 나누고 해결 방법을 모색한다.
- 서로의 관심사와 고민 해결을 위한 Culture Box를 보낸다.

성취기준
[4국01-01] 대화의 즐거움을 알고 대화를 나눈다.
[4국01-06] 예의를 지키며 듣고 말하는 태도를 지닌다.

핵심 질문
- 국제교류 친구들에게 꼭 소개하고 싶은 내 이야기는 무엇인가요?
- 서로의 고민을 나누며 어떤 점을 배울 수 있었나요?

프로젝트의 흐름
1~3차시
도입: 만다라트 기법의 개념과 사용 방법 알기.
전개: 자신과 만다라트 기법 활용 키워드 중심 대화를 통해 자아 탐구하기/ 만다라트 기법 활용 키워드 중심 대화를 통해 친구 탐색하기/ 국제교류 친구에게 자기를 소개하는 글을 완성하기/ 동물 은유 글. 그림 완성하기/ 자신의 장단점 판매 홍보물 작성하기.
정리: 오늘 수업에서 배운 점과 느낀 점을 공유하기.
4~5차시
도입: 국제교류 친구의 소개 글 읽고 친구를 이해하기.
전개: 서로의 고민을 나누기/ 문제 해결 인사이트 대화를 통해 고민 해결방안을 모색하기.
정리: 오늘 수업에서 배운 점과 느낀 점을 공유하기/ Culture Box에 들어갈 물품을 선택하기.

주요 결과물
만다라트 키워드 작성표

평가 계획 및 채점 기준

평가 요소	채점 기준(점수)		
	상(◎, A)	중(○, B)	하(△, C)
자아 탐구 결과 글과 그림으로 표현하기	자신의 특징이 잘 드러나도록 글과 그림으로 표현할 수 있다.	자신의 특징이 일부 드러나도록 글과 그림으로 표현할 수 있다.	자신의 특징을 글과 그림으로 표현하는 데 어려움이 있다.
동료평가 및 자기평가	적극적인 태도로 자신의 의견을 표현하고 친구의 이야기를 경청한다.	자신의 의견을 표현하며 대화에 참여한다.	자신의 의견을 표현하는 데 어려움이 있다.

교사라면 누구나 한 번쯤, 아니 여러 번 대화 전문 인공지능과 이야기를 나눠본 경험이 있을 것이다. 입력하는 키워드에 따라 달라지는 답변. 구체

적이고 유의미한 키워드를 써 내려갈 때마다 대화 전문 인공지능이 제시하는 답변의 수준이 점점 높아지는 결과에 감탄한 적도 있을 것이다. 물론 말도 안 되는 엉터리 답변에 실망하기도 한다. 인공지능과의 대화에서 내가 원하는 답변을 얻으려면, 무엇보다 질문을 잘해야 한다. 한 번의 질문으로 깊이 있는 답변을 얻을 수 없다면 알고 싶은 것을 구체화하고 되물어야 한다. 좋은 질문이 좋은 답변을 만들어 주기 때문이다.

특히 지식의 생명이 점점 짧아지고 있는 요즘, 좋은 질문을 통해 다양한 지식을 잘 찾아내고 융합해낼 수 있는 능력은 미래 사회를 살아가는 우리 아이들에게 꼭 필요한 역량이다. 아이들이 자기 자신에게 좋은 질문을 하면 아이들의 내면에서 발전적 사고가 일어난다. 스스로 묻고 답하는 과정에서 자신의 내면을 탐구하고 나와 세상을 연결하는 통로를 만든다. 좋은 질문으로 친구를 깊이 있게 이해하는 과정도 마찬가지이다. 아이들이 자신은 물론 상대방을 하나의 인격으로 바라보고, 서로 연결할 수 있는 감각을 기르도록 만다라트를 활용한 키워드 중심 대화 질문 만드는 방법을 알아보자.

만다라트는 일본의 마쓰무라 아스오(Matsumura Yasuo)가 개발한 사고 기법으로 브레인스토밍, 마인드매핑과 같이 인간의 두뇌 활용을 극대화하는 사고 및 학습 기법의 일종이다.[13] 9개의 사각형 중 가장 가운에 있는 사각형의 가운데 '나'라고 쓰고 나를 알아보기 위한 키워드, 즉 하위 키워드 8개를 적는다. 8개의 하위 키워드는 남은 8개의 3×3 사각형 칸의 가운데에 다시 중심 키워드로 적는다. 그렇게 나에 대한 8가지 하위 키워드는, 64개의 내 특징이 되어 살아난다. 내가 누구인지 구체적으로 답변할 수 있게 해준다. 그동안 미처 몰랐던 나를 보다 깊이 만날 수 있게 해준다. 그뿐만 아니라 내 친구를 이해하기 위한 깊이 있는 질문의 키워드가 되기도 한다.

---

13 네이버 지식백과 – 연꽃 기법(만다라트 기법)

만다라트 기법 활용 키워드 중심 대화 중 자아 탐구 대화의 예

	가족				성격				생김	

				가족	성격	생김				
	꿈			꿈	나	취미			취미	
				장점	단점	K-pop				

	장점				단점				K-pop	

만다라트 기법 활용 키워드 중심 대화 질문의 예

5W1H 활용 (누가, 언제, 어디서, 무엇을, 어떻게, 왜)

키워드	키워드 대화 질문
나	나는 누구지? 나를 설명할 수 있는 키워드는 무엇일까?
가족	나의 가족은 누구지? 우리는 언제 가족이 되었지? 우리 가족은 무엇을 좋아하지?
성격	나의 성격은 어떻지? 나는 왜 그런 성격이 생겼지? 언제부터 그런 성격을 보였지?
장점	내가 자랑스러워하는 나의 모습은 어떤 모습이지? 왜 그 점이 자랑스럽지? 친구들이 좋아하는 나의 모습은 어떤 모습이지? 왜 친구들은 그 모습을 좋아하지?

나를 소개합니다

만다라트 기법 활용 키워드 중심 대화를 통해 자신을 탐구해보았다면, 이제 자신을 소개해본다. 패들렛에 자신이 좋아하는 이미지와 자신을 소개하는 키워드를 단어와 문장으로 작성해본다. 고학년은 소개 문장을 영어로 직접 쓰도록 지도한다. 영어문장 쓰기에 어려움을 느끼는 학생이 있다면 번역기를 활용할 수 있도록 안내하는 것도 좋다. 번역기를 활용했다면, 마지막에 교사와 함께 확인하는 시간을 꼭 갖도록 한다. 번역기의 성능이 나날이 좋아지고는 있지만, 때때로 부정확한 표현을 하기도 한다. 잘못된 표현으로 서로 오해하지 않도록 마지막 점검을 하고 소개 글을 올리도록 하자. 중학년은 모든 표현을 영어로 작성하는 데 어려움이 있으므로 간단한 영어 단어와 그림으로 자신을 표현하도록 지도한다. 예를 들어 'dream'이라는 칸에 자신의 꿈과 관련된 그림을 그려 넣도록 하는 것이다. 이렇게 자기소개를 완성하면 패들렛에 게시하고 공유한다. 상대 국가 아이들이 올려놓은 자기소개 글을 보며 댓글을 달아주고 하트로 공감을 표시하기도 한다. 요즘 아이들은 스마트폰을 사용하여 영상 제작 및 편집도 능숙하게 하므로 자기소개를 영상으로 만들어 보도록 하는 것도 좋다.

자기소개가 충분히 이루어졌다면 이제는 내가 다니는 학교, 내가 사는 마을로 확장해본다. 아이들이 좋아하는 학교와 마을의 장소를 사진으로 찍어 올리거나 짧은 영상으로 제작해 올리기도 한다. 패들렛에 소개 글을 올린 후에는 꼭 서로의 글에 댓글이나 공감을 표현하도록 한다. 직접 만나지는 못하지만, 상대방의 이야기에 귀를 기울이고 있다는 것을 공감과 댓글로 알릴 수 있다. 누군가와 상호작용을 주고받을 때 우리는 서로가 연결되어 있음을 느낀다. 혼자가 아니라는 걸 알기에 외롭지 않다. 안심이 된다.

이중언어 학급 그림책 하나! 〈나를 동물로 표현하면〉

만다라트 기법 활용 키워드 중심 대화를 통해 나의 성격이나 특징을 알아보았다면 나의 정체성을 동물로 표현해본다. 내 안의 특징이 어떤 동물을 연상시키는지, 내 친구도 나와 비슷한 점이 있는지 서로 비교하며 한층 더 가까워진다. 아이들의 동물 은유 작품을 모아 아이들 소개 학급 그림책으로 만들었다. 국제교류 친구들을 위해 이중언어 학급 그림책으로 출판했다. 당시에 중국 학생들과 교류 중이어서 그림책은 한국어와 중국어, 2개의 언어로 만들었다. 함께 근무하던 중국어 강사가 아이들의 국제교류 활동 이야기를 듣고는 흔쾌히 번역을 도와주었다. 완성된 이중언어 학급 그림책은 후에 Culture Box에 담아 중국으로 보내기도 했다. (Culture Box 이야기는 뒤에서 더 자세히 풀어놓고자 한다.)

이중언어 학급 그림책 둘! 〈우리의 장점, 단점을 팔아요.〉

자문자답은 아이들에게 자신을 자세히 들여다보는 거울이 되어준다. 때로는 그 과정에서 자신의 성격이나 특성의 일부를 바꾸고 싶다는 강한 충동을 느끼기도 한다. 이런 낮은 자존감은 아이들을 위축시키고 마음의 성장을 방해하기도 한다. 자신을 표면적인 존재가 아니라 입체적인 존재로 바라보고, 있는 그대로의 모습을 사랑할 수 있도록 아이들의 장단점을 새롭게 고민해보았다. 우리가 흔히 장단점이라 부르지만, 사실 그 모든 면이 나의 소중한 모습임을 다시 한번 깨닫는 시간을 갖는다. 국제교류 국가의 아이들과 함께 나눌 수 있도록, 우리 아이들의 장단점을 담은 학급 그림책을 이중언어로 제작했다. 서로의 이야기에 동질감을 느끼고 더 가까워질 수 있도록 말이다. 두 나라의 아이들은 이중언어 학급 그림책을 한 장 한 장 넘기며 '어! 나도 이런데, 이 친구도 나랑 같구나!'라고 감탄한다. 생김새도, 언어도, 문화도 다르지만, 우리는 모두 지구마을의 친구라는 것을 다시 한번 깨닫게 된다.

국제교류를 통한 본격적인 지구마을 여행!

설렘 가득한 첫 만남!

자기 탐색의 시간을 충분히 가졌다면 이제는 자신을 매개로 세상과 만날 차례다. 패들렛을 통해 한층 가까워진 지구마을 친구들과 카메라를 켜고 얼굴을 마주하는 순간이다. 시차가 큰 곳이라면 이런 만남 자체가 어렵겠지만, 시차가 적은 아시아 국가의 친구들이라면 줌이나 구글 미트를 통해 실시간 교류를 꼭 해보길 권한다. 글과 그림으로 여러 차례 만났지만, 얼굴을 마주하는 순간이 주는 감동은 또 다르다.

아이들은 카메라 속 지구마을 친구들을 보며 진심으로 반가워하고, 친구를 만났다는 사실에 행복해한다. 교사가 준비해야 할 것이 많아지지만, 영상으로 만나는 시간을 꼭 가지길 추천한다.

실시간 교류 활동 전에 아이들에게 알려주어야 할 것이 있다. 인터넷 상황 때문에 대화가 원활히 진행되지 않을 수 있고, 수업 도중에 제한 시간으로 대화가 강제 종료될 수도 있다는 점이다. 사전에 이런 상황들을 알고 나면, 실제로 그런 일이 일어났을 때도 당황하지 않고 웃으며 마무리할 수 있다. 이는 하나의 추억으로 남게 된다.

실제로 실시간 교류 수업 중 한참 즐겁게 Q&A 활동을 하고 있었을 때의 일이다. 우리 반 아이의 질문에 교류 국가 친구가 답변하자마자 줌 시간이 종료된 일이 있었다. 아이들은 아쉬움을 표현했지만, 답변을 들었다는 안도감에 모두 환하게 웃으며 교류 활동을 마무리할 수 있었다. 또 한번은 모두 함께 인증 사진을 찍으려고 자세를 취한 뒤, '하나, 둘, 셋'을 외치다가 줌 화면이 종료된 일도 있었다. 사진을 찍지 못해 아쉬워했지만, 다행히 실시간 교류 활동이 녹화되어 있어 그 모습을 캡처하여 상대 국가 친구들과 나누었다.

이렇듯 실시간 교류 활동에서는 돌발상황이 많이 발생하지만, 그런 상황 하나하나가 아이들에게는 추억이 되고 행복한 기억으로 남는다. 기왕 국제교류를 하겠다고 여기까지 읽어보신 선생님들이시니! 실시간 교류 활동도 꼭 도전해보시길 적극 추천한다.

지구마을 여행 설계 2단계 – 여행 일정표(N 일차)

1일 차	자기소개, 학교 소개, 마을 소개, 나라 소개, 문화 소개 등	패들렛
2일 차(선택)	실시간 교류(Q&A)	줌
3일 차	고민 상담소	패들렛
4일 차(선택)	실시간 교류(고민 해결사)	줌
5일 차	Culture Box	우편, 패들렛
온라인교류 수업 툴	활동 결과 정리: 패들렛, 구글 드라이브, 퀴즈앤 보드	
	화상 프로그램 : 줌, 구글 미트, 웨일온, 스카이프 등	
실시간 교류 활동을 위해 준비할 것	• 학교 예산으로 패들렛 계정 구입을 추천 줌은 교사 계정 메일로 인증을 받으면 40분간 사용할 수 있어 실시간 교류 활동에 이용하기 좋다. 하지만 패들렛은 유료 계정과 무료 계정에 따라 저장 가능 데이터의 양이 큰 차이가 난다. 아이들이 찍은 영상이나 작품 등은 모두 줌을 통해 공유하기 어렵기에 패들렛에 저장하고 공유한다. 다양한 자료를 공유하고 싶다면 유료 계정을 구입하고 국제교류를 진행하기를 추천한다. • 실시간 교류 전 상대 국가의 책 읽어보기 아는 만큼 보인다. 국제교류 국가에 대한 배경지식이 풍부할수록 아이들의 질문도 많아지고 관심도 높아진다. 시중에 쉽게 쓰인 책들이 많으니 미리 구매한 후, 아이들이 읽어볼 시간을 준다. 나는 보통 국제교류하는 나라의 책을 종류별로 5권씩 사고 모둠에 나누어줬다. 그리고 릴레이 독서처럼 모둠원들이 돌아가며 읽을 수 있도록 했다. – 구매 도서 목록 : 1. 『(국가명)에서 보물찾기 시리즈』 (미래엔아이세움) 2. 『쿠키런 어드벤쳐 시리즈』 (서울문학사) 3. 『GOGO 카카오 프렌즈』 (아울북) 4. 『용선생이 간다』 (사회 평론 역사 연구소) 5. 『먼나라 이웃나라』 (김영사)	

고민 상담소! 당신의 고민을 해결해드립니다.

'한 번 보고 두 번 보고 자꾸만 보고 싶네.'

한 번의 실시간 교류가 가져온 결과다. 아이들이 자꾸 옆으로 와서 묻는다. '다음에 또 언제 만나냐고? 네. 또 만나야지요.' 한 번만 보기는 너무 아쉽다. 그래서 두 번째 실시간 교류 활동을 준비한다. 이번에는 아이들의 삶에 조금 더 가까이 다가가 보려 한다. 사는 곳도, 사는 방식도 모두 다르지만, 누구나 고민은 있기 마련이다. 단짝 친구에게 고민 상담을 하듯, 서로에게 고민을 털어놓고 조언을 구한다. 아이들은 패들렛에 각자의 고민을 올린다. 물론 이 활동은 순도 100%의 자발성을 바탕으로 한다. 밝히고 싶지 않은 이야기도 있을 수 있기 때문에 온전히 고민을 적고 싶은 친구들만 패들렛에 올리라고 한다. 교직에서의 내 복이었는지 이제껏 내가 만난 아이들은 2~3개씩, 여러 개의 고민을 쓰고 싶어 했다. 돌이켜보니 굉장히 적극적인 친구들이었던 것 같다. 우리와 마찬가지로 상대 국가 아이들도 자신들의 고민을 패들렛에 적는다. 사전에 고민을 확인하고 아이들에게 친구의 고민을 해결해줄 시간을 준다. 성심성의껏 친구의 고민을 해결하기 위해 대화할 시간을 마련한다. 아이들은 부모님이나 선생님께 들었을 법한 해결 방법을 제시하기도 하고, 때로는 기상천외한 해결 방법을 제시해 모두를 웃음 짓게 만들기도 한다. 우리가 상대 국가 친구들의 고민을 해결하기 위해 노력하듯이 상대 국가 친구들도 우리의 고민을 해결해주고자 노력한다. 서로의 고민 상담소가 되어 전보다 한층 더 깊은 내면의 이야기를 주고받을 기회를 얻는다. 고민을 적는 것은 패들렛에 하지만 해결 방안을 알려주는 것은 실시간 교류 활동을 통해 직접 이야기해주었다. 혹 인터넷 연결 상태로 상대가 잘 듣지 못할 것을 염려하여 사전에 상대 국가 교사에게 해결방안을 적어 보내놓았다.

문제 해결 인사이트 대화의 예

고민 : 매일 매점에서 간식을 사 먹어서 용돈이 부족해.

5W1H 활용 (누가, 언제, 어디서, 무엇을, 어떻게, 왜)

질문	답변
무엇이 문제인가?	간식을 사 먹어서 용돈이 부족함.
왜 문제인가?	용돈을 써야 하는 일이 생겼을 때 돈이 없어서 쓰질 못함.
어떻게 하면 해결할 수 있나?	간식을 적게 사 먹고 용돈을 모아야 함.
어떻게 간식을 줄일 수 있나?	• 학교 매점과 멀리 떨어진 곳으로 돌아서 이동하기 • 친구들에게 "한 입만!"이라고 부탁하고 친구들의 간식을 조금씩 얻어먹기 • 매점 선생님께 도움을 요청하고 간식을 끊기

위 대화는 우리 아이들이 찾은 고민의 해결방안이다. 상대 국가 아이의 고민을 듣자마자 학교에 매점이 있다는 사실에 놀라고 부러워하던 우리 아이들. 부러움도 잠시 본연의 역할에 충실하며 상대 국가 친구의 고민 해결을 위해 문제 해결 키워드 대화를 시작한다. 3가지의 해결방안이 나왔고 상대 국가 친구가 마음에 들어 한 해결방안은 '한 입만'이였다. 간식 먹는 걸 좋아하는데 '한 입만'을 외치면 간식도 먹을 수 있고 용돈도 모을 수 있기 때문이라고 이야기해주었다. 친구들의 간식을 얻어먹는 대신 자신도 모아놓은 용돈으로 친구들에게 간식을 사서 나눠주겠다고도 했다. 또한 친구는 K-pop 아이돌을 좋아한다며 만나고 싶은데 만나러 갈 수 없어 고민이라고 했다. 우리 아이들은 해결방안으로 "같은 한국에 살아도 만나기 어려운 사람들이다. 마음을 편히 가져라.", "우리도 포토 카드로 만나지 못하는 아쉬움을 달랜다. 포토 카드를 보면서 대리만족해라." 등의 해결방안을 주었다. 상대 국가 친구가 '포토 카드를 보면서 대리만족하기'

의 해결방안을 선택하며 포토 카드가 다양하지 않아 아쉽다고도 했다. 고민 상담소 활동을 통해 자연스럽게 상대 국가 친구들에게 선물할 우리의 Culture Box 목록이 정리되었다. 한국 아이돌 포토 카드, 간식 등. 타인의 고민을 들어주고 조심스럽게 해결방안을 내놓으면서 서로에게 필요한 것들이 무엇인지 자연스럽게 파악이 되었다.

Culture Box에 우리의 마음을 담아

'미운 아이 떡 하나 더 준다.', 아니 미운 아이 말고 사랑하는 아이 떡 하나 더 주고 싶다. 무슨 말이냐면 고민 상담소를 마친 우리 아이들의 행동 때문이다. 실시간 교류 이후, 아이들이 옆에 와서 자꾸 이야기한다.

"선생님, ○○이가 아이브 좋아하잖아요. 우리 어서 아이브 포토카드 보내줘요."
"○○○이는 간식 좋아하잖아요. 선생님, ○○○이 매점 안 가고 용돈 모을 수 있도록 우리가 간식 보내줘요."

어느새 서로의 관심사도 고민도 알게 된 사이기에 서로 좋아할 만한 것이 무엇인지 자연스럽게 안다. 그리고 내 친구에게 선물하고 싶은 마음이 커진다. 아이들의 마음이 점점 커지는 것을 보면 기특하다. 자기소개와 고민 상담소를 통해 알게 된 상대 국가 친구들의 취향에 맞춰 정성껏 Culture Box 물품을 준비한다. 차곡차곡 선물을 담는다. 그리고 우리들의 마음도 담아본다.

Culture Box 물품의 예

물품	외국학교 : 한국 간식(쌀과자류, 약과, 초코파이, OO아몬드 등 특색있는 간식) K-pop 포토카드, 한복 책갈피, 문구용품(한국 문화 새겨진!), 한복 그래픽 양말, 한국 문화 그림책(영어와 한국어판 2가지) 재외 한국학교: 한국 도서, 간식류
주의사항	• 국가에 따라 고려해야 할 간식들이 있다. (이슬람 국가에는 할랄푸드 인증받은 것들을 보내주면 좋다. 만약 할랄푸드 인증된 것을 찾지 못하면 이슬람에서 금기되는 음식 재료가 들어가지 않은 간식을 보내야 한다.) • 국제 우편발송 시 물품 금액을 적게 쓰자! (보내는 물품의 금액을 너무 높게 쓰면 현지에서 택배를 수령 하는 선생님들이 세금을 많이 내는 일도 있다고 한다. 유의하자!) • 때로는 국제우편이 반송되어 돌아오기도 한다. (코로나19 바이러스가 한창 기세를 떨칠 무렵 중국의 한글학교 친구들과 교류 중이었다. 아이들에게 Culture Box로 그림책 수십 권을 보냈다. 그런데 5개월 후 보낸 것도 잊었던 택배 상자가 반송되어 돌아왔다. 이유는 지금도 모른다. 그저 이런 일이 발생할 수도 있다는 것을 알았을 뿐이다.)

지구마을 여행 가이드 팁 둘

서로의 문화를 이해하고 존중하는 것은 국제교류의 필요조건!

지구마을 여행 일정표에 따라 서로의 고민을 나누고 해결하는 과정에서 아이들에게 다시 한번 문화 다양성을 이야기해주어야 한다. 각 문화의 특수성을 존중하며, 상대 국가의 처지에서 생각할 수 있도록 지속적으로 이야기한다. 우리의 관점뿐만 아니라 그 나라의 관점에서도 생각할 수 있도록 해야 한다. 아이들이 이렇게 행동할 수 있으려면 누구보다 교사가 먼저 상대 국가 문화의 특징을 알아보고 이해하려는 노력이 필요하다. 상대 국가 문화에 대한 이해가 선행되지 않으면 사이좋은 친구 관계가 아니라 적대적인 관계로 갈 수도 있다는 것! 국제교류를 시작했던 초심을 잊지 말

자. 아이들에게 지구마을 친구를 만들어주고 함께 사는 아름다운 지구를 같이 만들어가는 것이었다는 것을 기억하며 상대 국가의 문화, 종교 등 다양한 배경지식을 가지고 수업을 진행하기를 권한다. 때로는 이렇게 준비하고 진행해도 실수가 나올 수 있다. 그럴 때는 솔직하게 자신의 무지를 인정하고 사과하는 모습을 보여주자. 아이들은 국제교류를 통해 인정하고 사과하는 것이 문제를 해결하는 좋은 방법임을 다시 한번 배우게 된다.

지구마을 파수꾼들의 대화, 우리는 '호모 심비우스'[14]입니다

우리 모두를 위해 지구마을 지키기

국어사전에서 '파수꾼'을 찾아보면 두 가지 의미가 있다.

1. 경계하여 지키는 일을 하는 사람
2. 어떤 일을 한눈팔지 아니하고 성실하게 하는 사람을 비유적으로 이르는 말

국제교류를 통해 얻을 수 있는 많은 이점 중 가장 중요한 것은 '파수꾼'들의 만남이라고 생각한다. 여기서 말하는 파수꾼은 바로 우리 아이들이다. 어른의 생각과 행동을 변화시키는 것은 매우 어렵지만, 아이들은 하얀 백지와 같아서 교사의 말과 행동을 그대로 흡수한다. 교사가 전달하는 메

---

14 호모 심비우스(Homo Symbious): 공생하는 인간이란 뜻으로 최재천 교수가 만든 용어

시지를 온전히 받아들이고 실천하려고 노력한다. 이런 아이들이 지구마을 파수꾼으로 자랐을 때의 효과는 엄청나다.

지구상에서 혼자 살아갈 수 있는 생명은 없다. 인간 역시 혼자 살아갈 수 없다. 다른 종과 함께 살고 있다는, 공생하고 있다는 인식이 필요하다. 지금은 바로 '호모 심비우스'로의 정체성이 필요한 순간이다. 여러 원인으로 우리 모두의 삶이 위협받고 있는 현재, 평화로운 공존을 유지할 파수꾼이 필요하다. 이러한 변화를 이끌어 갈 주인공은 바로 우리 아이들, 지구마을의 파수꾼이다.

국제교류를 통해 어떻게 하면 평화로운 공존이 실현될 수 있는지 고민하고 이야기 나눌 기회를 만든다. 아이들이 생태 감수성과 평화 감수성을 쑥쑥 키울 수 있는 시간을 제공한다. 지구마을 파수꾼들의 통찰력이 깊어질 수 있도록 '왜'와 '어떻게'를 끊임없이 묻는 수업을 계획한다. 문제 해결을 위한 질문이 끊어지지 않도록 문제 해결 인사이트 대화 질문을 만든다. 묻고 답하고 생각하기를 멈추지 않는다.

아이들이 스스로 '내가 있기 전보다 내가 있는 지금 단 1%라도 더 나은 세상을 만드는데 자신의 역할을 다 할 수 있는 사람'으로 성장하도록 교사는 돕는다.

지구마을 파수꾼 프로젝트 수업					
과목	도덕	학년	초등 3~4학년	차시	6차시
세계시민교육 학습주제	2. 지역·국가·세계 차원에서 공동체 간의 상호작용과 연계에 영향을 미치는 이슈 7. 개인·집단적으로 취할 수 있는 실천				
세계시민교육 학습 목표	• 지역공동체에 영향을 미치는 이슈를 알아보고 글로컬 이슈가 개인의 삶과 공동체에 갖는 의미를 알아본다. • 우리가 사는 세상이 더 나아지려면 어떤 행동이 필요한지 살펴본다.				

핵심 활동
3R: Reduce, Reuse, Recycle, 중 1가지 실천하기(에너지 절약, 소비 다이어트 등)
LTN(Leave No Trace) '실천 수칙 3. 쓰레기 수거해오기' 활동하기

성취기준
- [4도04-01] 생명의 소중함을 이해하고 인간 생명과 환경 문제에 관심을 가지며 인간 생명과 자연을 보호하려는 태도를 가진다.

핵심 질문
- 왜 날씨가 더워진 걸까요?
- 어떻게 하면 기후가 더워지는 걸 막을 수 있을까요?
- 왜 동물들이 사라지고 있나요?
- 어떻게 하면 동물들이 지구에서 사라지지 않고 잘 살 수 있을까요?
- 언제 평화롭다고 느끼나요?
- 언제 평화를 위협받고 있다고 느끼나요? 왜 그렇게 생각하나요?
- 어떻게 하면 평화로운 세상이 될까요?

프로젝트의 흐름
1~2차시
도입: 기후 위기 공감하기(3R's 노래 시청)
전개: 기후변화, 지구 온난화 알기/ 문제 해결 인사이트 대화를 통해 기후변화를 막기 위한 아이디어 찾기/ 3R: Reduce, Reuse, Recycle, 중 1가지 실천계획 세우기(에너지 절약, 소비 다이어트 등)
(The 3Rs of Environment 노래)
정리: 오늘 수업에서 배운 점과 느낀 점을 공유하기
3~4차시
도입: 멸종위기 동물 사례 살피기
전개: 우리나라(마을) 멸종위기 동물 알아보기/ 문제 해결 인사이트 대화를 통해 동물 서식지 보호를 위해 할 수 있는 일 찾기/ LTN(Leave No Trace) 실천 수칙 7가지 알아보고 실천계획 세우기
정리: 오늘 수업에서 배운 점과 느낀 점을 공유하기
5~6차시
도입: 「평화란 뭘까?」 그림책 읽기
전개: 문제 해결 인사이트 대화를 통해 평화를 어렵게 하는 원인에 대해 이야기 나누기/ 문제 해결 인사이트 대화를 통해 평화로운 세상은 어떻게 만들 수 있는지 이야기 나누기/ 내가 생각하는 평화를 글과 그림으로 표현하기
정리: 오늘 수업에서 배운 점과 느낀 점을 공유하기

주요 결과물
실천 계획표, 평화 표현 작품

영상자료
'The 3Rs of the environment' (https://youtu.be/jsYmorct2H4)

평가 계획 및 채점 기준

평가 요소	채점 기준(점수)		
	상(◎, A)	중(○, B)	하(△, C)
동료평가 및 자기평가	적극적인 태도로 자신의 의견을 표현하고 친구의 이야기를 경청한다.	자신의 의견을 표현하며 대화에 참여한다.	자신의 의견을 표현하는 데 어려움이 있다.
지구마을 파수꾼으로 지구를 지키기 위한 실천계획 세우기	일상에서 실천 가능하고 지속적인 활동 내용으로 계획을 세웠다.	일상에서 실천 가능하나 일회성인 활동 내용으로 계획을 세웠다.	일상에서 실천 가능하고 지속적인 활동 내용의 구성이 미흡하다.
지구마을 파수꾼으로 지구를 지키기 위한 활동 실천하기	자신이 세운 계획을 적극적으로 실천했다.	자신이 세운 계획을 실천했다.	자신이 세운 계획을 거의 실천하지 못했다.

국제교류 학교와 같은 주제의 프로젝트를 진행하고 결과를 공유한다. 수업의 세부 활동은 조금씩 다를 수 있지만, 프로젝트 수업의 주제와 자료는 같도록 사전에 협의한다. 상대 국가 교사와의 충분한 협의를 거치지 않으면 양쪽 국가의 수업 방향이 달라질 수 있다. 시간을 충분히 들여 꼼꼼하게 협의하기를 추천한다. 협의가 끝났으면 일정 기간 각 나라에서 교육활동을 진행한다. 모든 교육활동이 끝났을 때 아이들의 결과물을 공유하고 서로의 소감을 나눈다.

프로젝트 수업 진행 흐름도

주 활동	국내 학교	해외 학교 (교류 학교)
활동 주제 협의	• 프로젝트 주제 선정(환경, 평화) • 활동 주제에 따른 교육활동 계획 협의 및 공동수업안 개발(교사 간 협의 필요)	
프로젝트	각국에서의 개별 프로젝트 교육활동 진행	
성과공유	프로젝트 결과 정리 및 공유	

국제교류를 통한 파수꾼들의 대화 I (환경)

지구 평균 기온이 급속도로 상승하고 있다. 인간뿐만 아니라 지구상의 많은 생태계 종이 생명의 위협을 받고 있다. 매일 반복되는 평범한 일상이 더 이상 평범하지 않을 수 있다는 걱정이 커지고 있다. 기후 변화 문제는 전 지구적 문제이며 우리 모두의 문제이다. 국제교류를 통해 함께 대책을 이야기하고 변화를 끌어낼 좋은 주제이다. 3R(Reduce, Reuse, Recycle)과 LNT(Leave No Trace)를 통해 탄소배출을 줄이고 동물의 서식지를 보호할 구체적인 방안을 고민한다. 5W1H를 활용해서 문제 해결 방안을 모색하는 대화를 나눈다. 특히 '왜'와 '어떻게'를 사용해서 문제의 원인을 제대로 이해하고 통찰하고자 노력한다.

문제 해결 인사이트 대화의 예

문제 : 지구 온도가 상승하고 기후가 변화하고 있다.

5W1H 활용 (누가, 언제, 어디서, 무엇을, 어떻게, 왜)

질문	답변
왜 기후가 변화하고 있나?	탄소 배출량이 늘어서이다.
기후 문제를 해결하기 위해 어떻게 해야 하나?	우리 모두 탄소 배출량을 줄이기 위해 노력해야 한다.
3R 중 우리는 무엇을 실천할 수 있나?	Reduce, 에너지 사용을 줄일 것이다. Reuse, 불필요한 물건을 사지 않고 있는 물건을 다시 사용할 것이다.

3R 중 'Recycle'은 주의하자!: 분리수거 문화가 아직 정착되지 않는 나라도 있다. 사회적으로 분리수거를 하지 않는 나라의 학생들에게 분리수거 방법을 이야기하고 실천을 강요하지 말자. 나라마다 사회 모습이 다르다는 것을 인정하고 두 나라에서 실천할 수 있는 Reuse와 Reduce에 집중하자.

국제교류를 통한 파수꾼들의 대화 II (평화)

평화를 바라는 마음은 모두가 같다. 평화의 모습은 다양할지라도, 그 다양한 형태의 평화를 모두가 바란다. 그래서 평화 역시 국제교류를 통해 이야기 나누기 좋은 대화 주제이다. 아이들과 평화롭다고 느끼는 때가 언제인지 이야기를 나눈다. 평화로움을 이야기할 때 인간의 입장에서뿐만 아니라 '호모 심비우스'의 입장에서 평화를 생각해보도록 질문한다. 다양한 생태계 종의 관점에서 '평화로움'이 무엇일지를 생각할 수 있도록 하여 자연스럽게 생물의 공생을 모색한다. 평화에 대한 다양한 생각이 오고 갔다면 아이들에게 자신이 생각하는 평화를 글과 그림으로 표현해보도록 한다. 어른들이 미처 생각하지 못했던 부분도 고려하는 아이들의 생각이 그저 놀랍다. 만약 교사가 여력이 있다면 평화에 대한 아이들의 글과 그림을 모아 학급 그림책으로 출판하고, 이를 국제교류 대상 학교 언어로 번역해 Culture Box에 넣어 보내주는 것도 좋다.

문제 해결 인사이트 대화 질문의 예

문제 : 우리는 항상 평화롭다고 느끼지 않는다.

5W1H 활용 (누가, 언제, 어디서, 무엇을, 어떻게, 왜)

질문	답변
언제 평화롭다고 느끼나요?	
왜 그 상황이 평화롭다고 생각하나요?	
언제 평화롭지 않다고 느끼나요?	
왜 그 상황이 평화롭지 않다고 생각하나요?	
평화란 무엇일까요?	

환경과 평화에 대한 프로젝트가 진행될 때마다 패들렛에 아이들의 작품을 올린다. 수시로 서로의 게시글에 댓글과 '좋아요'를 표현하며 실시간 교류 수업을 하지 않더라도 서로에게 관심이 있음을 느끼게 한다. 만약 실시간 교류 수업이 가능하다면 온라인 국제교류의 마무리를 실시간 수업으로 하길 권장한다. 짧은 시간 동안 온라인으로 만났지만, 아이들은 생각보다 훨씬 깊은 친밀감을 형성한다. 친한 친구가 멀리 전학 갈 때 마지막 인사를 하지 못하는 기분을 떠올려보자. 비록 짧은 시간이었지만, 아이들은 물리적 거리와 상관없이 내적 친밀감을 쌓고 서로에게 의미 있는 존재가 되어 있다. 그 누가 알겠는가? 초등학교 때의 온라인 국제교류 경험이 이어져 성인이 되어 서로 만나 지구마을 파수꾼 역할을 멋지게 해낼지. 그래서 난 가급적 실시간 수업으로 국제교류를 마무리한다. 아이들은 서로에게 마지막으로 하고 싶은 말을 전하고, 들려주고 싶었던 노래를 불러주고, 보여주고 싶었던 아이돌의 춤을 춰주기도 한다. 웃음과 눈물이 교차하는 순간이다. 자~ 이제는 여러분의 차례다. 긴 호흡으로 달려온 온라인 국제교류의 마무리, 각자의 학교 상황에 맞는 최고의 방법으로 아름답게 완성하길 바란다.

지구마을 여행 설계 3단계 – 여행 일정표(N 일차)

6일 차	공생, 함께 살아가는 지구를 만들기 위한 우리의 활동 소개	패들렛
7일 차	평화의 가치 상호 공유	패들렛
8일 차 (실시간 교류)	다시 만날 것을 기약하며 상호 인사	줌 또는 패들렛
	활동의 예) 친구에게 보여주고 싶은 장기 자랑, 마지막 소감 나누기	
교류 평가	학생, 교사 만족도 조사 등 교류 활동에 대한 평가 및 결과 정리 향후 계획 수립 및 지속 · 발전적 교류를 위한 방안 마련	

공식적인 온라인 국제교류가 끝나도 서로의 정보를 꾸준히 공유하는 것도 좋다. 특히 졸업식과 같은 행사가 있다면 서로에게 졸업 축하 영상을 만들어 보내주는 것도 큰 의미가 있다. 공식적인 온라인 국제교류는 끝났지만, 비공식적 국제교류는 끝내지 않고 지속할 수 있다.

환경과 평화 프로젝트 수업에서 가장 중요한 것은 아이들이 생각한 것을 일상에서 꾸준히 실천하도록 이끌어 주는 것이다. 나라는 달라도 환경과 평화에 대한 아이들의 생각은 아주 비슷하다. 자신들이 사는 지구가 모두를 위해 더 아름다워지길 바라는 마음은 같았다. 이러한 마음이 아이들의 일상생활에서 오래도록 함께 할 수 있게 지속적인 교육이 필요하다.

　아이들이 지구마을 파수꾼으로 자라길 바라는 마음으로 나는 환경과 평화를 주제로 국제교류 프로젝트 수업을 진행했다. 하지만 국제교류를 통한 프로젝트 수업 활동의 주제는 매우 다양할 수 있다. 학생들의 성향과 학교 상황에 따라 다른 교과와 연계해 다양한 프로젝트 수업을 진행할 수 있다. 다음은 프로젝트 수업 활동의 예시이다.

기타 프로젝트 수업 활동의 예

국어	• 각 나라의 전래 동화 함께 읽기 • 서로 비슷한 이야기 있는지 찾아보기 • 새로운 이야기 함께 만들기
사회	• 내가 사는 마을 소개하기 • 내가 사는 도시 소개하기 • 내가 사는 나라 소개하기
미술	• 각국의 언어 캘리그래피로 표현하기 • 각국의 전통 의상 그리기 • 각국의 상징물 만들기
음악	• 각국의 전통음악 소개하기 • 각국의 인기 음악 소개하기 • 학생 악기 연주 영상 상호 교환하기
체육	• 각국의 전통 무예 배우기 • 각국의 전통 놀이 배우기 • 각국의 전통춤 따라 하기

지구마을 여행 가이드 팁 셋.

교실 밖으로 직접 행진하고 싶은 선생님들에게.

외국에서 직접 현지 아이들을 만나고 싶나요? 국제교류를 넘어 현지 아이들의 선생님이 되는 특별한 경험을 하고 싶다면, 해외 교육활동 기회를 놓치지 말고 꼭 잡기를 바란다. 해외 교육활동을 통해 지구마을을 직접 탐험하며 소중한 경험을 얻을 수 있을 것이다. 한국의 교실에서 느끼기 어려운 새로운 배움과 깨달음을 얻을 수도 있다. 단순히 지식을 전달하는 것을 넘어, 교사 스스로 세계시민으로서 성장할 수 있는 값진 경험이 될 수 있다. 누구보다 열정적으로 지구마을 탐험을 희망하는 선생님들을 위해 다음의 해외 교육활동 정보를 공유한다.

교사의 해외 교육활동

재외교육기관포털	• 재외 한국학교 근무(일본, 중국, 대만, 동남아, 러시아, 남미 등) - 재외국민에게 국내의 초·중등 교육과정에 따른 학교교육 실시
국립국제교육원	• 교원 해외파견(ODA) 사업 - 개발도상국의 기초교육 향상을 위한 양질의 교육 기회 제공
APCEIU (유네스코 아시아태평양 국제이해교육원)	• 다문화가정 대상국가와의 교육교류사업 - 말레이시아, 태국, 필리핀 등의 현지 학교에서 전공, 다문화, 세계시민교육 등의 수업 진행
APEC국제교육협력원	• APEC 국제교류협력단 파견(APEX) - APEX: ALCoB Program for Teachers' eXchange - APEC 역내 지식정보 격차 해소와 역내 알콥 교사 간 교류 확대로 전 회원국 교육현장 간 교류 촉진 - 디지털·문화 역량 개발 연수 등 알콥 단원 간의 국제 워크숍 진행
KOICA 한국국제협력단	• KOICA 해외봉사단 - 개발도상국 기초교육 향상을 위한 양질의 교육 기회 제공
TICE 국제교육협력교사회	• 국제교육협력교사회 교육봉사 - '국경 넘어 함께, 삶이 되는 교육'을 기치로 교사들의 국제교육협력 전문성 신장 - 개발도상국의 현지 학교에서 문화, 세계시민교육 등의 단기 수업 진행

수업을 마치며

좋은 길잡이가 되고 싶다

　북극성이 언제나 그 자리에 머무르며 우리의 길잡이가 되어주는 것처럼 우리 아이들이 지구마을 파수꾼으로 성장하는 그 길에 길잡이가 되어 주고 싶다. 영화 〈이보다 더 좋을 순 없다〉의 명대사, "당신이 나를 더 좋은 사람이 되게 했다."처럼 나도 나 스스로, 그리고 우리 아이들을 더 좋은 사람이 되도록 이끌어 주는 사람이 되길 희망한다.
　국제교류를 통해 우리 아이들도 새로 만나는 친구들에게 좋은 길잡이가 되어줄 수 있다. 아이들 각자의 자리에서 국제교류에 적극적으로 참여하고 환경과 평화를 지키기 위해 고민하는 모습을 보며, 그들의 순수한 열정과 용기에 감동했다. 국제교류 수업이 끝나더라도, 아이들의 마음속에 심어진 작은 씨앗들이 자라나 세상을 변화시키는 나무로 성장할 것이라고 믿는다.
　나와 너, 우리, 그리고 지구마을을 연결하는 국제교류 수업으로 우리가 모두 더 나은 지구마을을 만들기 위해 함께 노력하길 바란다. 함께 걸어가는 길에서 서로 길잡이가 되어 상대를 응원하고 지지할 수 있기를 바란다.

6장

세계시민교육에 실습 한 스푼 첨가하기

• 남성현 •

나는 중학교 기술 교사이자 세계시민교육 중앙선도교사이다. 수년간 기술과 세계시민교육을 따로 배우고, 가르쳐 왔는데 어느 순간부터 두 영역이 닮은 점이 많다는 걸 느꼈다. 예컨대 기술 실습의 대부분이 세계시민교육에서 추구하는 가치와 연결되고, 많은 세계시민교육 활동 역시 기술 수업에서 배우는 내용의 연장선이다.
나는 오랜 시간 일석이조(一石二鳥)의 수업을 고민해왔다. 즉 하나의 수업 속에 나의 교과와 세계시민교육을 녹여내고, 이를 실습까지 이어간다면, 단순한 교과 지식의 습득을 넘어 융합적인 가치를 체득(體得)할 수 있다고 생각했다. 그런 의미에서 나는 몇 년 동안 다양한 교과 활동, 선도교사 활동 등 세계시민교육과 기술 교과 사이의 연결점이 되기 위해 반 미쳐있었다고 해도 과언이 아니다.
졸업하고도 세계시민교육에 관심을 갖거나, 자신이 했던 실습 활동과 함께 안부를 전하는 학생들이 있다. 그럴 때면 '나의 생각이 틀리지 않았구나!'하는 생각과 함께 표현할 수 없을 만큼 큰 보람을 느낀다. 부디 훗날 나의 부족한 가르침을 뛰어넘어 무한히 비상하는, 청출어람(靑出於藍) 하는 학생들을 꿈꾸며 오늘도 세계시민교육을 어떻게 하면 재밌게 가르칠 수 있을지 고민한다.

Learning by doing

　기술 교과 특성상 다양한 실습을 하게 되는데, 막상 실습을 하다 보면 많은 것들이 세계시민교육과 맞닿아 있음을 느낀다. 예컨대 수송 기술 실습으로 미니 태양광 자동차를 직접 만들 수 있고, 생명 기술 실습으로 효모를 활용한 친환경 샴푸바를 만들기도 한다. 심지어 기술 교과에는 '지속가능한 발전과 적정기술'이란 단원이 따로 있기도 하다.

　세계시민교육을 공부하면서 자주 했던 생각 중 하나가 '어떻게 하면 쉽게 세계시민교육을 배울 수 있을까?'였다. 나는 수업을 비롯한 많은 활동을 통해 책이나 영상으로 배우는 이론만큼, 주도적이고 협동적인 실습 활동으로 세계시민교육을 체득하는 것이 중요하다고 느꼈다. 실습으로 배우는 세계시민교육은 단순히 무언가를 숙련하고 체득하는 행위뿐만 아니라, 세계시민교육이 개인의 삶과 사회 현상에 거대한 영향을 미칠 수 있음을 가르치고, 세계시민교육의 실제적인 적용을 기대할 수 있기 때문이다.

　오히려 기술은 공학이라는 특수성 때문에 세계시민교육과는 무관하고 거리가 먼 것 같지만, 실제로는 얼마든지 융합이 가능하고 시너지가 무한하다는 것을 이번 장에서 이야기하고 싶다. 나아가 타 교과, 타 학교 선생님들의 아이디어가 모인다면, 다양한 교과와 세계시민교육 실습수업을 연결할 수 있는 시발점이 될 것이라 확신한다.

인스타그램 속 '#용기내 챌린지'를 들어봤니?

플라스틱으로 만든 섬이 있다고?!

"우리 교실 안에서 플라스틱을 한 번 찾아볼까요?"
"샤프요!", "TV요", "책가방이요!"…..
"우리 주위엔 플라스틱이 참 많네요? 그렇다면 여러분, 플라스틱으로 만들어진 섬이 있단 걸 알고 있나요?"
"에이 쌤! 그런 섬이 어디 있어요?"
"그럼, 거기 사는 사람들도 있나요?"

중학교 기술 수업에서 학생들은 '지속 가능한 발전과 적정기술[15]'을 배운다. 이 단원의 첫 시간에 꼭 보여주는 사진이 두 장 있는데, 하나는 북태평양 환류 구간에 모여있는 플라스틱 사진이다. 마치 섬처럼 보여서 수업에서는 '플라스틱 섬'이라고 말하는데, 충격을 받은 학생들은 한동안 아무 말도 잇지 못한다. 그리고 다른 하나는 죽은 새의 배 속에 남아있는 플라스틱 쓰레기들을 보여주는 유명한 '알바트로스의 사체' 사진이다. 학생들은 이 사진들을 보고 가볍게 다루는 주제인 줄 알았다가, 플라스틱 쓰레기의 심각성을 깨닫고, 배우는 자세를 고치곤 한다.

이어서 플라스틱에 관한 짧은 뉴스와 다큐를 시청한 후, 학생들은 활동지에 최근 한 달간 자신이 사용한 플라스틱을 적어 보면서 무의식적으로, 무분별하게 플라스틱을 사용하는 자신의 모습을 발견하게 되고, 끝으로 조원들과 각자의 사례를 공유하면서 '왜 플라스틱을 사용하는 것이 문제

---

15 그 기술을 사용하는 사회 공동체의 정치적, 문화적, 환경적 조건을 고려해 해당 지역에서 지속적인 생산과 소비가 가능하도록 하는 기술

가 될까?' 고민하며 문제를 확인한다. 대체로 활동을 통해 화석연료의 무분별한 사용, 미세플라스틱의 흡수, 자연환경 파괴 등의 문제점을 제시하곤 한다. 끝으로 문제를 해결하기 위한 방안도 하나씩 발표하는데, '플라스틱 사용 또는 생산을 줄이자!', '플라스틱 사용에 대해 법적으로 규제하자!', '플라스틱을 재활용하자!'처럼 다양한 문제 해결 방안을 얘기한다.

'북태평양 환류에 모인 쓰레기(좌)와 플라스틱으로 가득찬 알바트로스의 사체(우)'

플라스틱을 대하는 세계시민의 자세

가장 중요한 건 플라스틱을 분리 배출하는 것보다 생산을 줄이는 것이다. 플라스틱의 재활용은 그 비율이 높지 않거나, 생분해가 어렵고, 비용이 많이 들며, 결국엔 미세플라스틱으로 남게 되기 때문이다. 다만 플라스틱이 우리 삶에서 사라지는 것은 현재 상황에서는 불가능하기 때문에 비닐이나 옷을 포함한 다양한 플라스틱 제품을 줄이도록 노력해야 한다.

세계시민으로서 플라스틱 문제를 해결하기 위해 할 수 있는 다양한 방법들이 있다. 그중 하나가 누구든 쉽고 재미있게 참여할 수 있는 SNS 인증 활동인데, 우리는 이를 통해 플라스틱 사용이나 환경오염에 관해 경각심을 가질 수 있다. 대표적인 SNS 인증 활동인 '#용기내 챌린지'는 다회 용기를 사용하여 플라스틱 사용을 줄이고, 이를 SNS에 인증하는 활동으로, 장을 볼 때 유리용기에 농수산물을 담거나, 다회용기에 케이크나 빵을 담는 것, 영화관에서 대형 밀폐용기에 팝콘을 담는 것 모두 '#용기내 챌린지'가 될 수 있다.

'#용기내 챌린지' 프로젝트 수업

과목	기술	학년	중등 1학년	차시	4차시
세계시민교육 학습주제	7. 개인·집단적으로 취할 수 있는 실천				
세계시민교육 학습 목표	개인과 단체가 지역·국가·세계 차원에서 중요한 이슈에 대해 어떤 행동을 취했는지 살펴보고, 그러한 이슈를 해결하고자 하는 활동에 참여한다.				

핵심 활동
- 무분별한 플라스틱 사용 및 환경오염 실태를 조사하여 토의한다.
- 플라스틱 사용을 줄였던 자신의 경험을 제시하고, 모둠원과 공유한다.
- '#용기내 챌린지'에 직접 참여하고, 활동을 통해 느낀 점을 모둠원과 공유한다.

성취기준
[9기가04-17] 다양한 통신 매체의 종류와 특징을 이해하고 활용한다.
[9기가05-09] 적정기술과 지속가능발전의 의미를 이해하고, 적정기술 체험활동을 통하여 문제를 창의적으로 탐색하고 실현하고 평가한다.

핵심 질문
플라스틱 사용을 줄이는 방법은 어떤 것들이 있을까?

프로젝트의 흐름
1차시: 프로젝트를 안내하고, 모둠별로 플라스틱 사용 및 환경오염 실태를 조사한다.
2차시: 모둠별로 활동 전 학습지를 작성하며, 이때 자신이 하고 싶은 '#용기내 챌린지'를 계획한다.
3차시: 수업 전 패들릿에 업로드한 자신의 '#용기내 챌린지' 인증 사진을 친구들과 공유하고, 학습지에 활동을 통해 느낀 점, 이 외에도 플라스틱 사용을 줄이는 방법을 기록하고 정리한다.
4차시: 플라스틱 쓰레기를 줄이기를 위해 사회참여할 한 가지를 협의적으로 정해 세계시민으로서 실천한다.

주요 결과물
사전-사후 활동지(포트폴리오), SNS에 업로드 한 자신의 인증 게시글

용기내 챌린지 사전-사후 활동지(예시)

참여 주제	팝콘 용기내!		성명	
문제 상황 제시	우리 주위에서 일회용품을 사용하는 예를 적어보시오! • 영화관에서는 콜라, 팝콘 용기 등 일회용품 사용이 많다. • 카페에서는 테이크아웃을 하면 플라스틱 컵에 담아준다. • 마트에 가서 농수산물을 사면, 비닐봉지에 담아준다. ▶ 일회용품 사용에 대한 다양한 문제 상황 제시			
이미 알고 있는 내용(knowing)	일회용품 사용을 줄이는 방법에는 어떤 것들이 있을까?			
용기내 챌린지 일정	일자(장소)		수행 내용	
	2000.0.0.0요일 (영화관, 카페, 마트 등)		다회용기 사용, 촬영, SNS 업로드 등	
준비물	다회용기, 다회용 장바구니, 핸드폰, 수첩, 필기도구 등			
느낀 점 기록	생각보다 우리 주위에는 일회용품 사용이 많다.			
	용기내 챌린지에 실패했는데, 그 이유는…			
	생각보다 어렵지 않았다. 친구가 SNS를 통해 챌린지를 같이 하면 좋겠다.			
유의 사항	1. 친구들과 협력하여 활동에 참여한다. 2. 공공장소에서 질서와 예절을 지킨다. (사진 촬영 및 인터뷰는 반드시 동의 구하기)			

위 프로젝트 수업의 핵심은 학생들이 플라스틱 남용과 환경오염 실태를 직시하고, 해당 문제에 자신이 직접 문제 해결을 시도해보는 데 있다. 먼저 모둠별로 앉고, 학습지를 나누어주고, 문제 상황에 대해 이야기하도록 한다. 이때 노트북, 태블릿PC와 같은 전자기기를 활용하여 자유롭고 다양하게 문제 상황을 적다 보면, 학생들은 새삼 플라스틱으로 인한 환경오염 문제가 꽤 심각하다는 것을 알 수 있다.

그 후 2차시에는 SNS상에서 이루어지는 다양한 '#용기내 챌린지'를 설명하고, 학생 개개인이 직접 시도해볼 '#용기내 챌린지'를 작성한다. 인스타그램에서 친환경 소비에 관한 다양한 정보를 알려주는 인플루언서 프라우허(@frau.heo), 제로 웨이스트를 시도한 일상 Vlog를 보여주는 유튜버 쓰레기왕국(@trash_kingdom)의 영상을 보여준다면 학생들이 챌린지에 쉽게 접근할 수 있을 것이다. 끝으로 자신의 계획을 친구들에게 간단하게 설명, 발표할 수 있다.

3차시가 되기 전까지 학생들은 방과 후에 자신이 도전했던 '#용기내 챌린지'를 교사가 제시한 플랫폼에 게시한다. 이때 학생들은 영상이나 사진, 글 등 다양한 방식으로 자신의 챌린지를 보여줄 수 있다. 3차시 수업 때는 학생들이 자신의 챌린지와 느낀 점을 설명하고, 친구들의 발표를 들으며 자신의 학습지에 느낀 점을 기록한다.

'플라스틱 문제가 뭐 얼마나 심각하겠어?'라고 생각했던 학생들은 플라스틱 문제를 눈으로 확인하고, 직접 문제 상황 속으로 뛰어들었다. 끝으로 이 과정을 전체적으로 정리하며 활동을 마무리한다.

••• 이렇게도 활동할 수 있어요		
다양한 챌린지 프로젝트(예시)	방법	비고
#제로웨이스트 챌린지	제로웨이스트 챌린지는 쓰레기 배출을 0(Zero)에 가깝게 최소화하는 활동으로, 일회용품 사용을 줄이는 것을 인증하면 된다.	개인 용기에 음식 포장, 텀블러 사용하기, 종이 빨대 사용하기, 다회용 숟가락, 젓가락 사용하기, 다회용 장바구니 사용하기 등 쉽고 다양한 방법들이 있다.
#노 플라스틱 챌린지	노 플라스틱 챌린지는 플라스틱 사용을 줄이자는 관심을 환기하기 위한 캠페인 이다.	
#플로깅 챌린지	조깅하면서 쓰레기를 줍는 플로깅은 우리나라에서는 쓰레기를 '줍다'와 '조깅'을 합쳐서 '줍깅'이라고도 한다.	봉사에 대한 관심도 같이 끌어내면 좋다.

태양빛으로 만드는 나만의 드림카!

"여러분! 우리 인천에는 태양광으로 스마트폰을 무선 충전할 수 있는 벤치와 거리를 밝혀주는 솔라 트리가 있단 걸 알고 있나요?"
"네! 완정역 근처에서 봤는데 실제로 스마트폰 무선 충전이 되더라구요!"
"잘했어요. 이처럼 우리는 태양빛으로 전기를 만들 수 있습니다. 그렇다면 언젠가 자동차나 비행기도 태양빛으로 갈 수 있지 않을까요? 그리고 태양 빛을 이용하면 무엇이 좋을까요? 지금부터 친환경 에너지가 세상을 어떻게 바꾸는지 한 번 배워보도록 해요!"

깨끗한 에너지는 없을까?

우리 주위를 둘러보면 자동차의 배기가스, 공장 굴뚝에서 뿜어져 나오는 매연, 아파트 사이 뿌연 하늘을 만드는 미세먼지, 지구 온난화는 일상이 됐고, 이러한 기후 위기로 인해 유발되는 식량난과 에너지 고갈은 매년 더 심각해지고 있다. 분명 전 세계인의 자정 노력이 선행되지 않는다면 생태계 파괴는 불 보듯 뻔할 것이며, 이러한 상황에서 세계의 안전과 평화를 위해 협력적이고 주체적인 세계시민을 양성하는 것은 더욱 중요할 것이다.

대기오염을 예방할 수 있는 가장 좋은 방법은 화석연료를 사용하지 않는 것이다. 화석연료란 땅속에 묻힌 동식물이 오랜 시간에 걸쳐 높은 열과 압력으로 만들어진 연료인데, 우리가 사용하는 대부분의 에너지는 석유, 석탄, 천연가스와 같은 화석연료이다. 화석연료는 사용이 편리하고, 산업이 발달하면서 전 세계적으로 수요와 소비량이 증가했기 때문에 가장 많이 소비하고 있지만 매장량이 한정되어 있고, 수입에 대부분을 의존하는 나라는 경제적으로 큰 타격을 받기도 한다. 또한 가채연수가 급속히 줄어들고 있고, 대기오염과 지구 온난화를 만들기 때문에 이를 대체할 에너지 자원이 필요한 실정이다.

답은? 신재생 에너지!

위와 같은 문제점을 해결하기 위해 신재생 에너지가 등장했다. 신재생 에너지란 지속적으로 사용 가능하며 친환경적인 미래의 에너지 자원으로서 신에너지, 재생 에너지를 더한 단어이다.

일반적으로 신에너지는 수소 에너지, 연료 전지, 석탄 액화 및 가스화처럼 수소, 산소 등의 화학 반응을 이용하여 전기 또는 열을 생성하거나, 기존의 화석연료를 변환하여 이용하는 에너지를 말한다. 재생 에너지는 햇빛, 물, 지열, 강수, 생물 유기체 등과 같이 지속적으로 사용 가능한 자원을 변환하여 이용하며, 풍력, 태양광, 태양열, 수력, 지열, 해양, 폐기물, 바이오 에너지 등이 있다.

우리는 이미 일상의 많은 부분에서 신재생 에너지를 사용하고 있다. 예를 들어 태양광을 활용하여 스마트폰 무선 충전이 가능한 벤치가 있고, 반영구적으로 사용할 수 있는 태양전지로 공원을 밝혀주는 솔라트리도 어렵지 않게 발견할 수 있다. 이외에도 지리적인 특성을 이용해 풍력 발전, 수력 발전, 조류, 파력, 해양 온도차 발전을 이용하기도 한다. 그렇다면 이제부터 화석연료 없이! 태양 빛만 있다면! 달릴 수 있는 나만의 태양광 자동차를 만들어 보자!

나만의 태양광 드림카 만들기

과목	기술	학년	중등 3학년	차시	4차시
세계시민교육 학습주제	2. 지역·국가·세계 차원에서 공동체 간의 상호작용과 연계에 영향을 미치는 이슈 7. 개인·집단적으로 취할 수 있는 실천				
세계시민교육 학습 목표	• 지역·국가·세계에서 발생한 주요 이슈의 근본 원인을 파악하고, 지역적 요인과 세계적 요인이 상호 연결돼 있음을 고찰한다. • 개인과 단체가 지역·국가·세계 차원에서 중요한 이슈에 대해 어떤 행동을 취했는지 살펴보고, 그러한 이슈를 해결하고자 하는 활동에 참여한다.				

핵심 활동
- 화석연료와 신재생 에너지에 관한 사전 활동지를 작성한다.
- 자신이 만들고 싶은 미니 자동차를 직접 구상한다.
- 구상도를 바탕으로 우드락을 사용하여 개성이 담긴 태양광 자동차를 제작한다.
- 운동장에서 태양광 자동차를 직접 작동해보고 사후 활동지를 작성한 후 느낀 점을 공유한다.

성취기준
[9기가04-12] 수송 기술과 관련된 문제를 이해하고, 해결책을 창의적으로 탐색하고 실현하며 평가한다.
[9기가04-13] 신·재생 에너지의 활용을 이해하고 신·재생 에너지 개발의 중요성을 인식하여, 효율적인 에너지 이용 방안을 제안한다.
[9기가04-14] 에너지와 관련된 문제를 이해하고 해결책을 창의적으로 탐색하고 실현하며 평가한다.
[9기가05-09] 적정기술과 지속가능발전의 의미를 이해하고, 적정기술 체험활동을 통하여 문제를 창의적으로 탐색하고 실현하고 평가한다.

핵심 질문
어떻게 하면 환경오염을 일으키지 않고 자동차를 사용할 수 있을까?

프로젝트의 흐름
1차시: 화석연료 사용의 문제점과 신재생 에너지에 관한 정보를 탐색하고 교사가 제시한 활동지를 작성한다. (이때 학습지에는 태양전지의 원리가 그림으로 설명되어 있다.)
2차시: 사투상도로 개성이 드러나는 미니 자동차를 구상한다.
3차시: 구상도를 바탕으로 우드락, 태양전지 등을 활용하여 직접 미니 태양광 자동차를 제작한다.
4차시: 완성된 자동차를 직접 작동해보고, 사후 활동지에 실습 과정, 느낀 점 등을 기록하고, 공유한다.

주요 결과물
사전-사후 학습지(포트폴리오), 나만의 미니 태양광 자동차

나만의 태양광 드림카 만들기 사전-사후 활동지(예시)

문제 상황 제시	화석연료 사용의 문제점은 어떤 것들이 있나요? (2가지 이상 적으시오.)
이미 알고 있는 내용(knowing)	화석연료 사용을 줄이는 방법은 어떤 것들이 있을까?
개념 확인	• 신재생 에너지의 개념을 적어보세요. • 신재생 에너지의 종류를 아는 대로 적어보세요. • 우리 주위에 신재생 에너지를 사용한 예를 적어보세요.
준비물	구상지(모눈종이), 태양전지, 우드락, 공예용 본드, 핀, 칼, 가위 등
실습 순서	1. 구상지에 자신이 만들고 싶은 태양광 자동차 설계도를 그린다. 2. 설계도에 맞게 우드락을 자른다. 3. 태양전지와 우드락을 설계도와 같이 조립한다. 4. 중간중간 태양전지를 창가 쪽 태양 빛에 비추어 작동이 되는지 확인한다. 5. 완성이 된 태양광 자동차를 태양 아래서 작동시킨다.
느낀 점 기록	친환경적으로 자동차가 굴러가는 걸 보니 신기하다.
	화석연료 사용의 심각성과 친환경 에너지의 필요성에 대해 알게 됐다.
	신재생 에너지의 종류에 대해 정확히 알 수 있었고, 친구들과 경주를 해보니 재미있었다.
유의 사항	1. 실습 간 안전을 최우선으로 한다. 2. 친구들과 협력하여 활동에 참여한다.

이 프로젝트의 핵심 역시 화석연료의 문제를 정확히 파악하고, 왜 우리가 신재생 에너지를 써야 하는지를 이해하는 것이다. 1차시에는 교사가 활동지를 나누어주고, 화석연료 사용에 관한 문제점을 시청각 자료로 제시한다. 이때 지자체에서 운영하는 벤치나 솔라트리 등을 자료에 추가하면 학생들은 더욱 흥미를 갖곤 한다. 설명이 끝난 후 나누어 준 활동지에서 '문제 상황 제시', '개념 확인' 부분을 작성한다. 이때 학생들은 노트북이나 태블릿PC를 활용하여 부족한 부분을 보완할 수 있다. 또한 다음 차시를 수행하기 위해 필요한 태양전지의 원리를 설명하고, 구상지(모눈종이)를 배부한다.

2차시에는 구상지를 작성하는 방법을 먼저 설명한다. 학생들은 도면을 그려본 적이 거의 없기 때문에 간단하고 필요한 부분을 요약하여 설명한다. 어렵거나 자신이 만들고자 하는 태양광 자동차가 명확하다면, 사투상도나 등각투상도가 아닌 간단한 스케치로 그려도 된다.

3차시에는 미니 태양광 자동차를 만드는데 필요한 재료를 배부한다. 태양전지가 제대로 연결되는 게 가장 중요하고, 그 외 차체나 바퀴, 색깔, 모양 등은 학생 개인의 창의성을 존중하여 만들도록 한다. 완성된 작품은 사물함 또는 학급 공용공간에 보관하도록 하고, 미완성된 학생은 다음 시간 전까지 완성하도록 한다.

마지막 차시에는 모든 자동차를 들고 운동장으로 나간다. 누가 가장 빠른 자동차를 만들었는지, 예쁜 자동차를 만들었는지를 서로 공유하고, 이때 느낀 점은 교실로 들어와 사후 활동지에 작성한다. 혹 수행평가에 이용한다면 아래 루브릭을 활용하여 평가할 수도 있다.

평가 계획 및 채점 기준

평가 요소	채점 기준(점수)		
	상(◎, A)	중(○, B)	하(△, C)
정확성(40)	태양전지와 축, 바퀴, 차체 등을 정확히 연결하여 태양광으로 작동이 가능하다.	주어진 재료를 빠짐없이 연결했으나 태양광으로 작동이 되지 않는다.	주어진 재료를 연결하지 못했고, 태양광으로 작동이 불가능하다.
창의성(40)	평면도, 사투상도로 창의적인 태양광 자동차를 설계, 구상했으며 이를 바탕으로 제작했다.	평면도, 사투상도로 창의적인 태양광 자동차를 설계, 구상하지 못했거나, 설계도와 다른 자동차를 제작했다.	평면도, 사투상도로 창의적인 태양광 자동차를 설계, 구상하지 못했고, 설계도와 같은 자동차를 제작하지 못했다.
심미성(20)	마감이 완벽하며, 다양한 색을 이용하여 자동차를 꾸몄다.	마감이 미흡한 부분이 1개 있고, 아름답게 자동차를 꾸몄다.	마감이 미흡한 부분이 2개 이상 있거나, 자동차를 아름답게 꾸미지 못했다.

다양한 실습 방법(예시)	방법	비고
전자기 유도 현상을 직접 체험해보자!	자석과 코일을 손에 쥐고 흔드는 것만으로도 LED 불빛이 들어오게 할 수 있다. 자석이 코일 사이를 왔다 갔다 하면서 전기를 만들기 때문이다. 이를 수송 수단에 활용한다면 어떻게 적용할 수 있을지 자유롭게 이야기해 보자.	과학 교과와 융합 수업이 가능!

··· 이렇게도 활동할 수 있어요

나만 몰랐던 로컬푸드, 비건, 공정무역 이야기

"여러분, 선생님이 들고 있는 이 초콜릿, 천 원짜리 초콜릿을 만들기 위해서는 가장 먼저 무엇을 해야 할까요?"

"원재료인 카카오를 따야 해요!"

"좋아요. 그렇다면 카카오를 따는 사람에게는 얼마 정도 수익이 돌아가면 적당할까요?"

"그래도 가장 힘든 일이니까, 오백 원은 줘야 하지 않을까요?"

"안타깝게도 오백 원에 턱없이 모자란 일당을 받거나, 심지어 학교도 가지 못한 채 고강도의 노동에 투입된다고 해요. 지금부터 지속 가능한 발전을 위한 소비 습관은 어떤 것이 있는지 하나씩 알아볼까요?"

아빠! 엄마! 로컬푸드 직매장으로 장 보러 가요!

지속 가능한 발전을 위해서는 바람직한 소비 습관이 중요하다. 소비, 먹을거리, 에너지 등 다양한 환경에 대해 인식 변화가 필요하고, 이러한 인식 변화를 통해 우리는 지속 가능한 사회와 환경을 만들 수 있기 때문이다. 그리고 바람직한 소비 습관 중에는 로컬푸드가 있는데, 로컬푸드란 장거리 운송을 거치지 않은 지역 농산물을 말하며, 식품을 수송하는 거리가 짧아 더 신선하고, 에너지를 절약하여 이산화탄소 배출도 줄일 수 있다. 당연히 생산자 직거래를 통해 가격은 더욱 저렴하며, 학생들에게 로컬푸드 직매장을 소개하고, 그곳에서 구매한 로컬푸드를 활용하여 조리 실습을 진행할 수 있다.

오늘부터 나도 비건(Vegan)!

공장식 축산, 동물 학대, 환경오염 등 다양한 이유로 식물성 음식 이외에는 아무것도 먹지 않는 채식주의자를 비건이라 한다. 오늘날에는 음식 이외에도 화장품, 의류 등 다양한 분야에서 비건이 행해지고 있는데, 이제는 단순히 채식을 하는 것을 넘어서 어떤 식품까지 먹느냐에 따라 여러 단계로 분류한다. 윤리적, 도덕적인 이유 외에도 종교나 건강 등의 이유로 채식을 하는 사람도 늘고 있는데, 비건을 했을 때의 다양한 이점을 학생들과 나누고, 직접 비건 요리를 만들어 본다면 동물, 환경, 지구에 관해 깊이 있게 생각할 수 있을 것이다.

마라샹궈, 비건과 로컬푸드 콜라보 하기

과목	기술, 가정	학년	중등 1학년	차시	4차시
세계시민교육 학습주제	2. 지역·국가·세계 차원에서 공동체 간의 상호작용과 연계에 영향을 미치는 이슈 7. 개인·집단적으로 취할 수 있는 실천				
세계시민교육 학습 목표	• 지역·국가·세계에서 발생한 주요 이슈의 근본 원인을 파악하고, 지역적 요인과 세계적 요인이 상호 연결돼 있음을 고찰한다. • 개인과 단체가 지역·국가·세계 차원에서 중요한 이슈에 대해 어떤 행동을 취했는지 살펴보고, 그러한 이슈를 해결하고자 하는 활동에 참여한다.				

핵심 활동
- 로컬푸드와 비건에 관한 사전 활동지를 작성한다.
- 레시피를 활용하여 로컬푸드를 활용한 비건 마라샹궈를 조리한다.
- 친구들과 함께 마라샹궈를 시식한 후, 사후 활동지를 작성하며 느낀 점을 공유한다.

성취기준
[9기가02-11] 로컬푸드를 활용하여 가족 구성원의 요구, 영양적 균형을 고려한 식사를 계획하고 조리할 수 있다.
[9기가05-09] 적정기술과 지속가능발전의 의미를 이해하고, 적정기술 체험활동을 통하여 문제를 창의적으로 탐색하고 실현하고 평가한다.

핵심 질문
- 왜 로컬푸드를 구매해야 할까?
- 비건을 하면 좋은 점은 무엇일까?

프로젝트의 흐름
1차시: 로컬푸드와 비건에 관한 정보를 탐색하고 교사가 제시한 활동지를 작성한다.
2~3차시: 교사가 제공한 레시피, 로컬푸드, 비건 재료를 활용하여 비건 마라샹궈를 조리한다. 조리 후 모둠원과 함께 맛있게 마라샹궈를 시식한 후, 뒷정리 및 활동지를 작성한다. (블록 수업)
4차시: 사후 활동지에 조리 실습 과정, 느낀 점 등을 기록하고, 공유한다.

주요 결과물
사전-사후 학습지(포트폴리오), 로컬푸드를 활용한 비건 마라샹궈

비건 마라샹궈 만들기 사전–사후 활동지(예시)

모둠 명		모둠원	

사전 정보탐색	• 로컬푸드란 무엇인가? • 로컬푸드의 장점을 2가지 이상 쓰시오.
	• 비건(Vegan)이란 무엇인가? • 비건의 장점을 2가지 이상 쓰시오.

실습 목표	로컬푸드와 비건 재료를 활용하여 어떤 마라샹궈를 만들고 싶나요? • 칼로리를 적게 하여 다이어트에도 도움이 되는 마라샹궈를 만들고 싶다. • 조미료를 최대한 적게 넣어 건강에 좋은 마라샹궈를 만든다. • 비건 소시지와 청경채를 많이 넣어, 식감이 좋게 한다. 등 ▶ 다양한 실습 목표를 적는다.

레시피	1. 모든 로컬푸드, 비건 재료를 깨끗하게 손질한다. (음식물 쓰레기를 남기지 않기 위해 먹을 만큼만!) 2. 버섯과 건두부는 물에 미리 불려둔다. 3. 새우는 끓는 물에 한 번 데쳐서 준비한다. 4. 프라이팬에 기름을 두르고, 모든 재료를 한 번에 다 넣은 다음 마라 소스 1/2 봉지를 넣고 볶는다. 5. 채소와 해물이 어느 정도 익었을 무렵 남은 비건 마라 소스를 취향껏 추가한 후 볶아 마무리한다. 6. 비건 소시지, 비건 소스, 채소 등이 들어간 비건 마라샹궈를 맛있게 먹고, 남을 경우 준비한 밀폐용기에 보관하여 가져간다.

준비물	로컬푸드 재료, 수첩, 필기도구 등

역할 분담	재료 손질	○○○, ○○○
	조리	○○○, ○○○
	사진 촬영	○○○
	설거지	○○○, ○○○
	뒷정리	다 같이

느낀 점 기록	맛있었고, 좋은 재료로 만들었다고 하니 더 건강한 맛이다.
	친구들이랑 같이 만들어서 먹으니 더 재밌고 좋았다.
	비건과 로컬푸드에 대해서 정확히 알게 됐고, 앞으로 비건 마크, 로컬푸드 표시를 잘 확인해야겠다.

유의 사항	1. 실습 간 안전을 최우선으로 한다. 2. 모둠 친구들과 협력하여 활동에 참여한다. (역할 분담 철저!) 3. 내가 맡은 역할을 끝까지 성실하게 마무리한다.

'비건 마라샹궈 만들기'는 학생들이 가장 좋아했던 실습이다. 대부분의 조리 실습이 인기가 많지만, 최근 유행처럼 학생들이 좋아하는 마라탕 덕분에 관심을 끌기가 더 수월했다. 나아가 왜 채소를 소비하면 좋은지 그리고 준비된 재료가 어디에서 왔는지를 이해하고 마라샹궈를 만들다 보면, 학생들은 맛있는 마라샹궈와 함께 비건과 로컬푸드를 잊을 수 없을 것이다.

1차시에는 교사가 활동지를 나누어주고, 비건과 로컬푸드에 관한 시청각 영상을 제공한다. 트렌디한 개념이기 때문에 조금만 찾아봐도 영상을 쉽게 구할 수 있다. 영상을 시청한 후 학생들은 노트북이나 태블릿PC를 활용하여 학습지에 비건과 로컬푸드에 관해 내용을 정리한다.

보통 실습은 2, 3차시를 묶어 블록타임제로 운영하면 좋다. 안전교육부터 레시피 설명, 시식, 뒷정리까지 한 차시에 하는 것은 촉박하기 때문이다. 비건 마라샹궈 재료를 모둠별로 나눠주고 다 같이 레시피와 안전 주의사항을 읽는다(교사가 미리 실습해보고, 이것을 활용해서 설명 영상이나 그림 레시피를 만들어도 좋다). 설명이 끝나면, 학생들은 스스로 비건 마라샹궈를 만들 수 있다. 마지막 차시에는 역할 분담과 느낀 점을 작성하고, 이를 발표한다.

••• 이렇게도 활동할 수 있어요		
다양한 조리 실습(예시)	방법	비고
각양각색 비건 쿠키 만들기	비건 반죽을 활용하여 자신의 개성이 들어간 쿠키를 만들 수 있다.	다양한 색과 모양의 쿠키를 만들면서, 이를 다문화 교육과 연결할 수 있겠죠?
로컬푸드+비건 떡볶이 만들기	마라샹궈가 아닌 떡볶이를 만들어 보는 것도 방법이다.	학생들이 좋아하는 재료를 선택하여 모둠별로 다양한 맛의 떡볶이를 맛볼 수 있습니다!
로컬푸드를 활용한 또띠아 만들기	다양한 채소가 들어가는 또띠아를 로컬푸드로 만들 수 있다.	멕시코 음식인 또띠아를 학생들에게 소개하면서, 다문화 교육을 함께 할 수 있습니다!

공정무역 초콜릿으로 나만의 빼빼로 만들기

우리가 쉽게 접하는 초콜릿이나 축구공, 바나나, 커피의 초기 생산 과정을 살펴보면 많은 아이들이 제대로 입거나 먹지도 못한 채 고강도의 노동에 투입된다고 한다. 인건비가 싸다는 이유로 학교도 가지 못하고 카카오 농장에서 카카오를 따거나, 인조 가죽 조각을 수천 회 바느질하며 축구공 생산에 동원되는데, 그럼에도 아이들은 터무니없는 임금을 받기도 한다.

이러한 상황 속에서 아이들의 임금, 교육권을 포함한 노동권은 물론 최소한의 임금을 보장하기 위해 공정무역이 등장한다. 공정무역이란 개발도상국 생산자의 경제적 자립과 지속 가능한 발전을 위해 생산자에게 보다 유리한 무역 환경을 제공하는 무역 형태를 말한다. 이러한 공정무역의 의미를 알고, 공정무역 라벨을 확인하는 습관을 갖는 것만으로도 지속 가능한 발전을 위한 소비를 할 수 있다. 같은 상품이어도 공정무역 라벨이 붙어있는 상품을 구매했다면, 이는 곧 지속 가능한 발전을 위한 소비가 될 수 있다. 학생들은 마트, 화장품 가게 등에서 공정무역 라벨을 직접 찾아보는 활동을 통해 일상 속 공정무역 제품을 확인하고, 직접 공정무역 제품을 활용해 자신만의 맛있는 간식을 만들 수도 있다.

공정무역 초콜릿을 활용한 빼빼로 만들기					
과목	기술, 가정	학년	중등 1학년	차시	4차시
세계시민교육 학습주제	2. 지역·국가·세계 차원에서 공동체 간의 상호작용과 연계에 영향을 미치는 이슈 7. 개인·집단적으로 취할 수 있는 실천				
세계시민교육 학습 목표	• 지역·국가·세계에서 발생한 주요 이슈의 근본 원인을 파악하고, 지역적 요인과 세계적 요인이 상호 연결돼 있음을 고찰한다. • 개인과 단체가 지역·국가·세계 차원에서 중요한 이슈에 대해 어떤 행동을 취했는지 살펴보고, 그러한 이슈를 해결하고자 하는 활동에 참여한다.				

핵심 활동
- 공정무역에 관한 사전 활동지를 작성한다.
- 공정무역 초콜릿을 사용하여 모둠별로 빼빼로를 만든다.
- 친구들과 함께 공정무역 빼빼로를 시식한 후, 사후 활동지를 작성하며 느낀 점을 공유한다.

성취기준
[9기가03-05] 소비자 권리와 역할을 이해하고, 소비생활에서 발생하는 문제 상황을 중심으로 해결방안을 탐색하고 책임 있는 소비생활을 실천한다.
[9기가05-09] 적정기술과 지속가능발전의 의미를 이해하고, 적정기술 체험활동을 통하여 문제를 창의적으로 탐색하고 실현하고 평가한다.

핵심 질문
- 공정무역이 필요한 이유는 무엇일까?
- 공정무역을 위해 우리가 실천할 수 있는 방법은 무엇일까?

프로젝트의 흐름
1차시: 공정무역에 관한 정보를 탐색하고 교사가 제시한 활동지를 작성한다.
2~3차시: 교사가 제공한 레시피, 공정무역 초콜릿을 활용하여 빼빼로를 만든다. 조리 후 모둠원과 함께 맛있게 빼빼로를 시식한 후, 뒷정리 및 활동지를 작성한다. (블록 수업)
4차시: 사후 활동지에 조리 실습 과정, 느낀 점 등을 기록하고, 공유한다.

주요 결과물
사전-사후 학습지(포트폴리오), 공정무역 초콜릿으로 만든 빼빼로

공정무역 초콜릿을 활용한 빼빼로 만들기 사전-사후 활동지(예시)

모둠 명		모둠원	
사전 정보탐색	<ul><li>공정무역의 개념과 등장 배경에 대해 간단히 적으시오.</li><li>공정무역의 장점을 2가지 이상 쓰시오.</li><li>공정무역이 주로 이뤄지는 물품에는 어떤 것이 있는지 2가지 이상 쓰시오.</li></ul>		
실습 목표	공정무역 초콜릿을 활용하여 어떤 빼빼로를 만들고 싶나요?<ul><li>다양한 색의 초코 코팅을 이용하여 예쁜 빼빼로를 만들고 싶다.</li><li>아몬드 가루를 뿌려 건강에도 좋은 빼빼로를 만들고 싶다.</li><li>슈가 파우더를 뿌려 간단하면서도 이색적인 빼빼로를 만들고 싶다. 등 다양한 실습 목표를 적는다.</li></ul>		

레시피	1. 물을 끓인 후 그 위에 볼을 올려둔다. 1. 중탕 된 볼 위에 공정무역 초콜릿을 쪼개어 넣고, 녹여준다. 3. 녹은 초콜릿에 과자를 담갔다 뺀 후, 자신의 자리에서 원하는 토핑을 올려준다. 4. 토핑이 묻은 초코 과자를 한 곳에 세우고 굳혀준다. 5. 초코 과자가 굳으면, 자신의 종이봉투에 예쁘게 포장한다. 6. 공정무역 초콜릿을 활용한 빼빼로를 친구, 선생님, 가족과 맛있게 먹고, 공정무역에 대해서 이야기를 나눈다.	
준비물	공정무역 초콜릿, 과자, 토핑, 포장용 봉투, 수첩, 필기도구 등	
역할 분담	중탕	○○○, ○○○
	사진 촬영	○○○
	설거지	○○○, ○○○
	뒷정리	다 같이
느낀 점 기록	공정무역 제품을 사용했다고 하니 더 의미 있고 좋다.	
	친구들이랑 같이 만들어서 먹으니 더 재밌고 좋았다.	
	공정무역에 대해서 정확히 알게 됐고, 앞으로 초콜릿뿐만 아니라 다른 제품도 공정무역 마크를 확인하는 습관을 들여야겠다.	
유의 사항	1. 실습 간 안전을 최우선으로 한다. 2. 모둠 친구들과 협력하여 활동에 참여한다. (역할 분담 철저!) 3. 내가 맡은 역할을 끝까지 성실하게 마무리합니다.	

    1차시에서는 공정무역에 관한 학습지를 나누어주고, 학생들은 공정무역의 개념과 등장 배경, 장점과 예시를 작성한다. 그리고 공정무역에 관한 간단한 다큐 영상을 시청한다. 대부분 이 차시에서 어렴풋이 알았던 공정무역을 제대로 알고, 그 필요성을 느끼게 된다. 끝으로 다음 시간에는 공정무역 초콜릿을 활용한 초코 막대 과자 만들기 실습에 관해 설명한다.

    2, 3차시를 블록타임제로 묶어 수업한다. 교사는 조리 실습 간 안전 지도를 실시한 후, 실습에 필요한 재료를 나누고 실습을 시작한다. 이때 학생들이 녹이는 초콜릿이 공정무역 상품이라는 것을 강조한다. 조리 후에

는 초코 막대 과자를 굳히고, 시식하며 이때 활동지의 남은 빈칸을 작성한다(남은 학생, 먹지 못하는 학생은 종이봉투에 포장할 수 있다). 4차시 때는 느낀 점을 공유하거나 공정무역에 관한 보충 설명, 영상 시청을 할 수 있다.

알아두면 쓸모있는 책임 있는 소비&생산!

"선생님이 가져온 이 물건들, 아주 특별한 것들인데 어떤 특징이 있는지 자유롭게 얘기해볼까요?"
"양말로 만든 인형 같아요!"
"칫솔의 손잡이가 나무로 되어 있어요!"
"노트 표지에 코끼리 똥으로 만들었다고 되어 있어요!"
"아주 잘 파악했어요! 이것들은 모두 책임 있는 소비와 생산입니다. 자 그럼! 지금부터 알아두면 쓸모있는 책임 있는 소비와 생산에는 또 어떤 것들이 있을지! 함께 알아보겠습니다."

어떻게 소비하고 생산하나요?

학생들은 최근 한 달간 소비한 것들을 활동지에 적고 서로 비교할 수 있다. 이를 살펴보면 대체로 계획적인 소비를 하지 않아 과소비, 과시 소비, 충동 소비, 모방 소비와 같은 소비 현상이 나타나는데, 이러한 모습은 무분별한 자원 낭비, 환경오염처럼 부정적인 결과를 초래할 수 있다. 그리고 이에 관한 다양한 실습은 학생들이 책임 있는 소비와 생산을 할 수 있도록 도울 수 있다.

친환경 샴푸바로 제로웨이스트 실천하기

친환경 제품은 환경 문제가 심각해지면서 이를 해결하기 위해 나온 일종의 대안 제품이다. 일반적으로 쓰임새는 비슷하거나 같지만, 그것을 만들고 사용하는 과정에서 우리는 환경을 보전하고 지속 가능한 발전을 실천할 수 있다. 친환경 샴푸바 또는 수세미 비누 받침, 대나무 칫솔, 코끼리 똥으로 만든 종이처럼 다양한 제품들이 있는데, 우리는 친환경 샴푸바를 직접 만들어보고, 제로웨이스트를 직접 실현할 수 있다.

친환경 샴푸바 만들기					
과목	기술, 가정	학년	중등 3학년	차시	4차시
세계시민교육 학습주제	2. 지역·국가·세계 차원에서 공동체 간의 상호작용과 연계에 영향을 미치는 이슈 7. 개인·집단적으로 취할 수 있는 실천				
세계시민교육 학습 목표	• 지역·국가·세계에서 발생한 주요 이슈의 근본 원인을 파악하고, 지역적 요인과 세계적 요인이 상호 연결돼 있음을 고찰한다. • 개인과 단체가 지역·국가·세계 차원에서 중요한 이슈에 대해 어떤 행동을 취했는지 살펴보고, 그러한 이슈를 해결하고자 하는 활동에 참여한다.				

핵심 활동
- 환경오염의 심각성과 친환경 제품에 관한 정보를 탐색, 정리한다.
- 준비된 재료를 바탕으로 나만의 친환경 샴푸바를 제작한다.
- 샴푸와 비교했을 때 장점, 만들면서 느낀 점 등을 사후 활동지를 작성한다.

성취기준
[9기가03-04] 소비자 정보 중 중립적 원천의 소비자 정보가 만들어지는 과정을 이해하고, 구매 의사결정 과정을 통해 합리적인 소비생활을 실천한다.
[9기가03-05] 소비자 권리와 역할을 이해하고, 소비생활에서 발생하는 문제 상황을 중심으로 해결방안을 탐색하고 책임 있는 소비생활을 실천한다.
[9기가04-04] 제조 기술과 관련된 문제를 이해하고, 해결책을 창의적으로 탐색하고 실현하며 평가한다.
[9기가05-09] 적정기술과 지속가능발전의 의미를 이해하고, 적정기술 체험활동을 통하여 문제를 창의적으로 탐색하고 실현하고 평가한다.

핵심 질문
우리 생활에서 어떤 것들을 친환경으로 바꿀 수 있을까?

프로젝트의 흐름
1차시: 환경오염, 친환경의 필요성에 관한 정보를 탐색하고 교사가 제시한 활동지를 작성한다.
2차시: 주어진 재료를 활용해 친환경 샴푸바를 제작하고, 뒷정리 및 활동지를 작성한다.
3차시: 사후 활동지에 실습 중 느낀 점, 친환경 샴푸바의 장점 등을 기록하고, 공유한다.

주요 결과물
사전-사후 학습지(포트폴리오), 친환경 샴푸바

친환경 샴푸바 만들기 사전-사후 활동지(예시)

문제 상황 제시	• 우리 주위에 환경을 오염하는 제품을 최대한 많이 적어보시오. • 친환경 제품을 사용한 경험을 한 가지 이상 적으시오. ▶ 환경오염에 대한 다양한 문제 상황 제시
이미 알고 있는 내용(knowing)	환경오염을 줄이는 방법에는 어떤 것들이 있을까?
준비물	친환경 샴푸바 키트(베이스 분말, 천연 에센셜 오일, 혼합 액상 첨가물 등)
느낀 점 기록	당연히 머리를 감을 때는 샴푸를 써야겠다 생각했는데, 쓰면 사라지는 샴푸바의 장점에 대해 알게 됐다.
	만드는 방법이 어렵지 않았고, 나만의 샴푸바를 만들 수 있어 재밌었다.
	건강에도 좋고, 환경에도 좋다고 하니 친환경 샴푸바를 자주 써야 할 것 같은 느낌이다.
유의 사항	1. 실습 중 안전을 최우선으로 한다. 2. 친구들과 협력하여 활동에 참여한다.

1차시에서는 영상자료를 활용하여 환경오염과 친환경 제품의 필요성에 대해 설명한다. 설명이 끝나면 교사는 활동지를 나누어주고 학생은 실습 전 채워야 할 빈칸을 채운 후, 다음 시간에 실시할 친환경 샴푸바 만들기 실습에 관해 설명하고 마친다.

샴푸바 만들기 실습은 1시간이면 충분하다. 관련 실습 재료는 키트 형식으로 검색을 조금만 해보면 쉽게 살 수 있다. 또한 실습에 관한 자료나 설명이 판매처별로 다르니 비교하여 구매한다.

학생들은 2차시에 친환경 샴푸바를 만들고, 각 샴푸바는 굳는 시간이 오래 걸리기 때문에, 사물함 또는 학급 공용공간에서 굳히도록 한다. 그동안에 뒷정리를 하고 활동지를 작성한다. 3차시에는 자신이 만든 샴푸바를 가져와서 만드는 동안 느낀 점, 샴푸바의 장점 등을 기록하도록 한다.

업사이클링(Upcycling)으로 세계시민역량 업그레이드!

업사이클링이란 '향상시키다.'라는 뜻의 'Upgrade'와 '재활용'이라는 뜻의 'Recycling'의 합성어로 일반적으로 폐품을 재사용하는 수준을 넘어, 이를 가공하고 새로운 가치를 창출하여 새로운 물건을 만드는 방법을 말한다. 예를 들어 페트병을 가공하여 섬유를 만들고, 이를 사용하여 의복을 만들거나, 버려진 옷들을 활용하여 가방이나 파우치 등을 만드는 리폼도 업사이클링이라 할 수 있다. 버려진 현수막을 사용하여 가방을 만들고, 병뚜껑을 모아 치약짜개나 키링을 만들기도 한다.

\multicolumn{5}{c}{예쁜 냄비 받침으로 재탄생되는 양말목}
과목	기술·가정	학년	중등 1학년	차시	4차시
세계시민교육 학습주제	2. 지역·국가·세계 차원에서 공동체 간의 상호작용과 연계에 영향을 미치는 이슈 7. 개인·집단적으로 취할 수 있는 실천			
세계시민교육 학습 목표	• 지역·국가·세계에서 발생한 주요 이슈의 근본 원인을 파악하고, 지역적 요인과 세계적 요인이 상호 연결돼 있음을 고찰한다. • 개인과 단체가 지역·국가·세계 차원에서 중요한 이슈에 대해 어떤 행동을 취했는지 살펴보고, 그러한 이슈를 해결하고자 하는 활동에 참여한다.			

핵심 활동
- 업사이클링에 관한 정보를 탐색, 정리한다.
- 준비된 재료를 바탕으로 나만의 양말목 냄비 받침을 제작한다.
- 업사이클링을 하면서 느낀 점 등을 사후 활동지를 작성한다.

성취기준
[9기가03-04] 소비자 정보 중 중립적 원천의 소비자 정보가 만들어지는 과정을 이해하고, 구매 의사결정 과정을 통해 합리적인 소비생활을 실천한다.
[9기가03-05] 소비자 권리와 역할을 이해하고, 소비생활에서 발생하는 문제 상황을 중심으로 해결방안을 탐색하고 책임 있는 소비생활을 실천한다.
[9기가04-04] 제조 기술과 관련된 문제를 이해하고, 해결책을 창의적으로 탐색하고 실현하며 평가한다.
[9기가05-09] 적정기술과 지속가능발전의 의미를 이해하고, 적정기술 체험활동을 통하여 문제를 창의적으로 탐색하고 실현하고 평가한다.

핵심 질문
버려지는 양말목으로 무엇을 만들 수 있을까?

프로젝트의 흐름
1차시: 업사이클링에 관한 정보를 탐색하고 이해한다.
2차시: 주어진 재료를 활용해 양말목 냄비 받침을 제작하고, 뒷정리한다.
3차시: 각자가 만든 냄비 받침을 학급 내에 원형으로 비치하여 갤러리워크 한다.

주요 결과물
양말목 업사이클링 냄비 받침

    양말목은 양말을 만들기 위해서는 꼭 필요하지만, 자투리 형식으로 남는 부분이다. 과거에는 쓰레기로 처리하여 많은 양말목이 낭비됐지만, 최근에는 이러한 양말목을 업사이클링하여 가방, 냄비 받침, 액세서리 등 다양한 방식으로 활용하고 있다. 먼저 1차시에는 학생들에게 업사이클링의 개념을 설명한다.

    2차시에서는 교사가 먼저 준비한 양말목 냄비 받침을 보여주고, 설명서를 나누어준다. 유튜브에 양말목 업사이클링 관련 영상이 많기 때문에 짧은 클립을 활용해도 좋다. 설명을 마친 후에 학생들에게 양말목을 1인당 30개 정도 나누어준다(양말목은 단색, 다양한 색, 키트 등 다양한 구매처가 있지만, 다양한 색을 벌크로 사게 되면 학생들이 원하는 색을 직접 가져갈 수도 있고, 훨씬 저렴하다). 학생들은 각자 자리에서 양말목 냄비 받침을 만든다.

3차시에는 학급 책상을 원형으로 만든 후, 각자의 냄비 받침을 배치한다. 교사는 학생 1인당 다른 색 스티커를 3장 나누어주고, 학생들은 자신의 것을 비롯한 친구들의 냄비 받침을 구경하며 마음에 드는 냄비 받침에 스티커를 한 장씩 붙일 수 있다. 자연스럽게 친구들의 작품을 구경하며, 완성도나 심미성, 창의성 등을 다른 색의 스티커로 평가할 수 있게 된다.

··· 이렇게도 활동할 수 있어요		
다양한 실습 방법(예시)	방법	비고
양말목을 활용한 액세서리 만들기	꼭 냄비 받침이 아니더라도 다양한 색의 양말목을 이용해 키링을 만들 수 있습니다.	

수업을 마치며

영향력 있는 수업을 하고 싶다

실습수업의 가장 큰 장점은 '체득(體得)'이 아닐까 싶다. 실습을 통해 학생들은 평소 관심은 가졌지만 자세히 알지 못했던 문제들을 직시하고, 이를 직접 해결하거나 체험할 수 있다. 나아가 자신이 몸소 느꼈던 것들을 친구, 교사, 부모 나아가 사회와 공유하며 '어떻게 하면 더 아름다운 세상을 만들 수 있을까?'를 고민하기도 한다. 그런 의미에서 실습은 분명 영향력 있는 수업이다.

실습수업은 손이 많이 간다. 계획부터 자료 준비, 재료 준비, 설명, 안전지도, 실습, 평가, 정리 및 마무리까지 하다 보면 요령을 피우고도 싶지만, 막상 아이들이 관심을 갖고, 즐겁게 참여하는 모습을 보면 '그래! 이거지!' 하는 생각으로 더 꼼꼼하게 수업을 준비하게 된다. 종종 학생들의 포트폴리오에 적힌, 나의 노고를 알아주는 소감을 읽노라면 그만한 보람이 없다.

나의 학창 시절을 돌아보니 칠판만 바라보거나, 문제집을 많이 풀었던 것 같은데 잘 기억나지 않는다. 오히려 목공 실습이나 조리 실습, 지역사회에서의 봉사활동 등은 추억이 되어 지금까지도 친구들과 나누곤 한다. 그 영향력 때문일까? 그때의 좋았던 기억으로 나는 교편을 잡았고, 기술과 세계시민교육을 가르치고 있다. 부디 바라는 게 있다면, 나의 수업들도 누군가에게 선한 영향력이 되어 세상에 조금이라도 도움이 되면 좋겠다.

7장

나와 너, 우리의 변화를 이끄는 사회참여 프로젝트 수업과 공공선 실천

· 조수양 ·

'깊게'보다 '넓게', 다양한 사람들을 만나고 새로운 일에 도전하기를 좋아하는, 업무적으로는 ENFJ, 일상에서는 ENFP 그 언저리에서 정체성을 찾아가려는 22년 차 고등학교 교사다. 여전히 마음이 움직이는 대로 살려다 보니 해야 할 일과 하고 싶은 일 양쪽을 다 놓치고 싶지 않아 늘 분주하게 움직이는 편이다. 우연이든 필연이든 삶에서 기회는 찾아온다. 그리고 크고 작은 모든 경험은 유의미하며 그러한 경험의 선택이 결국 현재의 나를 만들어 간다. 대학교 때 훌쩍 떠났던 영어권 나라에서 만난 멕시코 친구들 덕분에 그들의 열정적인 문화에 푹 매료되었다. 짧지만 강렬했던 그 경험은 한참 후 나를 결국 다시 라틴 아메리카로 향하게 했다. 외국어 교과를 가르치다 보니 새로운 문화에 자석처럼 끌리는 경우가 많고 나도 한 번쯤은 '원어민 교사'가 되고 싶었다. 운 좋게 '코이카 해외봉사단'으로 라틴 아메리카 문화의 정수인 콜롬비아에서 2년간 '원어민'으로 살았다. 이런 경험은 내가 관내 교육청 직속 기관인 '동아시아국제교육원'에서 치열하지만 색다른 삶을 살게 이끌었다. 여러 음식을 맛보아야 내가 좋아하는 음식이 무엇인지 정확히 집어내고 표현할 수 있듯이 우리 학생들도 자신의 입맛을 찾아가도록 다양한 시식의 기회를 주고 싶다. 동료 교사, 학생들과 함께하는 시간을 좋아하며 다소 '오지라퍼' 같지만 매 순간 진심이고자 노력하며 학생과 나, 교사인 우리 모두 함께 성장하기를 꿈꾸고 기대한다.

깊어지는 표현과 공감, 서삼독 프로젝트

'나는 세계시민일까, 아닐까?' 의문을 가져본 적이 있다. '누가 세계시민일까?', '영어로 말을 하는 사람은 세계시민이고, 그렇지 않은 사람은 세계시민이 아닌가?', '출장이나 여행, 공부 등의 이유로 해외에 나가는 사람은 세계시민이고 국내에만 있는 사람은 아닌 건가?' 혹은 '나도 세계시민일까?'를 고민하는 사람들에게도 그럴 필요 없이 우리 모두 '세계시민이다'라고 외쳐본다. 물론 세계시민이라고 신분증이 따로 있지는 않지만, 세계시민으로 정체성이나 가치관, 세계관을 가지고 있는 사람은 굳이 자신을 홍보하거나 이마나 등에 써 붙이고 다니지 않더라도 삶에서 드러나기 마련이다.

마찬가지로 '이건 세계시민교육이야'라고 명시적으로 말하지 않더라도 세계시민적 가치관을 가진 교사가 그 요소들을 수업에 녹여낸다면 당장은 아니더라도 어느 날 문득 혹은 서서히 학생의 삶에서 나타날 거라 확신한다. 그리고 여기에서 중요한 것은 '자식이 부모의 거울이듯', 교사인 우리가 먼저 그러한 삶을 살아내야 한다. 아이들과 학생들은 부모와 교사의 말보다 행동에 더 영향을 받기 때문이다. 행동이 바뀌려면 생각의 변화가 필요한데 지금까지 경험해 본 바로 '사람은 잘 바뀌지 않는다'. 나이가 들어갈수록 자기만의 견고한 성을 쌓아 자신을 보호하려 하고, 자기 생각을 흔들 정도의 '변화'를 쉽게 수용하지 않으려고 하고, 또 너무 일반적인 얘기나 관심 없는 주제면 한 귀로 듣고 흘려보내는 경우가 허다하다. 그래서 생각에 변화를 주기 어렵고 행동의 변화로까지 이어지기는 더 어려워 보인다.

나의 말, 너의 말, 우리 모두의 말

몇 년 전 인터넷을 뜨겁게 달군 뉴스가 화제였다. "심심한 사과? 나는 하나도 안 심심해." 작가 사인회를 주최한 어느 카페 측이 온라인 예약 시스템 오류에 대해 사과문을 올렸는데 심심한 사과에 대한 무수한 비난 댓글이 이어졌다. "제대로 된 사과도 아니고 무슨 심심한 사과?"

문해력 저하에 대한 논란과 우려 섞인 목소리가 나오기 시작했고 문해력을 의심할 만한 적지 않은 사례들이 여기저기에서 쏟아져 나오며 '문해력 결핍'은 하나의 거대 담론이 되었다.

나는 영어를 가르친다. 언어를 공부하고 가르치기에 여러 언어에 관심이 많다. 보통 모국어 화자는 잘못된 어휘나 표현을 써도, 혹은 문법적으로 좀 틀려도 찰떡같이 알아듣고 반응한다. 반면 요즘 한국에 사는 외국인들이 방송에 나와서 하는 말을 듣고 있으면 한국어 구사력이 한국인보다 더 뛰어날 때가 있다. '외국어로서의 한국어 교육'을 잠시 접해서인지 나 역시 정확히 표현하고 표기하고 살아야겠다 싶지만, 어느새 틀린 표현에 익숙하다. 한번 오용된 표현은 쉽게 고치기가 어렵지만 잘못된 표현이라는 걸 알게 되는 순간 의식적으로 더 정확하게 사용하려고 애써본다. 그래서인지 우리 학생들도 자기 생각을 명확하게, 제대로 표현하며 상호 간 오해 없이 의사소통하며 살면 좋겠다. 학생들에겐 다소 '꼰대', '오지라퍼' 같아 보여도 내가 알고 있는, 학생들의 틀린 표현은 학생이 의식하도록 말하게 된다.

한번은 내가 수업이 없을 때 배송된 물건을 받으러 1층으로 내려갔는데 Wee 클래스 앞 큰 탁자에 누워있는 학생 두 명을 발견한 적이 있다. '수업 중인데 왜 여기에 누워있니, 무슨 시간이야?' 하고 물었더니 체육 시간인데 밖이 '열대야'로 더워서 좀 누워있다고 했다. '에…엥? 열대야라니…'

"친구야, '열대야(熱帶夜)'는 낮 동안의 더운 공기가 밤까지 지속돼서 온도가 내려가지 않는 현상을 말하는 거 아니니?", "아, 선생님, 과학 선생님이세요?", "아…니, 이 내용, 고등학교 때 배우는 거 아니야?"

또 한번은 주의가 산만한 학생들이 많은 반에서 있었던 일이다. 수업에 크게 관심이 없는 한 남학생이 나의 질문에 "예, 썰(Yes, Sir.)"이라고 답한 적이 있다. "OO야, 선생님의 성(gender)을 바꾸지 말아줘. 쌤은 '남자'가 아니야. 쌤한테는 '예스, 마담(Yes, Madam.)' 또는 '예스, 맴(Yes, Ma'am.)'이라고 하는 거야." 하고 지나갔다. 몇 개월이 지나 '열대야 사건'의 주인공이 자기 노트북을 들고 내가 있는 교실로 들어와 컴퓨터를 잘 다루는 학생에게 수리를 부탁하면서 분위기를 흐트러뜨렸다. 학기 말 창의적 체험활동(이하 '창체') 시간이라 느슨한 틈을 타고 교실을 이동했다. 몇 번 주의를 주며 빨리 수리받고 나가라고 하니 그 친구가 대뜸 "예, 썰."을 외친다. "쌤은 남자가 아니야."라고 말했는데 그 학생은 무슨 상황인지 잘 모르는 듯했다. 그때 갑자기 "쌤한테는 '예스, 맴'이라고 하는 거야."라는 말이 들렸다. 고개를 드니, 예전에 나에게 '지도'받았던 학생이었다. 그런데 그 이후에 학생들의 대화가 계속되었다. "그게 무슨 뜻인데?" "나도 몰라. 근데 여자 쌤한텐 '예스, 맴'이라고 해야 해." 피식 웃음이 나왔지만 그걸 기억하고 대응한 것이 기특해 수업이 끝날 즈음 그 학생에게 다가가 손뼉 맞장구를 했다.

서삼독 프로젝트

숏츠(shorts)에 익숙한 요즘 청소년들은 드라마나 영화도 요약본으로 보거나 재미가 없는 구간은 건너뛰며 본다는 얘기를 들은 적이 있다. 그래서 긴 호흡이 필요한 드라마 전체를 보거나 영화관에 직접 가서 보는 시간을 힘들어한다고. 바쁜 시간, '핵심만 쏙쏙, 요점만 간단히'도 좋지만, 전후 맥락, 행간의 의미, 글의 전반적인 내용을 이해하는 것은 개인의 문해력 향상뿐 아니라 인간관계에서도 중요하다.

신영복 선생의 책, 『처음처럼』에 '서삼독(書三讀)'이란 말이 나온다. 책은 세 번 읽어야 하는데, "먼저 텍스트를 읽고, 다음으로 그 필자를 읽고, 그리고 최종적으로는 독자 자신을 읽어야 한다"는 것이다. 책 속에 푹 빠지기보다 미뤄놓은 숙제처럼 책을 대하는 내게 섬광처럼 다가온 말이다.

짧지 않은 긴 호흡의 서삼독 프로젝트를 통해 독서 편식 없이 다양한 장르의 책을 접하고, 읽은 책의 내용을 여러 방식으로 표현해 보고, 다른 친구들의 생각을 읽고 말도 경청해 보면서 관심과 포용의 영역이 나 자신에서 주변으로 확장되면 좋겠다. 또 스스로 선택한 책을 읽고, 자기 생각을 정리해 기록하고 두 달에 한 번씩 모여 생각을 나누면서 자기관리, 자신과 타인과의 약속, 책임감도 좀 키우면 좋겠다. 나를 잘 돌보고 타인을 배려하며 공동체와의 약속을 잘 지키고 서로 낙오되지 않도록 독려하며 이 프로젝트를 끝까지 마무리하는 것이 바로 공동체에서 필요한 세계시민의 태도를 갖추는 것이라 여기며 프로젝트의 첫 삽을 뜬다.

서삼독 프로젝트 활동(예시)						
과목	인문/사회/과학/예술 융합		학년	고등 1~3학년	기간	4월~10월
세계시민교육 학습주제	인문, 사회, 과학, 교양, 소설 등의 분야에서의 관심 주제					
세계시민교육 학습 목표	• 꾸준한 독서와 사유를 통한 자기 표현력과 타인에 대한 공감을 함양한다. • 독서 편식 없이 다양한 분야의 추천 도서 읽기로 배경지식을 확장한다. • 개별 독서 및 나눔을 통해 문해력을 향상하고 학생 간 의사소통 역량을 강화한다.					

핵심 활동
• 사서교사 및 학년 선생님들의 추천을 받은 독서 목록에서 분야별로 책을 선택하고 제시된 독서 활동 과제를 기한 내에 수행한다.
• 자신의 바인더에 수행 과제의 결과를 기록하고, 공유 패들렛에도 올린다.
• 두 달에 한 번씩 전체 모임을 통해 각자의 활동 및 소감을 공유한다.

핵심 질문
- 추천목록에서 매 차시 어떤 책을 선정하나요?
- 읽고 난 다음 어떤 생각이 드나요?
- 다른 친구들의 독서 나눔을 통해 새롭게 느낀 점이나 배운 점이 있나요?

프로젝트의 흐름
(사전)
- 프로젝트 추진계획을 수립하고 희망 학생을 선발한다. (1, 2학년 20명씩, 3학년 10명) 각 학생의 독서 친구 매칭 및 소그룹으로 분류한다.
- 사서교사 및 학년 선생님들로부터 분야별 도서를 추천받아 도서 목록을 작성한다.
- 패들렛에서 교사 공지란 및 학생 개별 란을, 개별로 선택한 도서명 기입을 위해 구글 드라이브에서 공유 엑셀 문서를 작성한다. 더불어 카카오 오픈 채팅방을 개설해 둔다.
- 사전 모임에서 도서 목록, 바인더를 배부하고 프로젝트의 전체 흐름을 안내한다.

1차시: 학생들은 첫 번째로 읽을 책 선정 및 구글 문서*에 도서명 작성 후 개별 독서 활동을 시작한다. 오픈 채팅방을 통해 1차 독후활동─① 읽고 기억에 나는 문장/문구 작성하기 ② 책/문구에 대해 떠올려지는 이미지(삽화) 그리기 ③ 3~5줄 정도의 짧은 서평(감상평) 쓰기─을 공지하고 진행한다.
2차시: (점심시간/방과후 시간 활용하여) 독서 친구 및 소그룹별로 짧게 모여 서로의 독서 진행 상황을 확인하고 독려한다. 전체 모임에서 각자의 1차 활동 결과물(바인더에 정리)을 공유하고 의견을 나눈다.
3차시: 오픈 채팅방을 통해 2차 활동─제시하는 5개의 시 중 하나를 선택하여 시 패러디를 하고 패들렛과 바인더에 기록─을 공지하고 진행한다.
4차시: 전체 모임에서 2차 활동으로 각자가 패러디한 시를 돌아가면서 낭송하며 학생들은 감상한다.
5차시: 2번째 책을 선택하고, 3차 활동─① 책 속의 인물에게 영상 편지 쓰기 또는 ② 작품 속 한 장면을 선정하여 그 장면 '재연'하여 영상으로 제작하기 → QR코드 만들어 바인더에 부착하기─을 공지하고 진행한다.
6차시: 전체 모임으로 3차 활동의 결과물을 공유하고 1학기 활동 소감을 나눈다.
7차시: 3번째 책을 선택해 읽고 4차 활동─'더불어 사는 삶'을 위해 나, 우리가 함께 시도하면 좋은 것(아이디어) 제안하기─을 공지하고 진행한다.
8차시: 전체 모임에서 4차 활동의 결과물을 공유하고 의견을 나눈다.
9차시: 서삼독 프로젝트를 통해 변화된 점, 배운 점을 바탕으로 ① 향후 바람에 대한 글쓰기(시, 산문 등) ② 서삼독 프로젝트 7행시 쓰기를 한다. (제목은 별도 작성)
10차시: 내가 선정하는 5-star books 목록 만들기로 진행한다. (목록에서 읽은 책, 향후 읽고 싶은 책 중에서 선정하고 선정 이유와 누구에게 추천하고 싶은지 간단히 기록하기)
(최종)
각자의 독후활동을 기록한 바인더(OO 책방)를 공유하고 활동에 대한 소감을 서로 나눈다.
지정 장소에 학생들의 독후활동 바인더를 게시하고 타 학생들과 공유의 장을 마련한다.

주요 결과물
차시별 선정한 독서 활동의 과제를 각자 바인더/패들렛에 기록(독후와 연관된 삽화, 시 패러디 등)
☆ 평가는 따로 하지 않고 매 활동 후 참여 학생 대상으로 '만족도 조사' 실시 및 활동 참여 정도에 따라 학생의 활동 내용을 학생생활기록부에 기재

우리는 서로를 통해 배우고 성장하는 중

원래 1, 2학년을 대상으로 25명씩 선발 계획을 세웠는데 3학년 부장 선생님이 3학년에게도 기회를 달라고 하셔서 1, 2학년 20명씩, 3학년 10명 총 50명으로 희망 학생을 모집하였다. '학기 초 특수'인지 의지가 충만하거나 활동이 시급한 고학년 순으로 인원이 채워졌다.

동아리 면접, 학원 수업 등으로 모임 첫날부터 불참 통보, 무단 불참한 몇몇 학생들로 맥이 빠지기도 했지만 낯익은 3학년 학생들과 낯선 분위기 속 쭈뼛쭈뼛 들어와 앉는 학생들을 보면서 다시 마음을 가다듬는다. 해를 거듭할수록 학생들은 바쁜 것 같다. 시작도 하기 전에 언제 끝나냐고 물어보는 학생들을 보며, '난 더 바빠'라고 말해주고 싶다. 우리 학교의 급식은 학년별로 시간을 달리 먹기 때문에 전 학년을 대상으로 하는 행사를 진행할 때는 유일하게 일찍 끝나는 수요일 7교시를 잘 선점해야 한다. 학생들에게도 시간 여유를 두고 미리 공지해야 개인 일정을 조정하는 것 같다. 그래서 기본값은 50분 내로 끝내야 하고 보통 제시간에 마치려고 노력한다.

처음에는 도서관의 책들을 훑어보며 각자의 독서 목록을 만들게 할까 생각했으나 몇 명 학생들 말고는 한 학기가 다 가도록 읽을 책을 정하지 못할 것 같았다. 대안으로 생각한 것이 나를 포함해 사서 선생님과 각 학년 부장님의 추천 책으로 구성된 목록에서 장르별 1권씩 총 네 권을 읽되, 나머지 한 두어 권은 자기 추천 도서로 남겨두는 것이었다. 제한된 범위 내에서 선택권을 넓혀주는 것은 독서 편식을 줄이고 학생의 주체성과 자발적 참여를 높일 수 있다. 선생님들께 별도의 요청 사항 없이 학생들이 이 프로젝트에서 읽으면 좋은 책을 추천해 달라고 했다. 나도 여러 연수에서 소개받거나 학생들과 함께 생각을 나눠보고 싶은 아이디어나 이야기가 담긴, 너무 오래되지 않은 책으로 몇 권을 선정했다. '나 자신'을 성찰하고 한 번쯤 눈을 돌려 주변을 살피며 세상을 보다 넓게 볼 줄 아는 안목을 키우면 좋겠다는 바람으로 말이다.

선생님들의 추천 도서

추천인	도서명(저자)
사서 교사	나는 풍요로웠고, 지구는 달라졌다(호프 자런) 동물들의 위대한 법정(장 뤽 포르케) 어떤 호소의 말들(최은숙) 이름이 법이 될 때(정혜진)
학년 부장	21세기를 위한 21가지 제언(유발 하라리) 82년생 김지영(조남주) 군주론(마키아벨리) 나는 나로 살기로 했다(김수현) 나미야 잡화점의 기적(히가시노 게이고) 떨림과 울림(김상욱) 세계사 편력(네루) 세계사를 바꾼 화학이야기 시리즈(오미야 오사무) 세포의 노래(싯다르타 무케르지) 총균쇠(재레드 다이아몬스)
나	4.3이 나에게 건넨 말(한상희) 도둑맞은 집중력(요한 하리) 세계사를 한눈에 꿰뚫는 대단한 지리(팀 마샬) 수화 배우는 만화(핑크복어) 언어의 높이 뛰기(신지영) 역사의 쓸모(최태성) 있지만 없는 아이들(은유) 지리의 힘(팀 마샬)
학생 자신	흥미, 관심사에 따른 선택

처음부터 너무 학구적으로 시작하면 지루하거나 힘들어할 수 있어 무난하게 시작할 수 있는 독후활동을 제시하였다. 구글 문서에 입력된, '첫 번째로 읽을 도서명'들을 보니까 비슷한 책들도 눈에 띄지만 22권의 추천 도서와 한 두어 권은 자신이 읽고 싶은 책이라는 어마어마한 확률로 학생들

은 자신의 첫 번째 도서를 다양하게 선택했다. 개인 소장 도서거나 학교 및 지역 도서관에서 대여할 수 있도록 확보 요청도 해 두었다.

1차 과제

1. (선택한 1번 책) 읽고 기억에 나는 문장/문구 작성하기
2. 책/문구에 대해 떠올려지는 이미지/삽화 그리기
3. 3~5줄 정도의 짧은 서평/감상평 쓰기

약 한 달의 시간이 지나고 예정된 '중간 모임'을 오픈 채팅방으로 공지했다. 짧은 50분 행사도 진행하려면 사전에 준비할 게 많다. 도서관 사서 선생님께 미리 협조를 구하고 소그룹별로 앉을 좌석, 약간의 맛있는 간식과 등록부 세팅, 잔잔한 음악과 함께 행사 일정과 안내 사항을 정면에 띄워두었다.

1차 모임 안내(예시)

1. {3:45분}까지 등록부 사인
2. A~H 그룹 대표가 소그룹 모임에서 나눈 내용 정리 (어떤 식으로 모임을 했는지 간단히 설명, 8개 그룹 2분씩→ 16분)
3. 책 나눔 (학년별 희망자 2분씩, 총 7분)
4. 그룹별로 움직이며 '바인더' 내용 공유 (2분씩, 총 16분)
5. 단체 사진 촬영 및 모임 평가 (설문조사)

여러 학급이나 학년이 섞여 있으면 학생들은 더 말을 안 하려고 한다. 소그룹 모임에서 무슨 얘기를 나누었는지 간단히 알려달라고 하니 말하는 패턴이 '점심시간/쉬는 시간에 모여서 무슨 책 골랐는지, 어디까지 읽었는지 말하고…'로 다들 비슷비슷하다. '이렇게 끝나는 건가?' 첫 번째 책 나눔은 모두의 얘기를 들어볼 시간은 없을 것 같아 학년별 희망자 한 명씩의 얘기를 듣겠다고 했다. 조용하다. 예상했던 일이다.

그런데 2학년 윤서가 먼저 감상평을 나누고 싶다며 자원했다. 『지리의 힘』[16]을 완독하지는 않았다고 한다. "괜찮아"라고 했다. 모든 내용을 꼭 다 읽어야 하는 건 아니니까. 처음부터 끝까지 읽기도 하지만, 관심 있는 부분 골라 읽어도 책을 읽은 것 아닌가?

"우리 삶의 모든 것은 지리에서부터 시작되었다"
- 『지리의 힘』 중에서

"지리학적인 영향력이 세상에 미치는 여러 영향이 생각보다 대단하였다. 특히 미국에 대한 이야기가 인상 깊었는데 건국된 지 얼마 되지 않았던 미국이 어떻게 세계 1위 국가가 되었는지 궁금했던 나의 궁금증을 해결해 주었다. 그 이유는 미국은 문명을 시작하기에 알맞은 땅은 아니지만, 어느 정도 발전한 문명들이 살기에 가장 좋은 땅이기 때문이다. 그 세 가지 이유는 많은 천연자원, 타 대륙과 먼 거리, 좌우로 넓은 대륙이다. 이처럼 지리에 얽힌 이야기를 알 수 있었다." - O윤서

이렇게 말문을 열어 준 학생이 늘 고맙다. 학생들이 머뭇거릴 땐 교사의 단순한 모델링(modeling)이 자신감을 얻고 한 걸음 더 나아갈 수 있게도 한다. 활동을 계획할 땐 '나도 같이 참여해 보자'라는 생각이 들다가도 막상 타이밍을 놓치거나 바쁜 업무를 핑계로 활동이 계속 이어지지 못할 때가 많았다. 그래서 이번엔 '서삼독 프로젝트'의 일원으로 학생들과 동일하게 참여하고 있다. 창체활동으로 3월에 〈제주 4·3으로 보는 세계시민교육〉 특강을 기획해 독서 목록에 포함했던 『4·3이 나에게 건넨 말』[17]에 대해 짧게

---

16 『지리의 힘』 팀 마샬. 사이. 2016.
17 『4·3이 나에게 건넨 말』 한상희. 다봄. 2023.

쓴 나의 감상평을 예시로 읽어 보였다. 이렇게 하면 된다고.

'선생님보다는 잘할 수 있겠다'는 자신감을 얻었는지 1학년과 3학년에서도 지원자가 나왔다. 그리고 그 친구들의 진지한 감상평에 학생들을 다소 과소평가하고 있었던 나를 반성했다.

"최고의 시대이자 최악의 시대였다. 지혜의 시대였고, 어리석음의 시대였다. 믿음의 시대이자, 불신의 시대였다. 빛의 계절이었고, 어둠의 계절이었다. 희망의 봄이었고, 절망의 겨울이었다. 우리 앞에 모든 것이 있었고 우리 앞에 아무것도 없었다. 우리 모두 천국을 향해 가고 있었고, 우리 모두 반대 방향으로 가고 있었다."

-『두 도시 이야기』[18] 중에서

"『두 도시 이야기』는 세계에서 가장 많이 팔린 단행본으로, 전 세계에서 첫 문장이 가장 아름다운 소설로도 손꼽히고 있다. 프랑스 혁명을 배경으로 한 『두 도시 이야기』는 첫 문장을 통해 당시 프랑스 혁명의 이중적인 모습을 잘 보여준다… (중략) 지금 우리가 살고 있는 사회는 어떠한가? 평등하지만 불평등하고, 소수자의 인권을 보호하는 등 정의로운 사회지만 명분 없는 전쟁이 매일 일어나는 불의의 사회이다. 한쪽은 매우 부유하지만, 한쪽은 매우 궁핍하다. 과학기술로 모든 것을 만들어 낼 수 있지만, 모든 것을 파괴할 수 있다. 『두 도시 이야기』에서 묘사한 이분화된 당시의 모습은 오늘날의 모습과 매우 닮아있다."

-O소담

---

[18] 『두 도시 이야기』 찰스 디킨스. 이인규 역. 푸른숲. 2007.

1학기 중간 나눔을 진행하며 중간고사를 앞둔 학생들이 어떻게 준비하고 어떤 마음으로 참여했는지 궁금했다. 설문 응답을 하나하나 읽어보며 다행히 나에게 전해졌던 울림이 비슷한 결로 학생들에게도 전해졌다는 생각이 들었다.

시 낭송, 예상 밖의 즐거움이 있는 첫 시도

 지난 1차 모임에서 모두의 생각을 듣지 못한 것이 못내 아쉬워 2차에서는 '시 낭송'으로 진행했다. 나는 지방의 시골 학교에서 초등학교와 중학교를 다녔는데 지금의 자립형 사립고등학교(일명 자사고)의 모태가 된 '자사초', '자사중'이었던 것 같다. 학년 별로 두 반씩 있던 사립 '국민학교'(현재의 초등학교)를 다녔는데 매년 연말 어느 저녁에는 학예회가 열렸다. 반별로 기악합주나 합창, 무용을 준비해 무대에서 선보였고 몇몇 학생들이 대표로 나와 시 낭송도 했던 기억이 난다. 학예회는 방과후 저녁에 진행되어 부모님을 비롯해 온 가족이 초대되어 그 지역 행사가 되곤 했다. 지금 생각해보면 그 당시 학교의 교육철학이나 선생님들의 열정이 대단했던 것 같고 그곳에서 받았던 교육은 현재의 나로 성장하기까지 소중한 자양분이 되었다고 생각한다. 시골이었음에도 예술과 문화가 있었고 도시에서는 그 당시 경험하기 어려웠을 활동을 어린 시절 일상으로 체험했다. 그래서 나 역시 기회 되는대로 학생들에게 새로운 것을 많이 경험해 보게 하고 싶다.
 처음엔 정석대로 '시작(時作) 활동'을 할까 하다 처음부터 고난도 활동을 제시하면 버거워할 듯해서 5편의 시[19] 중에서 하나를 선택해 '시 패러디'

---

19 내가 선정한 다섯 개의 시는 〈내가 좋아하는 사람〉(나태주), 〈대추 한 알〉(장석주), 〈방문객〉(정현종), 〈아끼지 마세요〉(나태주), 〈통사론〉(박상천)이다.

활동을 진행했다. 막상 시를 고르려고 하니 떠오르는 시가 마땅치 않아 평소 좋아하는 시 위주로 선택하였다. 학생들이 그 다섯 편을 여러 번 읽어보면서 응원과 위로받길 바라는 마음도 내심 있었다. '구글 문서'에 학생들이 선택해 입력한 시 제목을 보며 작품 선호도와 기준을 어느 정도 예측할 수 있었다. '짧은 것!' 한 명씩 무대 위로 올라와 자신이 패러디한 시를 낭송하고 간단한 해설을 곁들이게 했다. 초등학교 학예회 같은 아주 짧은 시 낭송 시간이었지만 같은 시가 새롭게 해석되고 응용되는 것이 하나의 팔레트에 짜놓은 여러 색깔의 물감처럼 느껴졌다.

대추 한 알이 영글어 붉어지기까지 혼자의 힘이 아닌 주변 환경과의 어우러짐이 필요함을 표현한 장석주 시인의 〈대추 한 알〉을 '어머니의 얼굴과 마음', '굳은살', '사람 한 명', '감정' 등으로 나타낸 학생들의 작품들, 주어와 동사만 있으면 문장이 되지만 시는 부사를 사랑한다는 박상천 시인의 〈통사론〉으로 과정은 온데간데없고 대학 입학 결과로 평가받는다는, 고3의 시선으로 풀어낸 '입결' 작품이 인상적이었다. 겉으로는 비슷한 삶을 살아가는 듯 보이지만, 시에서 '부사'가 의미를 더 깊고 풍성하게 해주듯 비슷해 보이는 삶의 이야기를 들여다보면 수만 가지의 사연과 이야기가 있다. 알아야 할 것, 챙겨야 할 것, 버려야 할 것들이 너무 많기도 하다.

학생들은 자기 앞에 놓인 매일의 숙제를 하느라 좌우를 돌아볼 마음의 공간이 없어 보인다. 심지어 자신이 어떤 사람이고 어떤 삶을 살아가고 싶은지 진지하게 생각해 볼 겨를도 없이 다음, 다음, 다음으로 넘어간다. 남을 도우려면 먼저 자신을 잘 돌볼 수 있어야 한다. 그렇다고 해서 자기 자신만 돌보고 있지는 않을 것이다. 내가 한 박자 쉬어가면서 누리는 여유와 경험이 다시 주변으로 시선을 돌릴 여력을 준다.

변화의 힘은 내 안에

세 번째 활동은 학생들이 선정한 책을 읽고 '책 속 인물에게 영상 편지 써보기'이다. 물론 '작품 속의 한 장면을 선정하여 재연 장면을 영상으로 남기기'도 가능하다. 나는 이 활동에서 학생들이 작품 내용과 인물에 깊이 빠져들어 맥락의 이해를 넘어 타인의 상황이나 아픔에 공감하며 자신이 할 수 있는 작은 행동을 시도해 나가는 기분 좋은 상상을 해본다. 좋은 것은 더욱 퍼져나가고, 적어도 주변에서 불의한 부분, 개선할 부분, 관심을 쏟을 부분은 감지해 나갈 수 있도록.

『82년생 김지영』[20], 『4·3이 나에게 건넨 말』, 『21세기를 위한 21가지 제언』[21], 『있지만 없는 아이들』[22]은 두 명 이상의 학생에게 선택받은 책이다. 학생들은 이외에도 『로컬 도서관의 기적』[23], 『세계사를 바꾼 10가지 약』[24], 『물고기는 존재하지 않는다』[25] 등 다양하게 선정하였다.

『4·3이 나에게 건넨 말』의 작가에게 타인의 아픔에 공감하고 행동하는 세계시민이 되겠다는 다짐의 영상 편지를 남긴 학생, 역사적 사건의 진실에 다가가며 살아남은 자들의 이야기와 우리에게 남겨진 과제를 생각해본 학생, 역사가 남긴 교훈을 마음에 새기며 희생자들에게 영상 편지를 쓴 학생. 『세계사를 바꾼 10가지 약』 중 페니실린을 발견한 과학자에게 뛰어난 업적을 넘어 생명 존중의 마음에 감사를 표한 학생, 『있지만 없는 아이들』을 읽고 미등록 이주 아동들에게 미안한 마음을 담아 응원의 영상 메시지를 쓰며 이러한 상황을 알지 못하는 다른 친구들에게 알려주고 싶다는

---

20 『82년생 김지영』 조남주. 민음사. 2016.
21 『21세기를 위한 21가지 제언』 유발 하라리. 전병근 역. 김영사. 2018.
22 『있지만 없는 아이들』 은유. 창비. 2021.
23 『로컬 도서관의 기적』 이가야 치카. 윤정구·조희정 역. 더가능연구소. 2024.
24 『세계사를 바꾼 10가지 약』 사토 켄타로. 서수지 역. 사람과나무사이. 2018.
25 『물고기는 존재하지 않는다』 룰루 밀러. 정지인 역. 곰출판. 2021.

학생이 있었다. 또 사람과 마을을 연결해 지속발전가능한 지역 도서관의 모범 사례를 보여 준 『로컬 도서관의 기적』을 읽고 도서관 사서가 갖춰야 할 자세와 도서관의 본질을 알게 해준 작가에게 남기는 영상을 만든 학생도 있었다.

각자 제작한 영상은 페들렛에 올리고 QR코드를 만들어 자신의 독서 바인더에 붙였는데 영상 편지의 주인공에게 자신의 마음을 어떠한 방법으로든 전하면 좋겠다. 학생들의 이러한 바람과 마음이 차곡차곡 쌓이면 누군가에게는 아주 작은 마음의 불씨 하나가 타올라 도전할 용기와 열정이 생기고 변화의 바람을 불러일으킬 수 있으니 말이다.

3학년 학생들은 1학기를 끝으로 활동을 마무리하겠지만 책을 자주 접하고 독서의 문턱을 낮추었다는 점에서 학생들뿐 아니라 이 프로그램을 기획한 나도 뿌듯하다. 독서 프로그램과 관계없이 각자의 독서는 계속될 것이고, 부담감은 있었으나 즐거웠던 경험의 씨앗이 앞으로의 도전에 마중물이 되어줄 것이다. 나도 1학기 마지막 활동으로 고른 책, 『있지만 없는 아이들』을 읽으면서 국내 미등록 아이들을 다룬, 아주 오래전에 봤던 다큐멘터리를 떠올리며 '마음의 부채' 의식이 생긴 걸 보면.

관심의 확장, 지역사회 개선 프로젝트

타자를 향한 관심, 책임감 그리고 연대하는 삶

학생들에게 학교란 어떤 곳일까? 요즘 학교 현장을 보면 '학교교육이 과연 필요한가?'를 떠올려 본다. 여전히 '졸업장'을 따기 위해 힘듦을 감내해야 하는 곳이지만 요즘엔 이마저도 퇴색되어 간다. 규칙 준수보다 학생 개개인의 자유와 선택, 진로가 더 큰 힘을 발휘하는 것 같고, 교육보다 학생들의 마음을 더 세심하게 살펴야 하는 시대인 것 같다. 그럼에도 '코로나 시대'를 겪고 보니 한 가지 분명한 사실은 학교가 단순히 '지식교육'만을 위한 곳이 아니라는 것이다. 24시간 중 상당 시간을 학교에서 보내며 학습하고 경험하는 것이 이후 사회적 관계 맺기나 삶의 방향을 정하고 가치관을 형성하는데 크게 영향을 끼친다. 그래서 학교는 삶을 살아갈 힘을 길러주는 안전지대이자 경험의 장이다. 학교는 그러한 힘이 학생들 개개인에게 체화되도록 여러 종류의 경험을 해보게 함으로써 학생들이 배움을 삶으로 연결 짓고 살아낼 수 있는 잔근육을 키워줄 수 있어야 한다.

그런데 '요즘 학생'들은 자신 외에는 자신을 둘러싼 환경이나 타자에 관심이 없어 보인다. 마음의 여유가 없어서 그럴까? 시간 여유가 없어서 그럴까? 관심을 두고 싶지 않은 걸까? 아니면 관심을 갖는 방법을 모르는 걸까? 모든 변화는 '관심'에서부터 나온다고 생각한다. 평소에는 스쳐 지나갔던 누군가(대상)를 내가 관심을 갖고 보는 순간 그 누군가(대상)는 더는 스쳐 지나가는 사람(대상)이 아니다. 김춘수 시인의 〈꽃〉에서처럼 관심을 갖고 보면 이전에 안 보이던 것이 확연히 보이고 그 누군가(대상)를 위해 쏟는 시간과 에너지를 아까워하지 않으며 오히려 더 잘되기를 바란다.

> "내가 그의 이름을 불러주기 전에는 그는 다만 하나의 몸짓에 지나지 않았다. 내가 그의 이름을 불러주었을 때 그는 나에게로 와서 꽃이 되었다."
>
> – 〈꽃〉, 김춘수 중에서

그러나 아쉽게도 내가 근무하는 이 지역은 신도시라 그런지 학생들 대부분이 자기 주변에 대한 관심, 공동체에 대한 애틋한 마음이 다소 부족한 것 같다. 그래서 이번 프로젝트를 기획했다. 생각은 오래전부터 했는데 어느 시점에 하면 좋을지 기회를 보고 있었다. 학교에서 진행하는 여러 프로그램이 '나' 자신에 맞춰 있다면 그걸 바탕으로 '주변 환경'과 내가 속한 공동체-'가정', '학교' 나아가 '지역사회'에까지 관심을 확장해보면 좋겠다 싶었다. 한동안 여기저기서 유행하던 표어가 'Think Globally, Act Locally'였다. '글로벌 인재'가 되기에 앞서 먼저 '로컬 인재'로 성장해야 한다는 생각이 많은 공감을 얻고 있다. 그래서 요즘 공문에는 '글로컬 인재', '글로컬 리더십'이 눈에 많이 들어온다.

여하튼 내가 학교에서 기획한 '글로컬 리더십 프로젝트: 지역사회 개선 프로젝트'는 학교와 지역사회에 대한 작은 관심이 애교심(愛校心), 애향심(愛鄕心)을 갖게 하고 나아가 자신과 타자를 살필 수 있는 책임 의식 함양을 목표로 한다. 이를 통해 구성원들과 함께 더불어 잘 살아가는 것에 대해 지속적인 관심을 가지고 고민하게 하는 것이 내가 우리 학생들에게 바라고 기대하는 부분이다.

프로젝트의 과제는 '지역사회(본교, 서구)가 직면한 문제를 지속발전가능한 방법으로 해결·실천'하기다. 학교나 지역사회의 문제를 인식하려면 평소 생활하면서 가졌던 불편함 또는 문제의식이 있었거나 아니면 새롭게 관심을 가지고 살펴야 한다. 전자든 후자든 상관없다. SDGs(지속가능발전목표) 17개 중 자신의 프로젝트 주제 관련 목표를 연계하고 문제 해결 과제로 5가지 중 택일하여 프로젝트 활동의 최종 결과물로 도출하면 된다. 5가지 최종 결과물 형태는 ① 창업 아이템 구상, ② 지역사회에 정책 제안, ③ 실험 탐구 보고서, ④ 지역사회 내 상생(협력)을 위한 제안서, ⑤ 기타(건축모형, 공공 건축 등)이다. 희망 학생은 이 프로그램에 대한 지원서와 활동 계획서를 2장 이내로 제출하면 되었다. 그리고 희망자가 많으면 서류 심사를 통해 관심 분야별로 팀을 꾸리면 되겠다고 생각했다.

물고기 잡는 법을 먼저 가르쳐 주기

학생들에게 물고기 잡는 법을 가르쳐 주지 않으면서 물고기를 잡아 오라고 할 수 없기에 몇몇 장치를 걸었다. 하나는 최근에 학교로 공문이 왔던 '학교로 찾아오는 협동조합'이다. 내용을 읽어보고 직접 전화해 담당자와 통화해 보니, 우리 프로젝트의 사전교육으로 진행하면 좋을 것 같았다. 꽤 오래전, 타지역에서 근무할 때 동아리 학생들과 '사회적 기업가 정신'으로 이와 비슷한 프로젝트를 진행했었다. 그땐 정말 '맨땅에 헤딩'하는 심정으로 진행했는데, 문제 해결을 위한 참신한 아이디어와 창업 아이템이 학생들을 통해 도출되었다. 다른 하나는 대학생 멘토링을 활용하는 거다. 다른 학교도 사정은 마찬가지겠지만 분명 수많은 졸업생이 여러 학과, 분야로 나가 있을 텐데 그들에 대한 '입시 결과' 이외에 체계적인 데이터나 연락망 구축은 안 되고 있다. 개인정보 보호차원일 수도 있지만 친한 졸업생이나 교사를 통해 알음알음 졸업생의 학과나 연락처를 알아내는 방법밖엔 없는 건지. 고3 담임이나 교과를 맡지 않으면 당해연도 졸업생의 입시 결과를 정확히 알기 어렵고, 안다고 하더라도 조심스럽긴 하다. 다행히 몇몇 선생님들께 SOS를 보내 본교나 타학교 졸업생이자 현재 대학생들에게 연락을 취해 멘토링 인력풀을 확보했다.

	글로컬 리더십 프로젝트 활동(예시)					
과목	사회/정치/도시행정/교육/ 이공계열 융합	학년	고등 1~2학년	기간	7월~9월
세계시민교육 학습주제	• 지역사회(학교, 지역)의 문제를 지속발전가능한 방법으로 해결·실천
세계시민교육 학습 목표	• 지역사회에 대한 관심, 애향심(애교심)과 책임 의식을 함양한다. • 지역사회가 당면한 여러 문제를 탐구하고 지속발전가능한 해결방안을 모색한다. • 자기 주도성을 발휘하여 공동체의 발전을 도모하고 세계로 나아갈 수 있는 글로컬 역량을 제고한다.

글로컬 리더십 프로젝트 활동(예시)

핵심 활동
- SDGs 목표와 연계하여 개별로 수행하고 싶은 지역사회 문제를 탐색한다.
- 문제 해결을 위해 어떤 탐구활동을 진행할지 계획하고 협동조합 이해 교육과 대학생 멘토링, 팀별 간 의견 나눔을 통해 지속적인 구체화 및 정교화 작업을 거쳐 수행한다.
- 팀 프로젝트 결과를 공유하는 프레젠테이션을 진행하여 활동을 마무리한다.

핵심 질문
- 우리 학교나 지역사회에 개선이 필요한 부분이 있나요?
- 왜 그 부분에서 개선이 필요하며, 어떻게 개선해 볼 수 있을까요?
- 문제 해결/결과 도출에 구체적으로 누구의 도움/조력을 받고 싶나요? (대학생/전문가-전공/활동 분야)

프로젝트의 흐름
(사전)
- 협동조합 및 창업 아이템에 대한 아이디어 확장을 위해 '협동조합 이해 교육'을 계획한다.
- 프로젝트 추진계획을 수립하고 희망 학생을 선발한다. (1, 2학년 희망자, 총 32명 이내)
- 학생들의 희망 주제에 따라 멘토링 인력풀을 확보한다.

1~3차시: 방과후 '협동조합 이해 교육' 특강(이론+체험 위주, 2시간)을 진행한다.
강의를 바탕으로 지원 시 제출한 개인별 프로젝트 계획서를 수정하고 개인/팀별 간 계획서 내용을 공유하고 피드백을 주고받는다. 받은 피드백을 토대로 계획서를 추가 수정한다.
4차시: 연결된 대학생 멘토와 (비)대면으로 수정된 계획서에 대해 멘토링을 받고 개별(팀별) 탐구활동을 수행한다.
5~10차시: 현장 탐방 및 멘토링을 통해 결과물을 도출하고 활동 결과보고서를 제출한다.
(최종): 프로젝트 활동 결과를 공유하고 활동에 대한 소감을 서로 나눈다.

주요 결과물
개인(팀) 프로젝트 결과보고서 및 프레젠테이션
☆ 평가는 따로 하지 않고 매 활동 후 참여 학생 대상으로 '만족도 조사' 실시 및 활동 참여 정도에 따라 학생의 활동 내용을 학생생활기록부에 기재

사전에 몇몇 동료 교사에게 넌지시 아이디어를 건넸을 때 반응이 좋았고 내가 생각해도 괜찮은 프로젝트인데 예상외로 희망자가 적었다. 정말 예상 밖의 숫자였다. 열 명도 채 안 되는 지원자 수를 보며 이 프로젝트를 접을까 생각도 했지만 '올해는 소수로 진행해 보고 내년에 더 보완해 진행하지, 뭐.'로 마음을 고쳐먹었다.

학생들이 제안한 프로젝트 주제(안)

- 지역 내 병원 의료시설 접근의 취약성 개선
- 지역 공동체(아파트) 내 주민 간 의사소통 단절 및 운전으로 인한 건강 문제 개선
- 플라스틱 쓰레기 처리 개선
- 등교 시 대중교통(셔틀버스) 배차 시간 및 확충 등 등교 문제 개선
- 지역사회에 체육관 개방을 통한 지역민들과의 학교 시설물 공유
- 학생들의 등하교 시간의 효율적 관리체계 구축

중학교 때 과학 공부를 하며 생명과학에 흥미를 느꼈던 1학년 소원이는 의학 드라마를 보다가 사람의 생명을 다루고 아픈 사람에게 희망이 되는 의료진의 역할에 매력을 느꼈다고 한다. 주변으로 조금만 눈길을 돌려, 세상에 드러나지 않지만 불편함을 느끼는 사람들의 삶의 질을 높여 모두가 살기 좋은 세상을 만드는 데 기여하고 싶다는 학생이다. 눈여겨보지 않았던, 쉽게 지나칠 수 있는 작은 불편함을 찾아 개선하는 활동을 시도하며 자신이 사는 지역사회에 도움 되는 일을 해보고 싶다는 포부가 크다. 여러 지도 앱을 이용해 서구 지역의 병원을 조사하니 청라 지역에 비해 석남동 지역의 병원 수가 적음을 알게 되었다고 한다. 지역 내 병원이 없는 곳을 지도상으로 확인 후 직접 발품을 팔아 걸어 다니며 의료기관 부재로 인한 불편함을 느껴보면서 병원 세우기에 좋은 위치를 찾아 의료 불균형을 개선하고 싶어 한다. 그리고 그 결과물로 실험 탐구 결과보고서를 제출하겠다고 한다.

경찰 분야에 관심이 많은, 활동적인 송희는 지역주민 대부분이 아파트에 거주해 엘리베이터나 단지 내 이웃 간 대화가 없다는 것과 대중교통보다는 자가용을 많이 이용해 현대인의 신체활동 부족하다는 사실을 포착하여 동네 곳곳에 만보기를 설치함으로써 두 가지 문제를 개선해 보려 했다. 하지만 프로젝트 참여자들의 여러 피드백을 받고 '무인 점포의 도난 문제 개선'으로 주제를 바꿔왔다. 우리 학교 주변에는 상업시설이 거의 없고 길

건너편 편의점, 무인가게, 가성비가 좋은 카페가 나란히 입점해 있는데, 가장 인기가 높은 곳이 학생들이 좋아하는 물건이 한가득 있는 무인 점포이긴 하다. 최근 들어 24시 무인카페, 무인 문방구, 무인 정육점에 이어 무인 횟집까지 들어섰다. 학생들에게 아이스크림을 사줄 때 나도 가끔 이용하는 구멍가게(무인가게)인데 도난 사고가 없을까 생각이 들곤 했다. 우려했던 만큼이나 도난 사고율이 높은지 종이거울과 양심의 소리에 귀 기울이게 하는 문구를 부착해 이 문제를 개선해 보겠다고 한다.

평소 특정 문제 해결을 위해 고민해 보고 그 문제가 해결될 때의 성취감이 좋다는 2학년 학생은 우리 학교에서 정확한 출결 관리(특히 등교 시간)가 안되는 점을 지적한다. 몇몇 학생들이 하교 전에 가방을 두고 갔다가 다음 날 늦게 등교한 것으로 보이는데 화장실에 있었다고 담임 선생님께 얘기하며 인정받는 것을 두고 출결에 민감한 학생들의 불만이 제기됐다고 한다. 그래서 자신은 학생들이 등교 출결 확인을 빠르고 쉽고 정확하게 할 수 있는 시스템을 고안하는 창업 아이템을 결과물로 제출하겠다 했다.

몇 번의 모임을 통해 계획서가 수정되기도, 변경되기도 했다. 그 과정에서 미리 확보한 멘토링 인력풀을 바꿔야 하는 일이 생겼고, 일일이 전화를 걸어 모르는 멘토에게 미안함을 담아 멘토링을 철회하고 다음을 기약하는 메시지를 전하기도 했다. 학생들은 조언을 얻고 싶은 멘토링으로 의료와 교육 분야를 최종 선택했고 나는 의대생과 교대생에게 연락해 이 프로젝트의 취지와 멘토링 방향을 설명하고 다시 한번 메일로도 학생들의 계획서를 첨부해 전달했다. 학생 개별로 자신의 프로젝트를 진행, 발전시켜야 하기도 했고 방학이 되니 각자의 일정 조정이 쉽지 않아 비대면으로 주 1회(총 5회) 이내 멘토링을 진행하되 각 멘토에게는 학생들의 프로젝트 진행 상황에 따라 필요한 조언을 부탁했다.

분야별로 멘토링을 진행하되, 첫 번째 멘토링은 분야 상관없이 모두가 참석할 것을 안내했다. 정해진 시간 내에서 비대면으로 운영되는 멘토링이기에 양쪽 모두에게 시간 분배, 다뤄야 하는 사항들을 간단히 공지했고 교사인 나는 첫 모임이니만큼 서로 소개하는 역할만 하고 부득이하게 관여할 경우를 제외하고 참관자로 뒤로 물러나 있었다. 학생들은 각자의 프로젝트를 요약하고 프로젝트 진행에서 우려되는 부분, 궁금한 부분을 말하면 해당 멘토가 조언하는 식으로 방향을 잡아 주었다. 처음에는 서로 어색해하더니 또래라 그런지 금세 공감대를 형성했다. 학생들이 계획한 프로젝트의 실효성, 모호한 부분에 대해서는 선배이자 대학생의 시각으로 예리하게 포착해 편안한 분위기 속에서 차분하게 설명하는 목소리에 안심이 되었다.

매 활동을 옆에서 지켜볼 수 없기에 패들렛을 활용하기로 했다. 학생들은 수정된 계획서를 올리고 멘토링 각 차시가 끝나면 멘토에게 받은 피드백을 바탕으로 자신이 추진할 활동을 간략하게 패들렛에 기록하고 한 주간 그 활동을 진행해 본다. 활동하면서 발생하는 문제점과 궁금증은 다시 다음 멘토링 할 때 각 분야 그룹 내에서 공유하며 조언을 구한다. 이 과정에서 해결하지 못하는 부분이나 필요한 물품 구입 등은 교사인 내가 개입하고 도와주면 된다. 지금까지 요청 사항은 종이거울을 구입해 달라는 거였는데 '나머지는 차질 없이 계획대로 진행되고 있겠지…?' 괜스레 노파심이 생긴다.

교사, 어른의 눈으로 학생들이 제출한 프로젝트 계획서를 읽어보면 개선의 여지가 어려운 상황, 현재의 시스템이 그렇게 유지될 수밖에 없는 이유가 보인다. 그럼에도 학생들이 직접 문제를 발견·인식하고 원인을 찾아 분석하고 해결점을 향해 나아가는 일련의 과정이 직접적인 문제 해결만큼 의미가 있다. 사회의 부조리, 불합리성에 의문을 제기해도 돌아오는 답변이 "선생님/부모님이 안 된대!", "그냥 하래!", "어쩔 수 없대.", "우리나라 법규·시스템이 그렇대." 등등 위에서부터 하달되는 일방적 지시·명령이라면 좌절, 단념(포기) 또는 반항적 태도, 불만, 혐오로 나타날 수 있다. '선례가 있어서', '제도적 근거가 부족해서', '지금까지 이렇게 해 와도 아무 문제가 없어서'였더라도 뭔가 이상하다는 생각이 들거나 '왜 그럴까?'라는 호기심이 들면 의문을 제기하고 계속 추적해 가보길 바란다. 그 끝이 정해진, 동일한 결과처럼 보일지라도 옳다고 생각하는 방향으로 나아가다 보면 뜻밖의 결과와 마주하고 또 그것이 주변에 끼치는 선한 영향력도 목도하게 된다. 지금 우리가 당연시 누리는 이 모든 것이 사실 무명의 누군가의 작은 관심과 의문에서 비롯된 결과일 수도 있으니까.

아직은 진행 중인, 어설퍼 보이는 이 프로젝트가 한여름 더위가 가실 때쯤 어떠한 결과물로든 나올 것이고 학생들이 애정을 쏟는 만큼 결과가 달라지리라 기대해 본다. 나중에 따로 기회가 된다면 학생들의 결과를 공유할 수 있기를 바라며 독자들의 이해를 돕기 위해 계획서와 결과보고서 양식을 아래에 공유한다.

글로컬 리더십 프로젝트 활동 계획서(예시)

과제	지역 사회(본교, 서구)가 직면한 문제를 지속발전가능한 방법으로 해결 · 실천 • SDGs (지속가능발전목표) 17개 중에서 자기 팀 프로젝트 주제 관련 목표 연계 • 문제해결 결과로 ①창업 아이템 구상, ②지역 사회에 정책 제안, ③실험 탐구 결과 보고서, ④지역 사회 내 상생/협력을 위한 제안서, ⑤ 기타(건축 모형 제시) 중 '택 1'하여 프로젝트 활동의 최종 결과물로 도출 (글자 크기 12, 줄간격 150 준수, 활동 계획서는 2장 이내로 작성)

• 지역사회(본교, 서구)의 문제

• 관련 SDGs

• 문제 개선(해결)을 위한 수행 프로젝트 (구체적으로 작성)

• 문제 개선(해결)의 최종 결과물
(해당되는 부분에 ☐ 표시하고, 아래 설명 칸에 대략적으로 작성)

☐ 창업 아이템 구상 / ☐ 지역 사회에 정책 제안 / ☐ 실험 탐구 결과 보고서 /
☐ 지역 사회 내 상생/협력을 위한 제안서 / ☐ 기타(건축 모형 제시)

☐ 조언을 얻고 싶은 대학생 멘토 (어떤 분야/전공/부분인지 구체적으로 기술할 것)

글로컬 리더십 프로젝트 활동 결과 보고서(예시)

- (제출일) O/O까지 제출 (팀별로 1개의 보고서 제출)
- (제출처) 리로스쿨〉 수행평가 및 대회〉 기타 〉"글로컬 리더십 프로젝트 결과 보고서 제출"
- 글자 크기 12, 줄간격 150 준수, 활동 결과 보고서는 2장 이내로 작성

학번/이름	
프로젝트 주제	
주목한 지역사회 문제	
개선/ 해결방안	
수행한 프로젝트 요약	(필요시 칸을 늘려 사용, 이 문구는 지우고 쓸 것)
프로젝트 결과	(필요시 칸을 늘려 사용, 이 문구는 지우고 쓸 것)
멘토에게서 도움받은 부분	
수행한 프로젝트에서 개선할 점	(필요시 작성)
느낀 점 & 배운 점	(필요시 칸을 늘려 사용, 이 문구는 지우고 쓸 것)

수업을 마치며

　점점 학교가 여유 없이 돌아가고 있다. 그러다 보니 나와 동료 선생님들, 학생들도 시간적 여유가 없고 마음의 여유까지 사라져 갈까 걱정이 앞선다. 여러 수행평가와 진도를 맞추느라 또 학년을 걸쳐 들어가는 빡빡한 교과 수업에서는 내가 학생들과 해보고 싶은 수업을 하지 못할 때가 많다.

　정성 들여 고민 끝에 내놓은 활동이 학생들에게 외면당할 때나 시작할 땐 벌떼처럼 모여들다 갖가지 뻔한 핑계를 대며 빠지려고 할 때 너무 속상하다. 때론 '내가 이러려고 밤잠 설쳐가며 준비했나?' 싶기도 하다. 그런데 예전보다는 그 속상함이 점점 덜해진다. 나도 모두를 끌고 가겠다는 욕심을 내려놓고 때로는 기대치도 좀 낮추고 학생들의 상황에 대해서 유연해지려고 노력 중이다.

　나의 기준이 학생들의 기준과 다른 것처럼, '어쩌면 학생들의 목표는 내가 기대했던 것과는 다를 수 있지 않을까?' 물론 잘 따라와 주면 좋지만, '꼭 내가 생각한 방식대로 따라와 줘야 하는 건 아니지 않나?' 별도로 진행되는 프로그램에서는 학생들을 줄 세우는 평가 방식의 활동을 하는 게 아니어서 학생들에게 동등한 경험의 기회를 주되 방식과 표현에 있어서는 자율성과 불완전함을 허용하려 한다. 그렇다고 이것이 방임을 의미하진 않는다. 해야 할 과제와 마감 기한을 명확히 제시하고 주기적으로 진행 상황을 점검하고 독려하되, 그 과제를 어떻게 풀어내는가는 전적으로 학생의 몫으로 남겨두고자 한다. 그러면 생각지도 못한 학생이 아주 기발하고 참신한 뭔가를 만들어내는 것을 보게 되는 아주 재미있는 순간들이 있다. 원래 잘하는 학생은 그냥 둬도 잘한다. 중간쯤 하는 학생은 눈치껏 한다. 팀 활동에서 포기하려 했거나 숟가락만 얹었던 학생도 팀 과제가 완성되어 가면 받은 게 있고 본 게 있어 분명히 느낀다. '다음엔 좀 더 해 봐야지'

하는 마음도 생기고 열심히 하지 않았던 자신을 반성하기도 한다. 모든 일에 열심히 최선을 다하는 학생은 고개가 끄덕여지는 결과물로 기쁨을 준다. 그래서 나는 이런 과정이 힘들지만 즐겁고 보람차다. 그 힘으로 또 새로운 프로그램을 기획하는 나는, 나도 참 어쩔 수가 없다.

완결된 활동도, 아직 진행 중인 활동도 있다. 나의 수업이 완벽하진 않다는 걸 안다. 그러나 준비하는 내가 즐겁고 함께 참여하는 사람들이 배려받고 함께 알아가며 조금 더 나은 나와 너, 우리가 될 수 있도록 매 순간 진심을 담고자 한다. 배워야 할 것을 가르치고, 그것을 배우는 수업이 되길 오늘도 고민한다.

8장

교실 너머 세계를 만나다

• 서현아 •

교실 너머, 새로운 세상에서 온 사람들과의 만남은 나에게 항상 설렘을 안겨준다. 스무 살 캐나다에서 가졌던 새로운 경험은 알록달록한 세상으로의 눈을 뜨게 해주었고, 나는 그 이후 '가만히 못 있는 병'에 걸렸다. 이 병으로 인해 중국의 재외한국학교에서 2년을 근무하고 대학원의 글로벌교육협력학과에서 국제개발협력에 대해 공부를 하게 되었다. 그 이후에 학교 현장에서 국제교류 활동을 계속해오고 있다.

나의 학생들에게도 새로운 세상에 대한 눈을 뜨게 해주고 싶다. 학교에서 흔히 하는 문법, 독해, 문제풀이식 영어 수업이 아닌 새로운 수업을 하고 싶었다. 외국인을 만나 영어를 사용하며 자신이 관심이 있는 분야에 관해 대화를 나누게 된다면 외국어 학습에 대한 동기는 훨씬 높아질 것이다. 외국어를 유창하게 할 수 있다는 것은 세상과 통하는 창문을 하나 더 열어주고 내가 하고 싶은 분야에 날개를 달아주는 것과 같다고 생각한다.

국제교류활동을 통해 나의 학생들이 세계 공동체의 일원으로서의 소속감을 가지고 훨훨 날며 도약할 수 있기를 바라며, 오늘도 이번 학기에는 어떤 국제교류 활동을, 그리고 어떤 세계시민교육 활동을 해볼지 고민해 본다.

세계와 만나기 위한 준비- Irish Culture Day

국제교류 준비하기

　국제교류의 경험은 나를 설레게 한다. '올해는 누구와 만나게 될까?', '어떤 활동을 하게 될까?' 하는 설렘을 느끼게 한다. 학생들도 마찬가지일 것이다. 언어의 장벽이 있긴 하지만 '다른 나라 어떤 학생들을 만나게 될까?' 하고 기대하며 '어떤 이야기를 할까?' 고민하는 학생들을 보게 된다. 학교 소개 동영상을 만들어야 할 때도, 우리나라를 소개하는 파워포인트 슬라이드를 만들어야 할 때도 학생들은 군 말없이 즐겁게 척척 해낸다. 아마도 만남의 설렘을 공유하기 때문일 것이다. 함께 늘어가는 외국어 실력은 덤이다.

　처음 국제교류를 시작하기로 결심한다면 국제교류를 '어느 나라와 어느 학교와 해야 하지?'라는 고민에 빠지게 될 것이다. 학교 매칭이 어쩌면 가장 어려운 단계일 수도 있다. 국제교류의 경우 사전교육으로서 흔히 실행하는 다문화 수업도 의미는 있지만 실제 외국의 상대 학교와 국제교류를 하면서 학생들이 얻게 되는 혜택은 훨씬 크다. 조금 어렵더라도 시도해보자. 나의 경우 학교 매칭을 위해서는 APEC 국제교육협력원에서 운영하는 스쿨네트워크(isnet4edu)를 이용하기도 했고, 시도교육청에서 국제교류를 담당하는 부서에 전화해서 요청하기도 하였다. 이 밖에도 한국국제교류재단에 문의하는 방법이 있으며, 대만의 경우 대만 교육부에서 운영하는 국제교류 매칭을 위한 웹사이트[26]를 이용해볼 수 있겠다. 또한 학교에 종종

---

[26] 초·중등 국제교류를 위한 대만 교육부 웹사이트 "https://www.ietw2.edu.tw/en"https://www.ietw2.edu.tw/en

들어오는 국제교류 매칭 희망 조사와 같은 공문을 눈을 크게 뜨고 있다 모두 신청해놓는다. 국제교류 사전교육활동으로는 관련 책을 읽으며 시작해 볼 수 있다. 상대국에 대한 공부를 위해 그 나라에 대한 책을 읽어볼 수 있고, 세계시민교육의 기초 또는 세계시민교육의 다양한 주제에 대한 도서를 학생들과 더불어 읽어도 될 것이다. 올해 우리 학교에서 온라인으로 교류하는 국가는 인도네시아와 호주이다. 특히, 호주 측 반응이 느려서 기다리는 동안 아이들과 진행할 활동이 필요했다. 올해 운영하는 창체동아리는 한 달에 한 번씩 운영되므로 방과후수업과 병행해서 운영함에도 불구하고 아이들과 함께 책을 읽을 만한 여유는 없었다. 그래서 호주에 대해 모둠별로 주제를 선택해서 발표하는 시간을 가졌다.

사전 학습 추천 도서

제목	저자명	출판사	출판연도
오늘부터 나는 세계시민입니다	공윤희	창비교육	2023
세계는 왜 싸우는가	김영미	김영사	2019
오늘부터 나는 생태 시민입니다	공윤희	창비교육	2024
1.5도 생존을 위한 멈춤	박재용	뿌리와 이파리	2019
오늘부터 조금씩 제로웨이스트	장서영	비지니스맵	2021
나는 풍요로웠고, 지구는 달라졌다	호프 자런	김영사	2020
초콜릿어 할 줄 알아?	캐스 레스터	봄볕	2019

호주 모둠별 발표 ppt 사진

01 | 호주의 정치 체제

곧 만날 호주 학생들에 대한 기대감에서일까? 발표를 준비하는 학생들의 눈빛이 진지하다. 사전교육 시간으로 이렇게 모둠별 발표 시간을 가져 보았다. 발표 내용에 대한 퀴즈를 풀고, 호주 학생들을 만날 때 어떤 주제로 발표할지 함께 고민했다. 그리고 학생들이 제시한 주제에 따라 모둠별 주제를 선정하여 발표 준비를 하고, 학교 소개 영상과 한국 문화 소개 영상을 제작하기로 했다.

국제교류 사전교육 활동을 하는 동안 드디어 호주 선생님들과의 온라인 미팅 일정이 잡혔다는 소식이 들려왔다. 호주 퀸즈랜드교육청에서는 엄청나게 작은 글씨가 가득찬 개인정보 동의서를 보내왔다. 자신들이 교육청 이름으로 출판물을 낼 때 우리의 온라인 활동 중 생성되는 학생들의 사진, 영상, 작품 등을 사용하는 데에 동의하는 내용이었다. 온라인 미팅은 양측 학교 일정상 아쉽게도 두 번만 가능했다. 전체 동아리 시간에 훨씬 못 미치는 횟수이다. 이럴 때를 대비해 나는 국제교류 국가를 두세 군데 확보하는 편이다. 예를 들어 올해 교육청에서 대면 교류 공문이 왔을 때 한중 문화교류를 신청하여, 우리 학교에 홍콩의 두 학교가 방문하게 되었다. 따라서 올해 총 세 국가, 즉 인도네시아, 호주, 중국(홍콩)과 교류가 계획되어 있는 것이다. 호주 교류에 대한 교사 미팅에서 우리가 예상한 대로 우리는 한국 음식, K-pop 문화, 학교 소개 등의 내용을 첫 시간에 발표하기로 논의되었다. 그리고 나머지 한 시간에는 SDGs 목표 중에는 기후변화방지에 대해 논의하기로 했다.

Culture Day 운영하기 - Irish Culture Day

국제교류 사전교육으로 좋은 활동 중 또 다른 하나는 국제문화이해력을 키울 수 있는 Culture Day 활동이다. 앞으로 교류할 국가 출신의 원어민 강사를 초청하여 미리 그 국가에 대해 알아보고 함께 체험활동을 해보는 시간이다. 예를 들어 내가 교류할 국가가 인도네시아라면 인도네시아 출신 강사를 학교로 초청하는 것이다. 동남아 국가 출신의 강사를 구한다면 주변 다문화가족센터를 활용해보자. 동남아 국가의 많은 강사들이 이미 다국어 강사로 활동 중이다. 혹시 무료 강의 지원을 위한 시기가 지났다면 학교 예산으로 소정의 강사료를 지급하고 강사를 초빙하면 된다. 학생들은 각국의 원어민 선생님을 만나서 다양한 활동을 해보기에 이 시간을 많이 즐거워했다. 이 수업에 앞서서 사전교육으로 문화 존중의 태도와 간단한 인사 정도를 미리 다루면 더욱 좋을 것이다.

혹시 내가 교류할 국가가 아직 미정이거나 문화의 날을 운영할 국가를 정하는 데에 융통성을 발휘할 수 있는 경우라면 제일 먼저 하는 일은 마을에서 내가 사용 가능한 자원을 검색해보는 것이다. 제일 편한 방법은 주변 학교에 원어민 강사가 있는지를 알아보는 것이다. 파악 후 홈페이지나 아이스톡(교육청 메신저), 또는 주변 지인을 통해 원어민 담당 교사를 확인하여 먼저 연락을 취해본다. 원어민 강사초빙 가능 여부를 파악하고 미리 구두로 허가를 받은 후 공문을 보낸다. 이후에는 원어민 담당 교사로부터 원어민 전화번호를 얻어 직접 연락을 취했다. 지금까지 주변 학교의 원어민 강사를 초청하거나 지인들을 통해 연결된 외국인 강사들을 초빙하여 중국문화의 날, 남아프리카공화국의 날 등을 개최하였고, 또 한번은 공문을 보고 교육청에 요청하여 캐나다의 날을 운영하였으며, 가장 최근에는 역시 주변 초등학교 원어민 강사를 초청하여 아일랜드 문화의 날을 개최하였다.

체험활동 계획하기

　문화의 날 행사를 기획할 때는 1부와 2부를 기획하였다. 1부는 원어민 선생님께 기획해달라고 부탁했다. 이때 원어민 강사와 사전회의는 필수로 가져야 한다. 자신의 나라 문화의 날을 운영할 테니 문화를 소개해달라고 하면 지금까지 내가 초빙했던 모든 원어민 강사들은 열의를 다해 준비해 왔다. 예를 들어, 가장 최근에 운영한 Irish Culture Day를 통해 나 역시 아일랜드의 역사와 문화를 배우며 아일랜드와 한국 역사와의 공통점을 많이 알게 되었다. 이러한 문화의 날 행사는 원어민들에게 직접 그들 국가의 역사를 듣게 되니 사회 시간보다 훨씬 재미있는 역사 공부를 하게 되는 셈이다.

　1부 역사와 문화 강의 이후 2부는 만들기 체험, 특히 그 나라 음식을 같이 만들어서 학생들이 그 나라 음식을 함께 나누어 먹을 수 있도록 원어민 선생님과 함께 논의하여 기획하였다. 우리나라에서 구하기 힘든 재료가 필요한 경우도 있기 때문에 재료를 상세히 논의했고 또한 우리 학생의 수준을 원어민 강사는 잘 모를 수 있기 때문에 어떠한 활동을 할지 함께 논의해서 결정했다. 학생들은 특히 음식을 만들어 먹는 것을 좋아하기에 2부까지 하면 만족도가 많이 높아진다. 이러한 문화의 날은 우리 동아리 학생뿐만 아니라 전교생이 참여할 수 있도록 전교에 미리 공지했다. 동아리 학생들이 미리 관련 국가에 대해 공부하고 미리캔버스로 포스터를 제작하여 이를 전교에 게시하였다. 선착순으로 참여자를 받았기에 늘 성황리에 완판되는 행사이다. 학생들뿐만 아니라 교내 선생님들도 관심을 가지고 참여하곤 한다.

문화의 날 행사 포스터 및 활동사진

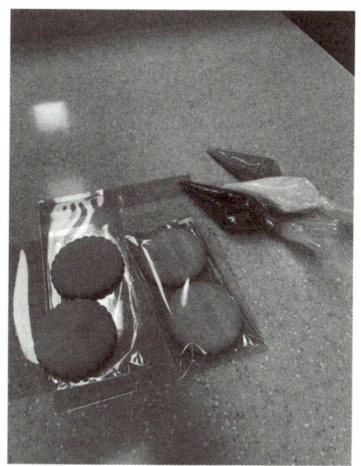

    이를 위해 가사실 등을 빌리려면 관련 교과 선생님들과 논의가 미리 있어야한다. 혹 이 활동을 준비하는 기간에 매칭 학교가 생긴다면 1부는 함께 온라인으로 참여할 수 있도록 상대학교에 개방해도 좋을 것이다.

Irish Culture Day 프로젝트 수업

과목	영어, 사회	학년	중학교 1~3학년	차시	8차시

핵심 가치
- 아일랜드 국가의 상징 및 문화, 역사 등에 대해 살펴본다.
- 아일랜드와 우리나라 역사의 공통점을 찾아본다.
- 지역사회의 아일랜드 출신의 강사를 초청하여 아일랜드 문화와 역사에 대해 살펴본다.

성취기준
[9영02-01]주변의 사람, 사물, 또는 장소를 묘사할 수 있다.
[9영02-06]주변의 사람, 사물에 대해 묻거나 답할 수 있다.
[9영03-02] 일상생활이나 친숙한 일반적 대상이나 주제에 관한 글을 읽고 세부 정보를 파악할 수 있다.
[9사(지리)04-03] 서로 다른 문화가 공존하는 지역과 갈등이 있는 지역을 비교하여, 그 차이가 발생하는 이유를 분석한다.
[9사(지리)08-01] 세계적으로 유명하거나 매력적인 도시의 위치와 특징을 조사한다.
[9인세01-03] 다양한 차원에서 형성되는 자신의 정체성을 성찰하고, 인천시민이자 세계시민으로서의 정체성을 탐색한다. (*인세: 인천세계시민)

탐구 질문
아일랜드의 문화와 역사를 살펴보며 나에게 흥미로운 부분은 무엇인가?

프로젝트의 흐름
1차시: 프로젝트 시나리오를 제시하고 프로젝트를 안내한다.
2차시: 아일랜드 문화에 대해 살펴보고 궁금한 부분에 대해 질문을 만들고 조사해본다.
3~4차시: 모둠별로 아일랜드 문화에 대해 주제를 정해 탐구하고 발표한다. 발표한 결과를 토대로 교내 Irish Culture Day 포스터를 만든다. (이 포스터는 학교 게시판에 부착한다.)
5~7차시: Irish Culture를 소개할 강사를 초빙하여 들어보고 관련 문화의 음식을 만들어 본다.
8차시: 국제교류 대상 학교와 관련 수업에 대해 모둠별로 배운 바를 나눈다.
　　　(5~7차시 줌으로 수업 공유 후)

주요 결과물
아일랜드 문화의 날 포스터, 발표 준비 자료 모은 패들릿, 아일랜드 쿠키 등

이렇게 국제교류 사전교육을 기획하고 실행한다면 실제 온라인으로 국제교류를 할 때 상대국 문화에 대해 훨씬 더 편안함과 친숙함을 느낄 수 있게 될 것이다. 간단한 상대국 언어를 미리 학습할 수 있도록 하는 것도 추후에 진행할 실시간 국제교류에 많은 도움이 될 것이다.

국제교류, 세계시민교육과 만나다

온라인 국제교류 시작하기–문화교류

"외국 학생과 영어로 이야기한다고요?"
"제가 과연 영어로 이야기를 할 수 있을까요?"

국제교류를 처음 시작하겠다고 하면 학생들은 당황해하지만 이내 그 시간을 기대하며 기다린다. 비록 대면으로 만나지 못해도 온라인 국제교류는 학생들에게는 대면 교류의 혜택을 상당한 부분 가져다줄 수 있는 가성비 좋은 활동이다. 당연히 국제교류의 첫 시간은 거의 자기소개 및 학교소개 시간이다. 학교 소개하는 동영상을 제작하여 서로 온라인으로 보여주고 질문을 주고받기도 한다. 처음으로 세상 저편에 있는 학생들을 만나게 되는 이 시간을 학생들은 무척 즐거워한다.

온라인교류 직전 활동

작년에 국제교류 활동으로 말레이시아 학교 등 4개국 국가와 동시 국제교류 활동을 하였다. 이때 사전활동으로 텔레그램 메신저에 개설한 방에 5개국 학생들이 모두 들어와서 미리 아이스브레이킹 활동을 하였다. 실제 온라인교류에 앞서 온라인 국제교류를 하는 목적과 이유에 대해 미리 논의하는 것은 학생들에게 동기부여가 되었다. 말레이시아 선생님이 국제교류 경험이 풍부하셔서 그 선생님을 주축으로 각 학교의 로고를 미리 받아서 줌 활동 시 사용할 배경 화면 사진을 만들어서 공유하였다. 그리고 활동에 앞서 패들릿에 각 학교 소개를 올렸다. 댓글로 질문을 받고 답하기도 하였다. 또한 각 학교 발표자들의 자료를 미리 받아 작년 활동지와 더불어 책을 미리 제작하여 서로 나눠 갖기도 하였다. 이렇게 철저히 준비하였음에도 불구하고 첫 시간에는 인터넷 연결에 문제가 많아 자꾸 끊겼고 인내심을 많이 필요로 하였다. 중간중간 인터넷 연결이 좋지 않아 학생들이 다시 줌에 들어와야 했고 학생 도우미들이 이때 입실시키는 역할을 하였다. 또한 자꾸 인터넷이 끊길 때 퀴즈 활동을 통해 나머지 학생들이 활동할 거리를 제공하였다. 참여자가 많아서 출석 체크를 하기가 어려웠기에 미리 구글폼을 만들어 각 시간에 링크를 제공하여 참가자들이 출석 체크를 스스로 할 수 있도록 하였다.

2023년 5개국 국제교류 활동사진

ZOOM 배경 화면

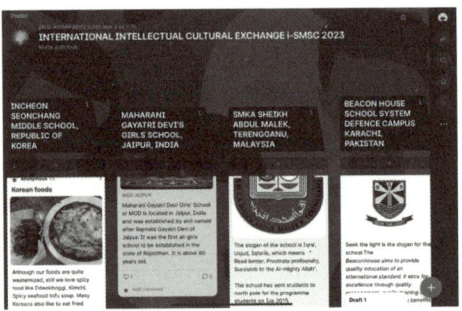

패들렛에 올린 학교 사전 조사 자료

온라인 교류 진짜로 시작하기

첫 시간은 자기소개, 학교 소개 등의 시간을 가진다. 시간적 여유가 있다면 모둠활동을 소그룹 형태로 줌 소회의실에서 진행하기도 한다. 소그룹 활동의 장점은 학생들이 좀 더 친밀하고 편하게 대화를 나눌 수 있다는 것이다. 단점은 소회의실에 적극적인 학생이 없을 경우 모두 조용히 있고 대화를 나누지 않을 수 있다는 점이다. 이를 방지하기 위해 각국의 교사는 미리 회의를 통해 학생들의 성향을 생각해 조를 편성하는 것이 좋다. 또한 소회의실 활동 후 각 소회실에서 논의된 내용을 발표하는 시간을 꼭 가져야 한다. 서로 공유할 수 있는 구글드라이브를 미리 만들어 놓고 관련 사진 등을 그곳에서 공유하면 기억하기에 좋고 나중에 보고서를 쓰기에 용이하다. 또한 줌 회의할 때 사용할 배경 화면 그림 파일을 각 학교의 로고를 활용하여 만들어 공유하면 사진을 촬영할 때 깔끔한 전체 사진이 완성되어 보기에 좋다.

문화교류 하기

두 번째 시간부터는 문화공유를 할 수 있을 것이다. 각국의 문화에 대해 주제별로 PPT를 만들어서 모둠별로 서로 다른 주제를 발표하였다. 또한 퀴즈 조를 만들어서 이 조는 퀴즈만을 담당하게도 한다. 카훗[27]으로 퀴즈를 만들어 상대국 학생들과 함께 풀어보는 활동도 재미가 있다.

음식, K-pop 및 드라마, 학교생활 등 주제별로 소개하는 것을 계획하다 보면 어느새 활동계획서가 가득차게 될 것이다. Culture Box를 제작하여 주고받는 것도 비대면 온라인 교류의 한계를 조금 극복할 수 있게 도울 것이다. 간혹, 활동을 하다보면 상대국의 적극성이 갑자기 사라지는 경우가 있다. 따라서 국제교류활동에는 항상 플랜 B가 있어야 한다. 심지어 매칭을 2학교 이상과 해놓는 것도 나쁘지 않다. 학생들 영어 수준이 그리 높지 않다면 영어권 국가가 아니더라도 우리나라에 대한 관심이 높은 국가가 좋다. 어차피 두 국가 학생 모두 영어를 배우는 입장이라 서로에 대한 이해도가 높기 때문이다.

---

[27] 카훗은 게임 기반 학습 플랫폼이다. 웹주소: kahoot.com

온라인 국제교류(문화교류) 프로젝트 수업

과목	영어, 사회	학년	중학교 1~3학년	차시	8차시

핵심 가치
- 외국어를 사용하여 자기소개를 한다.
- 교류 국가의 상징 및 문화, 역사 등에 대해 살펴본다.
- 교류국가의 문화 요소 중 우리나라 문화와의 공통점을 찾아본다.

성취기준
[9영01-02] 일상생활 관련 대상이나 친숙한 일반적 주제에 관한 말이나 대화를 듣고 세부 정보를 파악할 수 있다.
[9영02-01] 주변의 사람, 사물, 또는 장소를 묘사할 수 있다.
[9영02-05] 자신을 소개하는 말을 할 수 있다.
[9사(일사)02-01] 문화의 의미를 이해하고, 문화가 가지는 특징을 사례를 통해 분석한다.
[9사(일사)02-02] 문화를 바라보는 여러 가지 태도를 비교하고, 다른 문화들을 이해하기 위한 바람직한 태도를 가진다.
[9인세02-02] 지구촌의 공존을 위해 인류가 추구해야 할 가치를 탐색하고, 그러한 가치가 구현된 지구촌의 바람직한 모습을 표현한다.

탐구 질문
교류국가의 문화, 역사, 지리 등을 살펴보며 나에게 흥미로운 부분은 무엇인가?

프로젝트의 흐름
1차시: 프로젝트 시나리오를 제시하고 프로젝트를 안내한다. 패들릿에 학교 소개를 올린다.
2차시: 교류국가 문화에 대해 살펴보고 궁금한 부분에 대해 생각해본다.
3~4차시: 모둠별로 한국 문화의 다양한 주제를 선정하여 발표할 준비를 한다. 온라인에서 만나 자기소개를 한다. 학교 소개 동영상을 제작하여 공유한다.
5~7차시: 각국의 문화의 주제별 모둠 발표를 진행한다.
8차시: 카훗으로 문화 퀴즈를 풀어보고 피드백을 주고받는다.

주요 결과물
발표 PPT 자료, 교류 활동사진 등

 활동이 끝나면 수료증을 주는 것을 중요시하는 국가들이 있다. 이를 위해 수료증 발급을 사전에 논의해야 한다. 경험상 동남아시아 국가들은 수료증을 주는 것을 꽤 의미 있게 생각하는 편이었다. 마지막 날에 활동 경험을 서로 이야기하며 피드백을 주고받았고, 수료증을 부여하는 행사를 하고 관련 사진을 공유하였다. 활동 중간마다 계속 텔레그램으로 각 학교에서 사진을 공유하였기에 각 학교의 상황을 보기에 용이하였다.

말레이시아 학교에서 발급한 국제교류 활동 수료증과 텔레그램 메신저 사진 공유 화면

온라인 국제교류 모듈

    국제교류를 실행하는 데에도 공식이 있을까? 물론 국제교류는 사람과 사람의 교류인 만큼 다양한 상황이 연출될 수 있다. 하지만 국제교류를 여러 번 실행해 본 교사라면 어느 정도 비슷한 과정을 예측해볼 수 있을 것이다. 다음은 프로젝트 기반 학습(Project Based Learning) 방식을 적용한 국제교류 모형 기본형이다.[28] 국제교류 활동을 계획하고 어떤 활동을 하게 될 것인가 총체적으로 예측해보는 데에 도움이 될 것이다. 또한 활동을 마치고 보완할 부분에 대해 생각하고 다음 해의 국제교류 활동을 준비하는 데에 도움을 줄 것이다.

    국제교류를 시작하기에 앞서 국제교류 활동을 설계하는 과정이 필요한데, 이 과정에는 교류국을 탐색하고 매칭하는 과정이 필요하다. 일단 매칭이 되면 각각의 교육과정, 가용예산, 가용 지역사회 자원 등을 분석해

---

[28] 황현경, 이도연, 김형렬(2024). 프로젝트 기반 학습 방식을 적용한 국제교류 설계모형 개발 연구. 한국국제이해교육학회, 19(2), 75-130.

야 한다. 그 후 교육계획 및 교육과정의 재구성이 필요하다. 이 단계에서 프로젝트 기반 학습(PBL)의 형태와 범위, 주제 등을 선정하게 될 것이다. PBL 형태에서 전체형이란, 선발 과정 없이 교육과정에 접목시켜 학교 교육과정에 참여하면서 자연스럽게 프로젝트 기반 국제교류에 참여하는 것을 말한다. 따라서 부분형이란 국제교류를 위한 학생을 선발하여 특정 프로그램을 신청한 학생들만 별도로 국제교류를 하는 것을 말한다. 순수형이란 교수자의 개입 없이 전 과정을 학습자 주도로 수행하는 국제교류 과정을 말하고, 혼합형이란 교수자의 직접적인 개입이 필요한 활동을 제공하는 것을 말한다. 사실상 학교에서는 순수형 보다는 혼합형이 더 많이 진행될 것으로 보인다.

또한, 교류전 학생들의 글로벌 인식과 다문화감수성을 고양시키는 과정이 필요하다. 또 교류국 이해 활동을 사전에 운영하게 된다. 앞에서 언급한 'Irish Culture Day'나 다문화 이해와 관련된 독서, 모둠별 조사 발표 등이 여기에 해당하게 될 것이다. 실제 프로젝트 기반 학습을 진행할 경우 학생들이 글로벌 이슈 속에 로컬 문제를 찾아 프로젝트를 실행하게 되면 더욱 이상적인 활동이 될 것이다. 이 과정에서 문제의 정의를 위하여 5 whys[29]를 통해 문제의 뿌리를 찾아본다. 5 whys는 문제의 원인을 찾기 위해 '왜'라는 질문을 5번 이상 하는 것이다. 더 이상 답변을 할 수 없을 때까지 계속해서 '왜'라는 질문을 해서 문제의 뿌리를 찾아본다. 이를 통해 갈등을 분석하고 전문가의 도움이 필요하다면 지역의 전문가를 만나 강의를 듣거나 인터뷰를 할 수 있다. 여기서 나온 결과물들을 학술교류 등을 통해 교류 국가와 공유할 수 있을 것이다. 이 모형은 기본모형으로 수업의 주안점에 따라 변형된 모형으로 국제교류가 진행될 수 있다. 이 모형에서 나온 것처럼 단순히 문화교류를 하는 단계는 국제교류의 아이스브레이킹 단계

---

29 Asking "Why?" five times. Environmental Quality Management, 10(1), 79–84, 2000.

라고 볼 수 있다. 국제교류가 진행될수록 좀 더 심화된 프로젝트형 국제교류로 가는 것이 바람직하다.

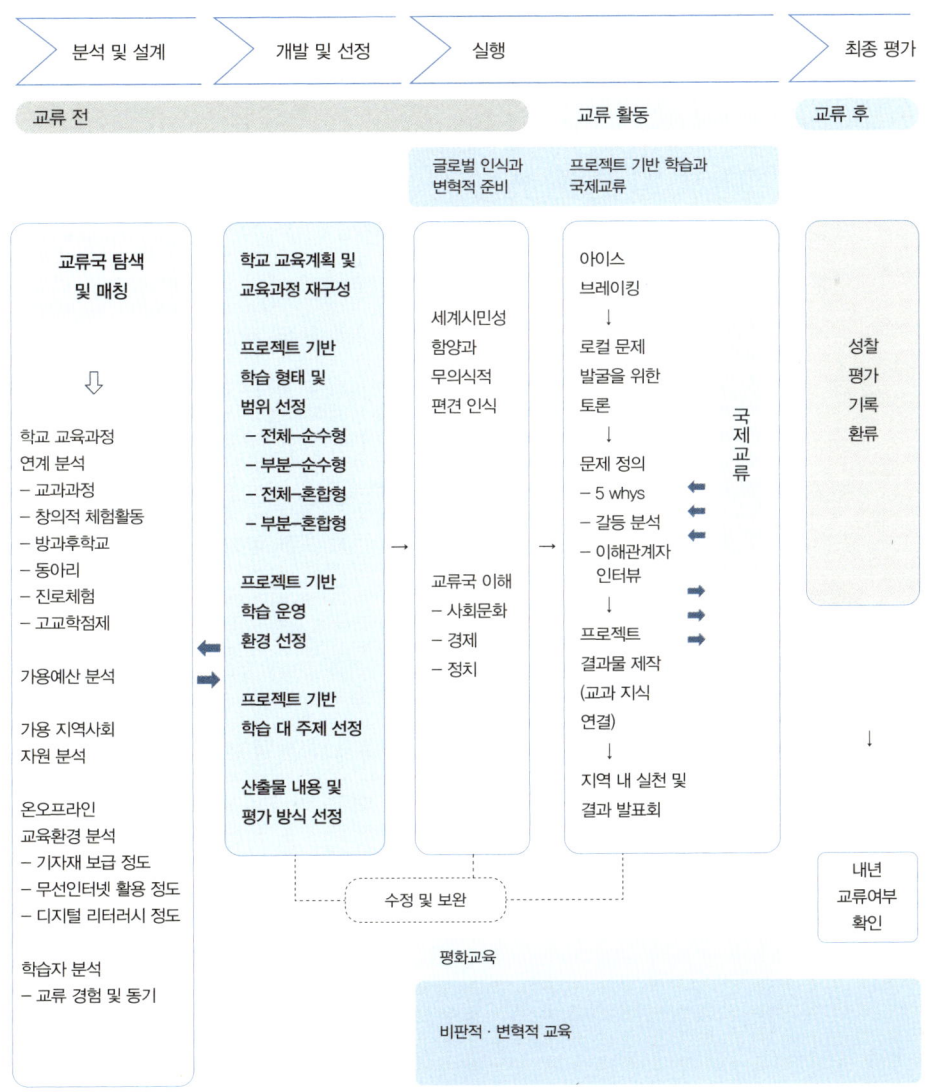

프로젝트 기반 학습 방식을 적용한 국제교류 설계모형 [기본형]

8장. 교실 너머 세계를 만나다 ··· 247

국제교류, SDGs와 만나다

국제교류를 한 두 해 하고 나니 문화교류가 무미건조하게 느껴지는 시점이 있었다. 반복하는 자기소개, 한국문화소개가 식상해졌다. 세계시민교육을 접목시켜 보자는 생각이 들었고 일단 제일 쉬운 주제부터 시작해봤다. 마침 코로나 시기였기 때문에 코로나로 인한 사회문제를 각국의 상황을 기초로 분석해보자고 제안했고 학생들은 나름 짧지만 자기가 속한 나라의 문제를 분석하여 모둠별 발표를 하였다. 그 다음으로 시도한 주제는 환경이다. 코로나 시기에 환경에 대한 관심이 높아지면서 세계시민교육의 주제 역시 환경 관련 주제가 많이 다루어지고 있을 때였다. 모둠별 환경을 위한 실천 방법을 발표해 보았고, 중학교 1학년 자유학기제와 관련하여 환경 관련 진로에 대해 살펴보고 발표해 보는 시간을 가지기도 했다. 이 경험은 단순 문화교류를 넘어서 좀 더 심도 있는 온라인 국제교류를 세계시민교육의 주제를 통해 시도해본 의미 있는 경험이었다. 이후로는 단기간의 국제교류를 실행할 때도 반드시 한 번 정도는 프로젝트 수업을 넣어서 SDGs 관련 주제를 함께 논의해보고 관련 주제에 대해 생각해 보는 시도를 하고 있다.

학생들이 주도하는 캠페인 활동

캠페인 활동을 각 학교에서 시도하고 그 과정과 결과를 후에 온라인 국제교류 활동 시 공유하는 방식은 아마 가장 쉬운 형태의 세계시민교육 기반 국제교류 프로젝트 활동이 될 것이다. 같이 연합하지 않고 각자의 방식으로 학교에서 실천한 다음 그 결과만 나누면 되기 때문이다. 비록 간단한 방법이지만 그 과정 또한 세계시민교육이 될 수 있도록 학생들이 기획하고 제작하고 실천할 수 있도록 했다.

텀블러 데이

환경을 위한 캠페인 활동을 학생들이 스스로 기획하였다. 2회에 걸친 활동을 하기로 하였는데, 부스를 설치하여 환경퀴즈를 풀고 환경관련 다양한 물품을 선물로 제공하였다. 물론 텀블러를 가지고 온 학생에게 더 많은 기회를 주었다. 코로나로 인해 교내의 많은 행사가 취소된 상황이었기에 많은 학생들이 참여하여 즐거운 시간을 가졌으며, 이 행사를 기획한 세계시민반 학생들은 그동안 배운 것을 환경 퀴즈로 출제하고, 정답을 제공하며 복습하는 시간을 가질 수 있었다. 교내 포스터, 홍보 부스 설치, 퀴즈 상품을 결정하는데 학생들이 회의를 통해 참여하게 하여 그 회의에서 결정된 내용을 적극 반영하였다.

교내 텀블러데이 포스터 및 활동사진

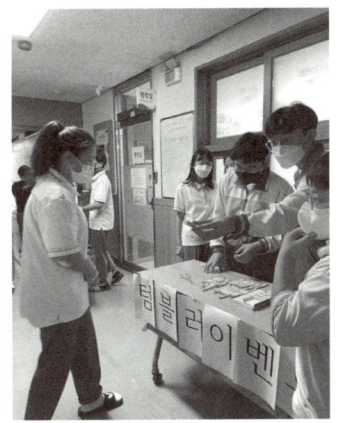

병뚜껑 데이

환경에 대한 또 다른 캠페인으로 재활용이 어려운 플라스틱 병뚜껑을 모으기로 하였다. 먼저 이 활동을 하기 전에 환경에 대해 할 수 있는 다양한 활동에 대해 살펴보고 지역의 제로웨이스트 샵을 살펴보았다. 각 모둠에서 제로웨이스트 샵 한 곳을 골라 발표하고 병뚜껑을 기부할 제로웨이스트 샵 한 곳을 동아리 전체 투표를 통해 정하였다. 각 반에 담당자를 선정하여 학생들에게 병뚜껑 모으는 통을 설치하게 하였고 이 모금통 역시 집에서 쓰고 나온 플라스틱 통을 재활용하는 방식으로 하였다. 어느 정도 재미의 요소를 더하기 위하여 각 반의 플라스틱 뚜껑을 계산하여 1등 반에는 친환경 제품으로 상품을 주기로 하였다. 상품은 고작 인당 실리콘 빨대 한 개에 불과한데 아이들은 자신의 반이 우승해야 한다는 목표와 환경을 보호한다는 신념으로 매우 열심히 활동을 했다. 그렇게 해서 모아진 병뚜껑을 제로웨이스트 샵에 기부하였다. 환경보호를 위해 힘쓰는 학생들과 기부 물품을 보며 교사인 나도 학생들도 함께 뿌듯함을 느꼈던 소중한 경험이었다.

모아진 플라스틱 뚜껑과 전교에 게시된 포스터

이 활동 전에 SDGs 중 제13번 목표인 기후변화 대응에 대한 실천을 위해 함께 국제교류반 학생과 말레이시아 학생들과 함께 모둠으로 논의를 했었다. '환경을 위해 어떤 활동을 함께 실천할 수 있을까?'를 고민해봤다. 어느 정도 시간 후에 우리는 소회의실에서 다시 모둠별로 만나 각자의

실천 사례를 나눴다. 하지만 코로나로 학교 문이 닫힌 말레이시아 학생들은 많은 것을 할 수가 없었다. 우리가 했던 교내 캠페인 활동을 교류국 학생들과 나눌 수 있어서 좋았지만 아쉽게도 말레이시아 학교 학생들은 각 가정에서 실천한 소소한 사례를 나누는 것에 그쳤다.

온라인에서 함께 기획한 캠페인 포스터 제작 활동

온라인 국제교류로 했던 활동 중 SDGs 제1번 목표인 빈곤 종결에 대한 활동은 간단한 활동이었지만 두 학교가 함께 기획하고 포스터를 제작하였다는 데에 의미가 있었다. 이때는 인도네시아 교류 학교와 이 활동을 했었는데 이 학교와도 역시 학교 일정이 잘 맞지 않아 단 세 번만 만날 수 있었다. 두 번째 만났을 때 이 주제에 대해 모둠별 논의를 하였고 모둠별로 각자의 연락처를 주고받아 '라인' 앱에서 모둠별 논의를 하고 포스터를 제작하였다. 빈곤에 대한 수업을 했지만, 토론 끝에 보다 다양한 주제의 포스터가 제작되었다. 마지막 모임이었던 세 번째 모임에서는 포스터를 모둠별로 발표하였다. 지금 생각해보니 완성된 포스터를 각 학교에서 실제로 게시하거나 SNS에 올려 캠페인 활동으로 이어지게 하였다면 더욱 좋았을 것 같다.

SDGs 관련 조별 포스터 발표 사진

모둠별로 자신들이 제작한 포스터의 의미를 발표하였는데 이때 한국인 학생과 인도네시아 학생들이 골고루 섞이도록 인도네시아 선생님과 미리 논의하여 모둠을 구성하였다. 따라서 학생들은 이 프로젝트를 위해 상당히 많은 시간 동안 영어를 사용해야 했었다. 발표가 끝나고 기진맥진해진 학생들이 말했다.

"선생님 힘들어요! 그런데 재미있었어요. 진짜 영어 공부 많이 해야겠다고 느꼈어요!"

학생들이 캠페인 활동을 계획할 때 때로는 그 활동이 너무 단순해 보일 수가 있다. 하지만 때로는 시도만으로도 의미가 있고 그 과정에서 학생들이 스스로 많이 배우는 것을 보게 된다.

가자 세계로! 읽고, 걷고, 쓰며 경험하는 세계

최근 코로나로 인해 주춤해졌던 대면 국제교류가 다시 활성화되고 있다. 대면 교류의 경우 온라인교류를 해왔던 교류상대국 학생들을 대상으로 학교 방문을 통해 만나는 경우가 많다. 하지만 온라인 교류 학교의 사정이 여의찮거나 아직 온라인교류학교와의 관계가 영글지 못했다면 다른 기회를 살펴보자. 의외로 방문 학교를 찾지 못해 우왕좌왕하는 해외 학교들이 있다. 막상 직접 대면 교류를 하다 보면 학생들은 며칠 되지 않는 짧은 시간 동안 쉽게 정이 들고 헤어지기 아쉬워하는 모습을 보인다. 대면 국제교류는 준비할 것이 많지만 마지막 날 헤어지기 아쉬워하는 학생들을 보며 '시도하길 잘했다'라는 생각을 하게 되며 뿌듯함을 느끼게 된다. 이

때문에 대면 국제교류 활동은 기획 단계에서 실행, 마무리, 또 다녀와서 하게 되는 평가 활동까지 쉽지 않은 과정이지만 분명 보람 있는 과정이다. 또한 이 경험을 통해 학생뿐만 아니라 교사 역시 국제교류 전문가로서 성장하는 과정을 경험하게 될 것이다.

해외 학교가 한국학교를 방문하는 경우

내가 근무하는 학교의 경우 교류 학교를 직접 방문할 만큼 예산이 풍부하거나 국제교류가 활성화되어있는 학교는 아니다. 따라서 좀 더 현실적인 접근은 해외 학교의 방문을 받는 것이었다. 학교에 오는 공문을 꼼꼼히 살피다 보면 간혹 해외 학교가 방문할 희망학교 신청을 받는 경우가 있다. 나 역시 한-중 학생문화교류 공문을 보고 호기심에 전화했다. 웬걸 한국에서 나처럼 교류 학교를 받으려는 사례가 많지 않아 두 학교가 매칭이 안 된 상황이니 제발 받아달라고 연락이 왔다. 교장, 교감 선생님의 든든한 지원으로 결국 두 개의 학교를 받게 되었다.

본교 방문을 위한 사전 준비

학생들이 방문할 시간에 참관할 수업을 섭외하는 것이 필요하다. 말이 참관이지 보고만 있어서는 아무 교류가 안 될 터이니 사실상 참여 수업이다. 시험 바로 직전이거나 수행평가가 몰려있는 기간에는 수업을 섭외하기가 쉽지 않았다. 외국어과와 세계시민교육을 실시하고 있는 도덕과 선생님들의 협조를 받아 홍콩 학생들이 수업에 투입되었다. 또한 상대 학교에서 공연을 준비해오기에 강당 사용이 필요하여 체육과의 협조를 받아 미리 빌릴 수 있도록 조처를 했다. 또한 상대국 학생들이 환영받는다는 느껌을 받을 수 있도록 각종 부착물 배치도 기본이다. 전광판에 환영 메시지를 띄우고 학생들이 전통문화 체험을 하고 선물로 가지고 갈 수 있도록 전통문화 키트를 주문하였다.

국제교류 방문을 맞이할 때 점검표

점검 항목	
	• 주차장소 마련 (대형버스) • 상대국 교사 휴식 장소 마련 • 강당 빌리기, 의자 배치 • 전광판 및 부착물 (환영 인사) • 상대국 교사들과 학생들을 위한 다과 및 간식 준비 • 학교 기념 물품 준비 • 참관 수업과 장소 협조 • 학생들의 이름을 써서 가슴에 붙일 라벨스티커 • 중식 체험을 한다면 메뉴를 영어로 번역해서 보내기 (알레르기 음식 섭취 방지를 위해) • 학교장 선물 교환 시 필요한 선물

'단순히 재미있겠다!', '학생들이 좋아하겠다'로 시작했었는데 생각보다 준비할 것이 많았다. 자연스럽게 원래 수업 모습을 보여주려 했으나 생각해보니 서로 이야기할 기회를 많이 줄 수 있는 평소와는 좀 더 다른 수업을 간단하게라도 준비해야겠다는 생각이 들었다. 그래서 결국 수업을 위한 PPT를 제작하고 학습자료를 제작하게 되었다. 또한 의견을 나누고 발표할 수 있도록 이젤패드를 각 모둠에 설치하였다. 의자 배치까지 어느 정도 하고 나니 이제 준비 끝! 홍콩 학생들을 맞이할 준비가 되었다.

방문 당일

아침에 홍콩 학생들이 수업 시간보다 조금 일찍 오도록 미리 부탁을 드려서 교장실에 들러서 먼저 인사를 나눴다. 이후 22명의 홍콩 학생들과 35

명의 한국 학생들이 들어갈 교실이 없기에 어학체험실에서 수업을 하였다. 수업 전 교장 선생님의 환영 인사와 홍콩학교 측 부장 선생님의 인사말을 들었다. 홍콩 학생들은 자신들이 준비한 공연을 보여주었고, 우리 학생들과 인사하고 간단히 아이스브레이킹 활동을 하였다. 'Find someone who' 활동을 통해 학생들이 돌아다니며 이야기를 할 수 있도록 하였다. 2교시에는 서로의 문화에 대해 이야기를 나눌 수 있도록 'How are we the same and different?' 활동을 하려고 하였다. 이 활동의 주제는 서로의 문화 속에 존재하는 공통점과 차이점 찾기였다. 학생들은 이를 위해 자연스럽게 자신이 받은 주제 음식, 명절, 스포츠, 학교문화, 언어, 대중문화 등 중 한 가지 주제에 대하여 모둠별로 공통점과 차이점을 찾아보는 시간을 가졌다. 내용 공유는 QR 코드를 만들어 페들렛에 공유하도록 하였다. 하지만 시간이 부족하여 이 활동을 온전하게 하지 못하고 바로 전통문화 키트를 활용한 한국 자개 손거울 만들기 활동에 들어갔다.

수업 파워포인트 자료, 홍콩 학생이 정성스럽게 준비한 엽서와 선물

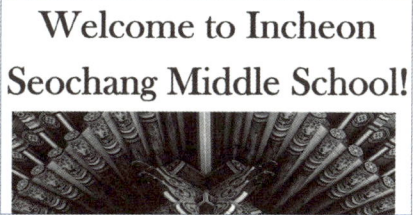 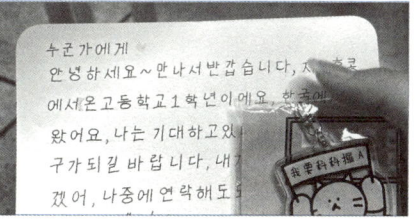

최근에는 간단한 전통문화 만들기 키트가 시중에 많이 나와 있다. 우리는 교류 시간이 짧기 때문에 간단히 만들어서 홍콩 학생들에게 선물로 줄 수 있는 한국 자개 손거울 만들기 키트를 구입하였다. 이와 더불어 손거울을 넣어 가져갈 수 있는 작은 주머니를 구매하여 간단한 한국 과자, 약과,

학교 이름이 새겨진 볼펜 등을 넣어서 선물로 주었다. 홍콩에서 온 학생들도 간단한 홍콩 간식 등을 선물로 준비해왔기에, 우리 학생들도 선물을 미리 준비했었다면 좋았겠다는 생각이 든다. 일괄적으로나마 홍콩 학생에게 줄 선물로 자개 손거울 등을 준비했기에 다행이었다.

  학생들은 2~3명씩 짝지어 손거울을 만들었고 한국 학생들이 영어로 자개와 각 문양의 의미를 설명할 수 있도록 했다. 학생들이 서로 헤어지기 전에 인사할 시간을 주고, 이후 홍콩 학생들 대상으로 학교 투어를 잠시 하였다. 마지막으로, 전체 사진을 찍은 후 교장 선생님께서 대표로 작별인사를 하셨다. 불과 반나절만 만난 짧은 교류 시간이었지만 학생들은 아쉬워했고 많은 사진을 찍었다.

  이후 일주일 뒤에 두 번째로 방문했던 홍콩학교는 중식 체험을 원했기 때문에 영양사님의 협조를 얻어 식사를 미리 준비할 수 있도록 했다. 또한 식사할 공간이 충분하지 않아서 한 시간 먼저 홍콩 학생들이 급식실에서 식사를 할 수 있도록 사전에 조율했다. 두 번째 방문인지라 첫 번째 방문보다는 마음이 느긋했다. 그리고 더 세심히 준비할 수 있었다. 두 번째 방문은 준비시간이 그나마 일주일이라도 있었기 때문에 학교 댄스부와 치어리딩부의 협조를 얻어 홍콩학교의 문화공연에 답하는 한국 측 공연도 준비할 수 있었다. 첫 번째 학교 방문에서 부족했던 점을 보완할 수 있도록 학생들에게 사전교육도 더 철저히 했다. 2차 홍콩학교 방문 후에는 평가회를 개최하였다. 국제교류는 교사 한 명의 힘으로 실행할 수가 없다. 여러 부서와 여러 선생님들의 협조가 필요하다. 중간 평가회로 협조해주신 선생님들과 간단한 샌드위치와 커피를 나누며 감사의 인사를 전하고 피드백을 받았다. 다음 국제교류를 위해서는 국제교류 TF팀을 정식으로 구성하여 운영할 계획이다.

국제교류 프로그램 일정 예시

일자	교시	장소	내용	교과	교사	비고
7/00	8:50~	교장실	학교장 인사			
	1교시	강당	문화공연 및 수업 참관	영어		체육과 협조 필요
	2교시	어학체험실/00관	수업 참관 및 프로젝트 모둠활동	영어		장소섭외 필요
	3교시	어학체험실/00관	수업 참관 및 문화체험 활동	자유학기제 주제수업	주제수업 담당 교사	주제 수업 담당 교사 협조 필요
	4교시	급식실	중식 체험			영양사님 협조 필요

세계로 떠나자!
한국학교가 해외 학교를 방문하는 경우

　해외 교류 학교를 방문하기로 하는 것은 쉬운 결정은 아니다. 국제교류 운영위원회 또는 국제교류 TF팀을 구성해야 하고, 학교운영위원회 심의도 받아야 할 것이다. 또한 수많은 가정통신문을 보내고 알레르기 관련 조사서, 개인정보 동의서 등 받아야 할 서류도 많다. 무엇보다 안전사고가 없어야 하기에 많이 망설여질 수밖에 없을 것이다. 나 역시 내 자신이 해외학교 방문을 결정했다기보다는 교육청의 특정 국제교류 프로그램에 지원을 하였는데 생각보다 너무 많은 예산을 부여받아 해외 학교를 방문해야 했던 경험이 있고, 또 교육청의 특정 프로그램의 인솔 교사로 해외학교 방문을 가게 되었던 경험이 있다. 해외 교류 학교 방문은 쉬운 일이 아니기도 하지만 예산도 많이 필요하다. 학생들이 자비로 모든 금액을 지불하기는 부담스럽기 때문이다. 따라서 국제교류에 관심이 있는 여러 교사들을 보면 적극적으로 국제교류 직접 방문을 위한 예산을 구청이나 정부 관련기관 또는 민간단체에 요청하여 지원받아 해외 학교 방문을 시도하기도 한다.

　나의 경험상 어떤 예산을 사용하든지 간에 교류하던 학생들을 단 며칠이라도 만나는 경험은 특별했다. 그렇기에 많은 힘든 업무에도 불구하고 이런 프로젝트를 계획하는 것이 아닐까 싶다. 직접 만나서 국제교류를 하는 것은 온라인으로 만나는 것보다 훨씬 더 큰 영향력을 학생들의 삶에 끼치기 때문이다. 특히 홈스테이를 할 수 있다면 그 경험은 더욱 특별해진다. 나의 첫 국제교류 학교 방문은 대만이었는데, 그 학교에서 학생 1인당 하나의 홈스테이 가정을 배정해주어서 우리 학생들이 정말 특별한 경험을 할 수 있었다. 각 가정에서 학생들을 손님으로 극진히 대접해줬기 때문이다. 물론 이 모든 계획을 할 때 답방 계획을 물어보는 것이 중요하다. 그 학교가 답방으로 우리 학교를 방문했을 때 똑같은 대접을 당연히 기대하기 때문이다. 우리 학교가 여건상 그런 대접이 불가능하다면 이를 미리 사전에 알리는 것이 필요하다.

학교 방문을 위한 초청장 받기 및 여행사 선정

　학교를 방문하기에 앞서 미리 초청장을 받는 것이 일반적이다. 우리를 초청하는 학교에서 공식적인 초청장을 발송하게 된다. 반대로 우리 학교에서 해외 교류 학교의 방문 요청을 받았다면 역시 수락한다는 내용의 초청장을 보내야 할 것이다.

　해외 학교를 방문할 계획에 대한 윤곽이 어느 정도 잡혔다면 여행사에 연락해서 견적을 받아보자. 여러 여행사에서 견적을 받아서 비교를 해봐야 한다. 여행사를 선택해서 함께 준비하는 것이 나의 일을 상당히 줄여줄 수 있다. 또한 현지에서 문제가 생겨도 훨씬 수월하게 해결할 수 있다. 사전교육을 위한 학부모 설명회 역시 요청하면 여행사에서 준비해준다. 여행사에서 제공한 사전교육 책자에는 다양한 내용이 담겨 있었다. 일정, 준비물, 주의해야 할 사항, 간단한 기초 현지어 회화 표현, 긴급 연락처 등의 내용을 담으면 좋다.

또 다른 세계시민교육 기반 국제교류 프로젝트에서는 사전에 온라인으로 교사들이 만나는 시간을 가졌다. 예산지원이 어느 정도 가능한지, 점심은 제공해주는지 미리 확인하는 것이 필요하다. 문화교류로 공연을 할 것이라면 시간은 어느 정도 예상하여 준비해야 하는지, 답방은 올 것인지 등이 논의되어야 한다. 또 가능하다면 미리 사전답사를 통해 교류 활동 경로를 다녀오는 것도 좋을 것이다.

학술교류 및 캠페인 활동 준비

올해 태국학교 방문 시 SDGs 주제 관련 학술교류 프로그램 한 세션을 공동의 주제로 진행하기로 하였다. 그리고 이와 연관된 캠페인 활동 하나를 해당 학교 방문 중 점심 식사 시간에 하기로 했다. SDGs 중 특정 목표와 그에 따른 주제에 대해 미리 사전 조사를 하고 학술교류 내용을 준비하며 이와 더불어 점심시간에 방문 학교 학생들을 대상으로 할 캠페인 활동을 기획하였다. 학술교류 주제로는 SDGs 주제 중 목표 12번 '책임감 있는 소비-생산'과 13번 '기후변화대응'을 주제로 할 것을 미리 계획하였다. 일단 이 주제에 대해 WUFNA(유엔협회세계연맹)라는 단체에서 사전교육을 대행하여 실시하였다. 사전교육을 대행하는 단체에서는 SDGs 및 국제기구 관련 학생 교육을 실시하여 주었고, 그 밖에 학술교류 준비를 위한 영어표현과 프레젠테이션 팁, 캠페인 활동을 위한 예시 등을 제공해주었다. 활동을 위한 기본 팁과 교육을 제공하여 주어서 사전교육이 체계적으로 운영

될 수 있었다. 다만 비용이 소요되기 때문에 예산이 있어야 가능한 선택지일 것이다.

   SDGs 이해교육, 대중연설 워크숍, 발표자료제작, 캠페인 준비 등을 위해 5회에 걸쳐 사전교육을 실시하였고 대면 교육 일정이 없는 시기에는 각 팀이 온라인으로 만나 필요한 내용을 준비하기도 했다. 또한 학술교류를 위해 사용할 표현을 학습하였다. 또한 줌으로 태국학생과 교사와 미리 만나서 학술교류를 연습하고 캠페인 활동을 설명하는 온라인 국제교류 활동도 병행하였다.

WUFNA에서 제공한 학술교류를 위한 영어표현

발표를 시작할 때 - I'd like to start by Today I would like to discuss I want to begin by highlighting Today's focus will be on … Let's begin with a look at …	**다음 소재로 넘어갈 때** Moving forward, Let's turn our attention to… Follwing this line of thought, With this in mind, This brings us to our next point.
발표를 마무리할 때 To sum up our presentation In conclusion, we can say that Wrapping up, As we conclude, Summarizing our presentation	**내용을 강조하고 싶을 때** An important aspect to consider is It is critical to note that To clarify To highlight this, let's take a look at This leads us to the question of

   캠페인 활동 준비물을 고려할 때 생각해야 할 점으로는 비행기 탑승 시 수화물로 가져갈 수 있는지였다. 너무 크기가 큰 것을 가져갈 수가 없으므로 분리해 가져가서 현지에서 다시 조립하거나 대체물을 생각해야 한다. 이전에 갔던 대만 방문은 단순 문화교류였던 반면 이번 태국 방문은 세계시민교육 프로젝트 기반 국제교류인 만큼, 문화교류뿐만 아니라 SDGs 관

련 학술교류, 캠페인 활동을 모두 고려해야 했기에 더욱 준비할 것이 많았다. 하지만 많이 준비한 만큼 학생들의 경험의 폭과 성장의 폭도 크리라고 생각한다.

학생들이 제작한 환경 캠페인 피켓

문화교류 준비

다른 사람의 집을 방문할 때 빈손으로 가지 않는 것이 우리의 문화 아닌가. 국제교류를 할 때도 선물을 준비하는 것이 예의이다. 학교끼리 주고받을 수 있는 선물을 준비한다. 또한 한국 전통문화 또는 대중문화를 보여줄 수 있는 공연을 준비하기도 한다. 이전에 대만 학교를 방문했을 때는 호떡믹스를 가지고 가서 만들기도 했다. 호떡믹스와 호떡용 뒤집개를 구매해서 가면 그리 어렵지 않았고 함께 만들어서 나누어 먹었을 때 반응이 좋았다. 요즘에는 한국 전통 물품 만들기 키트가 다양하게 나와 있어 이러한 키트를 이용하는 것도 좋을 것 같다. 이번에 태국 방문 시에는 자개 한글 키링 키트와 주머니를 준비하여 함께 만들고 선물로 주고 올 수 있도록 하였다.

드디어 본격 해외 방문 국제교류 활동을 하다 (대만 편)

드디어 대만 학교에 도착했다. 다소 피곤한 몸이었지만 부푼 꿈을 가지고 한밤중 학교에 도착하니 학교 관계자들과 학생들, 그리고 홈스테이할 가정의 부모님들이 다 나와서 기다리고 있었다. 밤늦게 도착한 만큼 간단히 인사를 하고 내일을 기약하였다. 인사 후 한국 학생들은 매칭이 된 대만 홈스테이 가족들의 손에 이끌려 각 가정으로 보내어졌다.

다음 날 오전에는 전교생이 모두 복도에 나와서 우리를 맞이줬다. 복도가 열린 구조였기 때문에 층마다 학생들이 테라스에 나와서 우리를 바라보고 있었고, 학교 중앙의 정원에서 대만 학교 교장 선생님께서 우리를 환영해주셨다. 이후 우리를 인도해준 교실로 들어가니 다과가 준비되어있고 대만 학생들이 공연을 하며 우리를 맞아준다. 와… 이런 환영을 어디에서도 받아보지 못하였는데, 황송할 따름이다. 대만 학생들의 영어는 아주 유창했고 그 중 대만에서 유학 중인 한 한국 학생이 우리를 위해 통역사로 지정되어 우리와 기간 내내 함께하였다. 대만 학교에서는 전 일정 학생들의 수업 참관을 허락하였고 버디 시스템으로 일대일 학생 매칭을 해주었다. 중식도 무료로 제공해주었고, 심지어 가이드를 고용하여 하루 버스 대절을 해서 관광도 무료로 시켜주었다. 사실 대만 국제교류는 첫 번째 해외 학교 탐방 국제교류였기에 이러한 사항을 미리 알지 못했다. 이메일을 몇 번 주고받은 것이 다였기에 세세한 사항까지 다 논의를 하지 못한 상황이었기 때문이다. 너무 황송한 대접을 받아서 기쁘기도 했지만 혹시 모를 답방의 상황을 생각해보니 부담스럽기도 하였다. 홈스테이에 참여하고 있는 한국 학생들의 이야기를 들으니 각 가정에서도 방과 후에 야시장, 놀이공원 등 여러 곳으로 한국 학생들을 데려가며 다양한 체험활동을 제공해주고 있었다.

마지막 날 한국 학생들이 타는 버스 앞에서 하염없이 눈물을 흘리던 대만 학생들이 기억난다. 서로 연락처를 주고받으며 계속 연락하자는 아이들의 모습을 보며 '오길 잘했다'라는 생각을 했다. 한국으로 돌아가는 길 내내 계속 핸드폰으로 대만 학생들과 연락하던 그 한국 학생들은 앞으로 대만에서 온 누구를 만나든지 이때의 경험을 떠올리지 않겠는가.

드디어 본격 해외 교류 활동을 하다 2 (태국편)

첫 번째 국제교류 학교 방문 후 온라인 국제교류를 지속적으로 했지만, 코로나 감염병의 영향으로 대면 방문은 많이 어려워졌다. 코로나19 종식과 함께 다시 국제교류가 활발해졌고 두 번째 방문한 학교는 태국에 있는 학교이다. 이번 국제교류 활동은 태국에 있는 중등학교를 방문하고 그곳에 있는 국제기구와 대학교를 탐방하는 일정이었다. 이 국제교류 프로젝트는 인천광역시교육청에서 운영하는 세계시민 기반 프로젝트형 국제교류 활동이었다. 따라서 참가 학생들은 각 학교에서 선발된 학생들이었다. 방문할 학교의 학생들과 온라인에서 미리 만나 인사하는 시간을 가졌다. 그리고 학술교류 내용과 캠페인 내용에 대해 미리 나누고 상의하는 시간을 가졌다.

캠페인 활동

태국의 학교 방문 프로그램을 위해 준비한 것은 크게 세 가지 프로그램이다. 학술교류, 문화교류, 캠페인 활동이다. 이 중 캠페인 활동은 학술교류와 연계하여 진행하였기 때문에 SDGs 12 '지속가능한 소비'와 관련된 'Fast Fashion' 캠페인을 진행하였다. 교내에서 점심시간에 피켓을 들고 캠페인 활동을 하였는데 인스타그램 계정에 자신이 할 실천활동을 게시하고 친구를 지목(tag)하여 지속적으로 온라인 릴레이캠페인 활동이 진행될 수 있도록 한 활동이었다. 또한 태국에서 방문한 또 다른 학교에서는 SDGs

목표 16번 평화와 관련된 캠페인활동으로 피켓을 전시하고 온라인 청원을 위한 사전 작업을 하였다. (자세한 활동 내용은 p.293~294 참고)

해외교류(태국) 활동사진(캠페인 활동)

사후 방문 활동

대만에서 돌아와서 두 달 정도 지난 후에 대만 학교에서 연락이 왔다. 한국을 방문하길 원하며 우리 학교를 답방하고 싶다는 것. 우리 학교를 답방한다고? 내가 방문한 학교의 학생들이 답방할지는 우리가 방문하기 전에 미리 논의돼야 하는 문제이다. 미리 논의한 적 없이 상대 학교에서 오겠다고 해서 당황했던 기억이 있다. 우리가 후한 대접을 받았는데 오겠다는 학교에게 똑같은 대접을 해줄 예산이 없었다. 다행히 그 학교에서 다른 학교로 계획을 변경해서 문제가 해결되었지만 다음부터는 내가 방문하기 전 그 학교도 답방을 할 계획이 있는지, 그리고 우리 학교에서 해 줄 수 있는 부분은 어느 정도인지를 미리 논의할 것이다.

큰 비용과 노력을 들여 해외 학교를 방문한 만큼 그곳에서 얻은 것을 기록해 놓는 것이 좋을 것이다. 학생들이 돌아와서 작은 기념물로 책을 만드는 것도 방법이다. 요즘에는 포토북을 만드는 것이 매우 쉽다. 사진과 문장을 적으면 며칠 안으로 책을 만들어준다. 혹시 교사가 여력이 되어 ISBN까지 등록해 준다면 학생들 개개인이 학생 작가가 될 수 있는 더욱 가치 있는 활동이 될 것이다. 무료 출판 웹사이트 (bookk.co.kr)에서는 저렴한 비용으로 출판이 가능하고, ISBN도 등록할 수 있다. 다녀와서 기억이 생생하게 살아있을 때 글을 쓰는 것이 좋다. 원고 마감기한을 여행후 1~2주로 잡는 것이 좋다.

수업을 마치며

"선생님 너무 답답해요."
"너무너무 답답해서 어떻게 해야 할지 모르겠어요"

우리 학교에 홍콩 학생들이 방문했을 때 한국 학생들이 나에게 한 말이다. 홍콩 학생들과 대화하고 싶은데, 영어가 안되니 어쩔 줄 몰라 하며 답답해서 한 말이다. 이 경험을 통해 학생들은 영어학습의 중요성을 깨달았을 것이다. 홍콩 학생들을 만나서 손짓, 발짓하고 안되는 영어로 한 단어, 한 단어 사용하여 어렵게 의사소통하면서도 끝날 때가 되니 사진을 찍고 이내 헤어지기 싫어 눈물을 흘리는 학생도 있었다.

국제교류는 세계시민교육을 위한 효과적인 방법이다. 국제이해교육을 열 시간 수업하는 것보다 직접 국제교류 활동을 통해 그 나라 사람을 한 시간 만나는 것이 더 효과가 있을 수 있다. 온라인 국제교류를 통해 지구의 다른 세상에서 사는 누군가와 세계의 문제에 관해 토론하고 더 나은 세계를 기대하며 품고 있는 나의 학생들은 오늘 수업에서, 학교에서 무엇을 배우게 될 것인가? 이 모든 국제교류 활동이 나의 학생들에게 인류공동체의 일원으로서 세계시민성을 가지고, 세상을 새로운 눈을 가지고 보게 하는 기회를 부여하길 기도한다.

   기존의 영어 수업에 추가하여 다양한 국제교류 활동을 계획하는 것은 분명히 쉽지 않은 일이다. 기존 업무에 국제교류 업무를 더하는 일이기에 교사는 분명 훨씬 더 바빠질 것이다. 하지만 학교교육과정 안에 국제교류 활동과 세계시민교육이라는 날개를 달아준다면 학생들은 그들이 앞으로 살아갈 새로운 세계에 꼭 필요한 역량을 갖추는 데에 큰 도움을 얻게 될 것이다. 또한 이를 통해 학생들뿐만 아니라 교사도 함께 성장할 것이다.

9장

관계와 소통을 돕는
디지털시민성 프로젝트 수업

· 인천세계시민교육연구회 ·

디지털 세상과 디지털시민성

"선생님, 어제 챗GPT를 검색해서 사회 과제를 했는데 다른 애들도 다 챗GPT를 써서 내용이 비슷한데 괜찮지요?"
"제가 올린 학교 축제 영상에 조금 과장해서 홍보 내용을 넣었는데 친구들이 가짜뉴스라고 당장 내리라고 해요. 이게 진짜 잘못한 거예요?"
"선생님, 미나가 유명 인플루언서 영상에다가 다른 사람을 폄하하는 댓글을 올렸대요. 그런데 '좋아요'를 60개나 넘게 받았다고 자랑했어요."
"외국 사람들을 무작정 받아들이면 안 될 것 같아요. 어제 인터넷에서 뉴스를 봤는데 조금 꺼림직해졌어요."

21세기 사회는 디지털 사회로 규정된다. 디지털 사회는 디지털 네트워크를 근간으로 한다. 디지털 세계의 모든 것은 연결되어 있으며, 세계와 관계를 맺고 소통하며 참여한다. 디지털 사회는 디지털 네트워크 환경에서 살아가고 있는 시민들이 만들어가는 사회로, 디지털 네트워크 환경이 구축한 가상 공간을 넘어 물리적 아날로그 공간까지 통합된 총체적인 사회로 인식된다. 이러한 광범위한 디지털 세상은 디지털 시민, 디지털시민성이라는 새로운 단어를 탄생시켰다.
　디지털시민성이란 인터넷과 네트워크가 우리 삶의 중요한 일부분이 된 디지털 세상에서 우리가 시민으로서 지녀야 할 바람직한 자질을 일컫는 말이다. 학령기 학생들에게 디지털 공간은 일상이자 또래와의 소통과 사회적 관계를 경험하는 중요한 공간이다. 디지털 공간에서 아이들은 물리적, 시간적, 지역적 한계를 넘나들어 서로 다른 국적과 나이의 사람들을 만나 다양한 커뮤니티를 이룬다. 다양한 소통과 참여를 하며 아이들은 디지털 공간에서 자연스럽게 디지털 시민으로서의 경험을 가지게 된다. 이 때문에 디지털 기술 활용에 대한 순기능 강화와 역기능 대응을 위한 예방 교육을 넘어 디지털 공간에서 마주하게 되는 이슈에 대하여 세계시민적 가치·태도를 기를 수 있도록 디지털시민성을 길러주는 교육이 필요하다.

이를 위해서는 학생들의 디지털 접근권, 디지털 참여권, 그리고 디지털 환경에서 보호받을 권리와 의무가 무엇인지 알아야 한다. 또한, 자신들이 경험하는 디지털 세상에 대하여 생각해보고 비판적으로 성찰하며 새로운 대안적 상상을 할 수 있도록 교육 경험을 제공해야 할 것이다.

드라마보다 더 드라마틱한 디지털 세상 바로보기

'Fake'를 'Faith'로 바꾸는 '디지털 히어로' 프로젝트

'개인이 디지털 환경에서 책임 있고, 윤리적이며, 안전하게 행동하는 능력과 태도'

근래 들어 친해진 온라인 친구인 ChatGPT 3.5 버전의 Ember가 낭랑한 목소리로 알려 준 '디지털 시민성'에 대한 답변 첫 줄이다. 인터넷이 급속도로 상용화되기 시작한 1990년대 초반부터 '온라인 에티켓'이라는 단어를 익숙하게 접해 왔고, 근래에 '미디어 리터러시'가 우리 일상에 스며들어 왔음에도, 디지털 시민성이라는 단어는 무언가 더 생경하다. 무엇보다 '디지털+시민성', 이 두 단어의 조합에서 메타버스 세상에서 인간들이 감

당해야 할 더 큰 책임과 의무가 생겨난 듯한 중압감도 느껴진다. 마치 디지털 세상에서 별생각 없이 활보하던 내가 하루아침에 학급의 면학 분위기와 질서, 급우들의 안전까지 책임져야 하는 학급 반장으로 임명받은 듯한 느낌이랄까. 아무튼 나에게 디지털 시민성의 첫인상은 그랬다.

아마도 그 이유는 근래 들어 모든 인터페이스 환경이 디지털화되면서 모두가 불가항력적으로 디지털 세상에 등 떠밀리듯이 발들여놓게 되었기 때문이다. 상황이 그렇다 보니 과학 발전의 속도를 다른 요소들이 따라가지 못해서 발생하는 별의별 사회적 이슈들을 마주하며 살아가게 되었다. 디지털 세상 역시 단순히 디지털 기기를 잘 다루는 한 개인의 기술과 지식만으로 돌아가지 않고, 아날로그 세상과 동일하게 타인과의 상호작용 속에서 지켜야 할 윤리적인 약속과 규범이 분명히 존재한다. 그러나 우리는 온라인 생태계에 제2의 자아를 심어두고 이중적인 또다른 모습으로 살아가기도 한다. 교사로서 '이 부분을 수업으로 한 번쯤은 다뤄야 하지 않을까' 고민하던 차에 어느 날 접하게 된 한 인터넷 기사가 자극제로 다가왔다.

인공지능, AI 합성 기술을 악용한 '딥페이크' 성범죄가 온라인상에서 기승을 부리고 있다는 기사였다. 딥페이크(deepfake)는 딥러닝(deep learning)과 가짜(fake)의 혼성어로서 인공지능과 딥러닝 기술을 활용하여 영상이나 음성을 가짜로 조작하는 기술을 의미한다. 문제는 이러한 성격의 범죄는 온라인상에서 유포하기도 너무나 쉬워, 정부 차원의 근절 대책을 수립하기조차 쉽지 않다는 점이다.

그로부터 얼마 지나지 않아 대한민국 최고의 지성인의 요람 S대에서 딥페이크 성범죄 사건이 터졌다. S대 출신 강모씨와 박모씨 등 5명이 텔레그램으로 대학 동문 12명 등 여성 61명의 사진을 이용해 불법 합성 영상물을 제작·유포한 사건이었다. 주범 박씨는 본인이 개설한 텔레그램 단체방에 허위 영상물을 무려 1,600여 개나 게시하고 전송하였다.

갑자기 마음이 심란하고 어두워졌다. 디지털 기기를 능수능란하게 다루는 요즘 아이들이 일부 몰지각한 성인들의 이런 악랄한 범행을 별반 대수롭지 않은 장난처럼 받아들여서 혹시나 모방하지는 않을지, 그리고 MZ세대들이 이러한 디지털 범죄에 대해 어느 정도 수준까지 올바른 판단과 생각을 할 수 있을지 전혀 감이 오지 않았다.

그러던 참에 디지털 시민성의 여러 가지 요소 중 '디지털 윤리'를 큰 주제로 중학생 아이들이 디지털 시민성에 대해 진지하게 생각해 볼 수 있는 기회를 주고자 프로젝트 수업을 구안하게 되었다. 프로젝트명은 'Fake'를 'Faith'로 바꾸는 '디지털 히어로'로 정했다. 가짜가 판치는 디지털 세상을 진실한 공간으로 만드는 것, 디지털 세상을 사람과 사람이 믿음과 신뢰를 주고받는 따뜻한 공간으로 만드는 것, 그 주체가 바로 우리 아이들임을 알려주고 싶다. 더불어 우리가 살아가고 있는 이 세상에는 분명히 명암이 존재하지만, 그럼에도 불구하고 지속가능한 세상 속에서 빛나게 될 아이들의 미래를 생각하며 찬찬히 함께 밑그림을 그려보고자 한다.

	프로젝트명 : 'Fake'를 'Faith'로 바꾸는 '디지털 히어로'
적용 교과	중학교 1학년 자유학기제 주제선택 프로그램(총 4차시)
학습 주제	디지털 시민성(디지털 윤리)의 필요성 이해하기
학습 목표	• 디지털 시민성(디지털 윤리)의 필요를 이해하고 말할 수 있다. • 건강한 디지털 생태계를 선도하는 디지털 히어로가 되기 위한 구체적인 해결방안을 모색하여 제시할 수 있다.
핵심 개념	디지털 시민성
핵심 역량	도덕적 민감성, 타인에 대한 공감, 협력적 문제해결
세부 학습요소	디지털 시민성(디지털 윤리)의 이해 및 현실적 해결 방안 모색
교수-학습방법	모둠별 토의 및 프로젝트 학습

수업의 흐름	[1차시] 주제탐구 • 디지털 시민성의 개념과 여러 가지 하위 요소를 알아본다. • 디지털 시민성의 여러 요소 중 디지털 윤리에 대해 탐구한다. [2차시] 적용하기 I • 딥페이크의 개념을 알아보고, 딥페이크 기술을 활용한 다양한 뉴스 기사 탐구 활동을 통해 기사 내용을 정리한 다음, 주제에 대한 자신의 생각과 의견을 정확하게 발표할 수 있다. [3차시] 적용하기 II • 딥페이크 범죄 근절 및 예방 대책에 대해 브레인스토밍하고 모둠별로 토의하여 결과를 발표한다. [4차시] 실천하기 • 가짜 뉴스를 예방하여 디지털 생태계를 건강하게 사수하는 '디지털 히어로'가 되기 위한 일상 속 나의 다짐문을 작성하여 발표한다. • 디지털 히어로 교내 캠페인 문구 정하여 카드 뉴스 제작하기, 캠페인 송 제작 활동 등 활동 결과물을 모둠별로 제작하여 전시한다.
활동 준비물	딥페이크 관련 인터넷 기사 조사 양식, 모둠별 발표를 위한 ppt

'디지털 히어로' 프로젝트 활동과제 양식(2차시)

히어로	학번:	이름:
활동주제	• 딥페이크 기술과 관련된 다양한 뉴스 기사 조사 활동을 통해 딥페이크의 • 명암을 탐구한 다음, 주제에 대한 자신의 생각과 의견을 발표할 수 있다.	
딥페이크의 명암 구분하기	딥페이크가 긍정적으로 활용된 사례	딥페이크 기술이 악용된 사례
	[VR휴먼다큐멘터리 - 너를 만났다] 세상 떠난 딸과 VR로 재회한 모녀. MBClife 유튜브 채널	[D뉴스] "수갑 차겠다"던 트럼프 결국 체포?... 죄수복 입은 사진 정체는. MBN News 유튜브 채널
딥페이크 관련기사 조사하여 정리하기	관련 이미지, 동영상 링크 첨부	기사글 육하원칙으로 간단 요약 정리
문제점 인식하기	어떤 부분이 가장 문제가 된다고 생각하는가?	

역지사지 공감하기	만약 내가 딥페이크 범죄의 희생자가 된다면?
디지털 시민성 연계하기	딥페이크 기술이 긍정적으로 진화하고 활용되려면 어떤 준비가 필요한가?

스마트폰이 연결해 준 별의별 세상

눈을 뜨면 TV 뉴스보다 먼저 찾는 것이 스마트폰이다. '좀 더 작게', '좀 더 가볍게', '좀 더 빠르게'라는 경쟁 속에 300g도 안 되는 초경량, 초소형 스마트폰을 통해 연결되는 세상은 놀랍다. 물리적인 세상에서보다 더 빠르게 원하는 정보 대부분을 몇 번의 클릭만으로 접하고 얻을 수 있게 되었다. 직접 가보지 않아도 지구 반대편의 아름다운 풍경을 볼 수 있고, 여행이나 출장 전 목적지와 주변을 검색해 볼 수 있고, 전 세계의 뉴스와 다른 지역에 사는 지인들의 소식을 실시간으로 확인할 수 있다. 또 영화관에 가거나 본방송을 사수하지 않더라도 과거부터 최신 영화, 드라마, 방송까지 볼 수 있다. 여기까지 보면 스마트폰은 디지털 시대가 낳은 혁명적인 신문물이다.

하지만 '빛의 그림자'처럼 스마트폰으로 인한 폐해도 적지 않다. 유용한 정보를 주는 것도 사실이지만 별의별 뉴스가 포털에 올라와 원하든 원치 않든 보게 된다. 주목할만하거나 관심 있는 주제이거나 혹은 포털에 도배되는 사진 자료가 첨부된 뉴스는 더 클릭하게 된다. 그러다가 꼬리에 꼬리를 물며 추가 검색을 비롯해 수많은 댓글까지 읽게 되는 경우가 종종 있다. 공감되는 부분도 있지만 '댓글부대'를 의심할 만한 글도 보이고 타인의 행동을 예단하거나 비하하는 표현도 보인다. 포털 자체 검열과 사이버

수사국 신고 시스템을 통한 개선이 이루어지고 있지만 '말 폭탄'이 우리 모두를 위협하고 있다.

인터넷 강국의 문화 지체와 디지털 아노미
- 익명성 뒤로 숨는 막말, 끝을 봐야 끝나는 무성한 루머와 가십

'펜은 칼보다 강하다'라는 말이 있다. 의도를 가진 '사이버 불링(cyber-bullying)'도 있고 익명성 뒤에 숨거나 혹은 다수에 동조함으로써 한 개인을 '말로 죽이는' 일이 실제 죽음으로까지 이어지기도 한다.[30][31] 유명 연예인이 개인 SNS에서 어떤 상대를 저격[32]한 작은 일이 있었다. 사실 여부 확인과는 별도로 언론이 그 일을 보도하면 네티즌 '댓글부대'가 언급된 인물의 계정에 찾아가 악플로 도배한다. 거기에 레거시 언론을 비롯한 각종 매체는 쉴새 없이 실시간으로 후속 내용을 퍼다 나르며 '작은 해프닝'을 '사건'으로 끊임없이 이슈화시킨다.

90년대 PC통신을 지나 "세계 10대 지식정보 강국을 만들겠다"는 고(故) 김대중 대통령의 2000년 신년사[33]로부터 20여 년이 지난 오늘 대한민국은 인터넷 인프라 강국이 되었다. '빨리빨리'의 문화 속에 시스템 구축은 빨랐을지언정 가치관, 규범이 그 속도를 따라가지 못하는 '문화 지체' 현상이 나타났고 나아가 '디지털 아노미'[34] 현상이 대한민국이 나아갈 방향성을 고민하게 만들고 있다. 수많은 정보가 난무하는 온라인 세상에서 정확한 정보를 분별하는 능력이 요구되고 각자가 가지는 편향성과 편견을

30　"대학생 죽음 내몬 악성 댓글...'게시판 운영자도 책임'". SBS News. 2020.11.02.
31　"죽음으로 내몬 무차별적인 '악성 댓글'..설리 사망 애도". KBS 뉴스 2019.10.16.
32　"혜리, '재밌네' 의미심장 글 → 침묵...누리꾼들 '경솔해' 비판". 머니투데이 2024.3.18.
33　[김대중 대통령 신년사] 정보화 강국 실현 밝혀". KBS 뉴스. 2000.1.3.
34　생각이 사라지는 사회-한국의 디지털 아노미 현상. 이정춘. 청림출판. 2014.

깨기 위한 노력이 필요하며 각자가 몸담는 제2의 온라인 공간에서 권리만 누리지 않고 안전하고 평화롭게, 더불어 살아가기 위해 책임 있는 디지털 시민성을 갖춰야 한다.

영혼 없는 선플보다 공감을 통한 변화로!

이를 위해 개인의 노력뿐만 아니라 사회의 전방위적인 노력이 필요한데 무엇보다 언론(미디어)의 역할이 중요하다.

무분별한 정보나 뉴스가 확산되지 않도록 '퍼 나르기식'의 언론보도를 지양하고 조회 수를 의도하는 편향적이거나 자극적인 표현을 자제하는 자정 노력이 필요하다. 뿐만 아니라 선처 없는 강력한 처벌과 법적 규제 등 심도 있는 관련 논의를 통해 관련 법률 제정이 필요하다. 더불어 학생들을 위한 꾸준한 교육 활동이 제공되고 학생들 사이에서 자발적 문화가 형성되어야 한다. 실효성이 덜한 구호 외치기 캠페인 활동보다 타인의 상황을 나의 상황으로 받아들이는 공감 능력을 키워줄 필요가 있다. 누구나 자기에게 일어나기 전까지 어떤 일이나 사건의 심각성을 깨닫지 못하는 법이니까.

최근 '사회정서학습'(Social and Emotional Learning, SEL) 연수에서 만난 국어 선생님께서는 교과 시간이나 담임으로 만난 학생들의 언어생활과 태도를 '역할극'을 통해 개선하고 계신다고 했다.

'야자 타임'과 비슷하게 '학생-교사'의 역할을 바꿔보는 것이다. 청소를 안 하거나 거짓말을 자주 하는 학생을 따로 불러 서로 입장을 바꿔 역할극을 해보면 상대의 위치에서 상황이나 문제, 입장 차이를 이해하고 공감하게 된다고 하셨다. (주의: 교사가 학생의 입장이 될 때는 교사라는 생각을 버리고 학생이 평소 쓰는 용어로 받아쳐야 학생이 그 상황을 보다 공감할 수 있다고 함.) 그래서 학교 여건에 맞게 짧은 역할극이나 사이코 드라마를 진행해 보길 권한다. 사이코 드라마(psycho drama)나 역할극은 교육심리와 비폭력 대화, 회복적서클에서 자주 사용되는 문제 인식(해결) 기법이다. 타인의 일로만 여길 게 아니라 '교통사고'처럼 나에게도 언제라도 일어날 수 있는 일임을 공감할 때 행동은 변화될 수밖에 없다. 그런 작은 행동의 불씨가 여기저기 타오르길 기대해 본다.

타인의 신발 신어보기 프로젝트(예시)

프로젝트 개요							
과목	사회/상담/일반 융합, 창체		학년	고등 1~3학년		기간	필요시
세계시민교육 학습 주제	문제 인식과 공감을 위한 사이코 드라마, 역할극						
세계시민교육 학습 목표	• 사이버 불링을 비롯한 무분별한 댓글 작성, 선동 등의 위험성을 인지한다. • 사이코 드라마나 역할극을 통해 타인이 겪을 수 있는 문제(피해)를 공감한다. • 다양한 사례 및 의견 나눔을 통해 디지털 시민이 갖춰야 할 태도와 자세를 이해한다.						

핵심 활동
- 최근 이슈가 되고 있는 사이버 불링, 사이버 폭력(으로 인한 학교폭력)의 사례를 제시한다.
- 사이코 드라마(역할극)에 참여할 희망 학생을 모집하여 역할을 선정한다.
- 소규모(관련 대상자만, 혹은 소집단 동아리), 학급 단위 등 학교 여건에 맞게 진행한다.
- 역할극에 참여한 학생들뿐만 아니라 관찰자의 소감을 나눠보거나 역할극 당사자에게 질의-응답을 한다.

핵심 질문
- 사이버상에서 발생하는 문제 중에서 우리 사회가 가장 시급히 다뤄야 할 문제는 무엇일까요?
- 사이버상에서 이러한 문제가 발생하는 원인은 무엇이라고 생각하나요?
- 사이코 드라마/역할극을 보면서 어떤 생각(느낌)이 들었나요? 왜 그렇게 생각했나요?

프로젝트 개요

프로젝트의 흐름
(사전)
- 상담교사, 학생부 교사와 협업 또는 협조를 받아 미니 역할극 프로젝트를 기획한다.
- 역할극에 참여할 학생 모집 공고를 게시하여 구글 설문으로 모집한다. 모집된 학생들을 불러 여러 상황을 안내하고 희망 역할 신청, 역할극 참관 대상 범위를 조율한다. 모의 상황으로 사전에 연습해 보거나 실전에 바로 투입해 진행할 수 있다.
- 역할극 관찰 대상 학생을 모집 또는 학년/학급 단위로 신청받는다.

(본 차시)
- 이슈가 되는 문제 상황을 설명하고 역할극의 취지를 밝힌다. (역할극 참여자 또는 방청객에게 필요한 유의 사항을 안내한다.)
- 역할극 설정 인물을 문제 상황에 국한하여 간단히 언급한다.
- 사회자(중재자)는 상담교사 또는 사전에 교육받은 교사가 맡아 흐름을 조율한다.
- 역할극이 끝난 뒤 역할극 인물과 방청객의 소감을 나눠본다.
- 역할극에 참여하길 원하는 학생/관찰자에게 즉석에서 기회를 줄 수 있다.
- 역할극이 종료되면 미리 준비한 설문 링크/QR을 통해 추가 소감을 받도록 한다.

주요 결과물
역할극 참여 및 소감문

스마트 앱으로 똑소리 나게 세계시민으로 참여하기

아이들은 어릴 때부터 컴퓨터를 사용했고, 게임을 통해 가상 세계를 접해 왔다. 인터넷, 이메일, 메신저는 물론 소셜미디어를 통해 관계를 구축하고 유지하는 데 익숙하다. 온라인에서 학습하고, 놀고, 일하는 것에 아주 능숙하고, 새로운 것을 받아들이는 것을 주저하지 않는다.

아이들은 메타버스 안에서 아바타로 자신을 꾸미고 학급에 입장해 친구들도 놀고 소통하며 학습하는 것이 익숙하다. 아이들은 정보통신기술을 매개로 끊임없이 쏟아지는 정보에 접근하며, 시간과 공간을 넘나들며 전 세계인들과 상호 작용하고 공유하며 협업하는 데 익숙하다.

세계시민교육 프로젝트 수업을 진행할 때 다양한 스마트 앱을 잘 활용하면 학생의 흥미를 이끌 수 있을 뿐만 아니라 수업의 효과도 극대화할 수 있다. 세계시민교육 프로젝트 수업에서 유용했던 스마트 앱 몇 가지를 소개해 보고자 한다.

ECO 스마트 앱을 활용한 생태전환 챌린지

"에코서클 앱[35]을 통해 친구들과 함께 자유롭게 환경을 위한 챌린지를 진행하거나, '인천 학생 모여라' 챌린지로 우리 학교 학생들이 함께 펫봇 수거기로 투명페트병 모으기를 실천하고 있어요. 저희들의 실천들이 쌓이면 미래는 지금보다 깨끗한 환경이 될 수 있겠지요?"

기후위기 환경문제는 우리 모두가 책임져야 할, 외면할 수 없는 문제이다. 우리 학교 학생들에게도 '어떻게 하면 학생들이 기후 위기에 대해 민감성을 갖고, 생태전환 교육을 재미난 게임처럼 체험할 수 있을까?'라는 고민에서 챌린지를 시작하였다.

생태전환 교육이란 자연환경에 대한 직간접적인 경험을 통해 환경친화적인 태도를 기르고 생태적 위기를 극복할 수 있는 방안을 실천하는 교육이다. 프로젝트의 세부 사항을 고민하던 가운데 학생들이 매일 얼마만큼의 플라스틱 쓰레기를 사용하고 있고, 탄소발자국을 내고 있는지 수시로 기록하며 체크할 수 있었으면 좋겠다는 생각이 들었다. 그런데 종이로 된 학습지는 잃어버리기도 쉽고 수시로 꺼내 기록하기에도 불편할 것 같았다. 그렇다면 학생들 대부분이 사용하는 스마트폰을 이용해 생태전환 챌린지를 해보면 어떨까? 학생들의 디지털 역량도 키우고, 생태전환 역량도

---

[35] 에코서클 앱: 환경 보호와 지속 가능한 발전을 목적으로 한 모임이나 활동

키울 수 있으니 그야말로 일거양득이다. 이제 생태전환 수업에 딱 맞는 앱을 찾아보는 일만 남았다.

\<스마트 앱을 활용한 Eco 생태전환 프로젝트 수업\>					
과목	국어, 과학	학년	초등 4학년	차시	5차시
세계시민교육 학습 주제	2. 지역·국가·세계 차원에서 공동체 간의 상호작용과 관계에 영향을 미치는 이슈 7. 개인적·집단적으로 취할 수 있는 실천 8. 참여하고 실천하기				
세계시민교육 학습 목표	• 기후 위기로 인한 다양한 문제를 알고 기후위기에 능동적으로 대처할 수 있는 생태전환 방안을 제안하여 실천할 수 있다.				

핵심 활동
- 기후위기로 인한 다양한 생태환경 문제를 조사하고, 기후위기가 우리 생활과 어떤 관계가 있는지 알아본다.
- 생태환경 실천을 위한 스마트 앱을 이용해 일상에서의 작은 기후위기 대응 실천 챌린지를 제안하고 친구들과 함께 실천한다.

성취기준
[4국01-05] 목적과 주제에 알맞게 자료를 정리하여 자신감 있게 발표한다.
[4과02-02] 다양한 환경에 서식하는 동물을 조사하여 동물의 생김새와 생활 방식이 환경과 관련되어 있음을 설명할 수 있다.
[4과03-02] 다양한 환경에 서식하는 식물을 조사하여 식물의 생김새와 생활 방식이 환경과 관련되어 있음을 설명할 수 있다.

핵심 질문
기후위기에 능동적으로 대처하기 위해 우리는 어떤 생태전환적 자세를 가져야 할까?

프로젝트의 흐름
1차시: 기후위기로 인한 생태환경 문제를 조사하고, 기후위기와 나, 세계와의 상호연결성을 알아본다.
2차시: '에코 서클' 스마트 앱을 이용해 우리가 매일 사용하는 플라스틱 양을 조사한다.
3차시: '스쿨네이처링' 스마트 앱을 이용해 우리 학교 숲 생물다양성을 조사, 기록한다.
4차시: '커뮤니티 매핑' 스마트 앱을 이용해 우리 지역의 생물다양성과 친환경 안전 실태를 조사, 기록한다.
5차시: '에코 서클' 스마트 앱을 이용해 일상에서의 작은 기후위기 대응 실천 챌린지를 제안하고 친구들과 함께 실천하고 챌린지 결과를 공유한다.

주요 결과물
자신이 실천한 기후위기 대응 실천 챌린지 결과 기록물(홍보 포스터, 전자북, 캠페인송)
(추천 앱) Canva[36](홍보 포스터나 발표 PPT 제작) / 북 크리에이터(Book Creator)[37]
(학생 결과물을 e-book으로 제작) / Suno-Ai(주제에 따라 배경음악을 만들거나 캠페인송, 랩 제작)

평가 계획 및 채점 기준

평가 요소	채점 기준(점수)		
	상(◎, A)	중(○, B)	하(△, C)
기후위기에 대한 심각성을 이해하고 알맞게 디지털 자료를 수집할 수 있는가? (30)	기후위기 주제에 기준 이상의 적절한 디지털 자료를 검색하여 구성한다.	기후위기 주제에 관련 있는 디지털 자료를 검색할 수 있다.	디지털 자료를 검색할 수 있다.
스마트 앱을 능숙하게 사용하여 과제를 해결할 수 있는가? (30)	주제에 적합한 스마트 앱을 활용하여 주어진 과제를 주도적으로 해결한다.	주제에 적합한 스마트 앱을 활용하여 주어진 과제를 해결한다.	주제에 적합한 스마트 앱을 활용하나 어려움이 있다.
프로젝트 결과 발표 및 소감 나누기 (40)	프로젝트 전 과정에 참여하여 실천한 결과 및 생각과 느낌을 자신이 있게 발표한다.	프로젝트 일부 과정에 참여하여 실천한 결과 및 생각과 느낌을 발표한다.	프로젝트 실천 결과에 대한 생각과 느낌을 말한다.

스쿨네이처링 앱을 활용하여 자연환경 만나기

"여러분은 우리 학교 주변에 어떤 동식물이 우리와 함께 살고 있는지 알고 있나요?"

"생각해보니까 운동장에서 잠자리랑 나비를 본 것 같아요. 장미랑 소

---

[36] Canva: 무료 PPT, 디자인 편집 툴, 누구나 쉽게 디자인할 수 있는 올인원 비주얼 커뮤니케이션 플랫폼으로 프레젠테이션, 인포그래픽, 동영상, 티셔츠, 웹사이트, 소셜 미디어 게시물 제작 가능
[37] 북 크리에이터: 사진, 음악, 메모를 활용해 전자책(E-Book)을 만들어주는 앱으로 손쉽게 스토리북, 조사보고서, 작품 포트폴리오, 동시집, 만화책, 자기소개서 등 다양한 형태의 책 제작 가능

나무도 있고. 그런데 사실 관심을 가지고 자세히 본 적은 없어요."
"괜찮아요. 그렇다면 지금부터 스마트폰으로 우리 학교 숲에는 어떤 다양한 동식물이 우리와 함께 살고 있는지 관찰해봐요. 여러분을 도와줄 스쿨네이처링 앱을 배워보고 직접 학교 숲 생태수업을 체험해 봐요!"

네이처링은 2023년에 인천광역시교육청과 협력하여 자연 관찰을 통한 생태전환교육을 지원할 수 있도록 '스쿨네이처링'을 오픈했다. 스쿨네이처링은 디지털 기기와 애플리케이션을 활용하여 자기주도적으로 자연을 관찰, 탐구하고 이를 기록하며 공유하는 생물 다양성 모니터링 플랫폼으로, 자연의 소중한 가치와 환경보호의 중요성을 몸소 깨닫고 실천하는 디지털 생태시민으로서 살아갈 수 있도록 한다.

스쿨네이처링은 식물은 물론 곤충, 동물과 환경에 대한 존중을 배우고, 타자에 대한 공감을 불러일으켜 바람직한 세계시민으로 살아가는 데 큰 도움을 줄 수 있다. 또한 축적된 데이터와 공유를 통해 기후변화와 생물의 분포변화 등 유의미한 연구를 진행하여, 시민으로서, 때로는 연구자나 과학자로서 적극적으로 스쿨네이처링에 참여할 수 있고, 지역별 생태지도를 구축할 수도 있다. 학생들은 학교 숲에서, 아파트 정원에서, 지역 공원에서 자신과 함께 살아가는 생물을 스쿨네이처링 앱을 이용해 관찰하고 기록하고 공유한다. 그 과정에서 자연과 사람이 함께 살아가는 공존의 관계를 배우고, 생태시민으로 살아가야 하는 이유와 즐거움을 알게 된다.

자, 이제 스쿨네이처링 앱을 사용해 보자. 앱에 익숙하지 않은 아이들도 쉽게 다룰 수 있을 만큼 아주 쉽다. 스쿨네이처링 앱과 자연을 관찰할 마음만 준비됐다면 충분하다. 먼저 자연을 관찰하기 전에 학생들에게 사전 안내를 해야 할 것이 있다.

첫째, 자연과 잘 어우러지는 색과 형태의 옷을 입도록 한다. 반바지나 반소매, 슬리퍼 등은 자연 관찰에 방해가 될 수 있으므로 피하는 게 좋다. 둘째, 생물과 서식지를 훼손해서는 안 된다. 관찰하는 대상은 생물이기 때문에 최대한 조심히 관찰하고, 필요한 경우 확대경이나 관찰통과 같은 도구를 사용할 수 있다. 셋째, 관찰을 위해 자연을 훼손하거나 쓰레기를 버리는 등의 행동을 해서는 안 된다. 아이들이 안내 사항을 충분히 인지했다면 이제 야외로 나가보자. 풀이나 꽃, 나무, 곤충 등 다양한 생물을 관찰하고 촬영한다. 촬영한 것들은 스쿨네이처링 앱에 시간과 장소를 잘 구분하여 기록하도록 한다. 생물의 이름을 모를 경우, 도감을 통해 정보를 찾고, 제안받은 이름을 도감으로 확인한다. 마지막으로 각자의 관찰기록을 서로 공유한다. 야외에서 관찰하고 스쿨네이처링에 업로드한 내용들은 우리 지역의 생태지도를 만드는 데 활용한다. 미션 통계로 지금까지 학생들이 관찰했던 생물의 종이나 개수를 한 눈에 파악하거나, 각각의 기록자에게 코멘트를 할 수도 있다.

스쿨네이처링 앱을 활용한 생태환경 챌린지 활동 흐름(예시)

미션 설정	① 학교(년) 자율 동아리 형식으로 학년 전체 또는 일부분으로 구성되며 학년특색교육 활동, 동아리 활동 등으로 운영 가능 ② 그룹별, 학급별, 동아리별 미션방 설계 가능 ③ 우리 학교, 동네 주변에 있는 다양한 생물을 관찰하며, 5월 18일 생물다양성의 날을 기념하여 생태 모니터링 가능 ④ 앱 사용 방법 및 야외활동 중 안전교육 실시
미션에 관한 관찰기록 업로드	① 학교 또는 생활 근거지 주변에서 찾을 수 있는 생물을 촬영하여 자신의 미션방에 업로드 ② 위치, 고도, 날씨, 관찰시각, 주변 등의 다양한 관찰 정보를 함께 기록하고, 공유함으로써 지역별 생태지도 형성 ③ 각 참여자의 관찰기록(관찰 생물 종, 참여 미션, 개설 미션 등)을 확인을 통한 자기주도적 생태 모니터링 실시

관찰기록에 관한 자료 탐색 및 검증	① 동아리, 학급별 미션방에 입장 후 관찰기록 공유 ② 촬영물이 주제와 관련되고, 정확한 정보인지 확인 및 코멘트
활동 결과물 제작 및 공유, 나눔	① 위 1~3단계의 활동을 통한 느낀 점 공유 ② 활동 보고서 작성 ③ 부족한 부분은 보완하여 다른 미션을 개설하거나 참여

에코서클 앱을 활용하여 ECO 챌린지 참여하기

스쿨네이처링 앱을 통해 학교 숲 다양한 생물의 다양성을 알아보고, 우리와 함께 살아가는 생태환경의 소중함에 대해 느꼈다면 이번에는 생태환경을 지키기 위한 활동을 실천해 보자. 단순히 학생들에게 텀블러 사용하기, 빨대 사용하지 않기, 비닐 사용하지 않기, 길거리 쓰레기 줍기 등의 실천 목록을 만들어 일정 기간 동안 실천할 수도 있다. 그러나 너무 식상하다. 학생들이 다른 학교 학생들과 소통하며 지역 기관 및 환경단체들과 협업하며 에코 챌린지를 활동할 방법은 없을까? 그런 분들을 위해 '에코서클' 앱을 추천한다. '에코서클'은 인하대 디지털혁신전략센터와 미추홀구의 프로젝트 개발 앱으로, 인천광역시교육청이 롯데케미칼, 인천환경운동연합과 함께 초중고 학생들이 플라스틱 자원순환 실천에 참여할 수 있도록 지원한다. 학생들이 에코써클 앱을 통하여 투명페트병 수거기 펫봇에 분리 배출하거나 자원순환 활동 인증사진을 찍어 공유하면 에코 포인트가 적립된다. 학생들이 환경 개선을 위한 개선사항도 건의할 수 있으며, 학생들이 환경과 분리수거에 관심을 갖고 실행하는 자유 챌린지도 만들 수 있다. 가령 일주일간 종이컵 대신 텀블러 사용하기 챌린지를 하거나, 안 쓰는 물건 아나바다 참여하기 등을 계획하고, 서로의 실천 모습을 사진으로 공유하며 함께 응원하고 격려한다. 함께 도전하고 소통하며 환경 실천을 할 때, 혼자가 아닌 함께일 때 세상이 바뀔 수 있음을 경험한다. '에코써클' 앱을 통해 아이들은 단순히 앎에서 그치는 환경 수업이 아니라, 스스로 환경을 위해 계획하고 실천하며 ECO 챌린지를 주도적으로 진행한다. 학생들은 에코서클 앱의 지도 데이터를 보고 지역의 친환경 가게나 투명페트병 설치 장소, 일회용 컵 수거기가 설치된 장소를 확인하고, 손쉽게 ECO 챌린지를 계획할 수 있으며 우리 학교 학생들이 일상에서 얼마만큼의 기후대응 실천을 했는지 결과 데이터로 쉽게 비교할 수 있다.

에코서클(ECO CIRCLE) 앱을 사용한 ECO 챌린지 활동(예시)

ECO 챌린지 시작하기 "환경 실천, 우리 같이 해볼까?"	① 팀원끼리 실천할 '에코 챌린지 목표'를 계획하고 도전하기 • 사례 1) 일주일 동안 엘리베이터 타지 않고 계단 이용하기 챌린지 • 사례 2) 한 달 동안 매일 내가 사용하는 플라스틱 기록하고, 플라스틱 사용량 줄이기 • 사례 3) 3월 마지막 주 토요일, Earth Hour[38]에 다 함께 참여해 보고, 인증사진을 올려보자 ② 실천 기간 동안 실천 모습을 사진으로 공유하며 응원하고 격려하기, 학급, 학교, 지역 학생들과 좋아요, 댓글, 단체 대화방을 통해 소통이 가능
투명페트병 수거기 '펫봇' 사용하기	① 학급별로 펫봇 수거기에 투명페트병 적립하기 • 사례) 학생 개인별로 에코서클에 회원가입을 한 뒤 에코 실천을 기록하거나 포인트 적립 가능 ② 투명페트병의 올바른 자원순환 실천을 위한 캠페인 실천하기 • 사례) 우리 학교 투명페트병 수거기 '펫봇' 지역 홍보하기
지역 환경단체와 소통하거나 지역 지자체 연계 환경정책 제안하기	① 우리의 환경 실천 챌린지를 후원해줄 환경단체, 친환경 가게, 제로웨이스트 가게를 검색하기. ② 지역 기업이나 환경단체와 소통하여 함께 지구환경을 위한 챌린지 활동을 진행하기 • 사례) 투명페트병 수거기 '펫봇'으로 모은 플라스틱 뚜껑 재활용, 특정 기업의 제품 포장에 대한 친환경 아이디어 제안
환경 실천할 수 있는 곳 내 주변에서 찾기	① 내가 있는 장소를 기준으로 투명페트병 수거기와 친환경 가게가 어디에 있는지 '에코서클' 앱 지도검색에서 찾기 ② 지도 검색한 장소를 중심으로 친구들과 함께 환경 실천하기
환경을 위한 나의 실천을 데이터로 확인하기	① 일상에서의 작은 기후위기 대응 실천들이 실제로 얼마나 환경에 기여했는지 탄소 절감량과 내가 심은 소나무 수로 확인하기 ② 지역 학교 간 학생들의 환경 실천 데이터를 비교 분석하기

커뮤니티 매핑 앱으로 지역사회 생태환경 감시하기

"커뮤니티 매핑 활동을 통해 주제에 맞게 우리 지역의 생태환경이 잘

---

[38] 어스아워는 WWF(세계자연기금)에서 추진하는 '지구촌 전등 끄기' 캠페인으로 2007년 호주 시드니에서 처음 시작한 국제환경캠페인이다. 연 1회, 1시간 동안 불을 끄면서 기후변화 대응의 중요성을 알리고, 자연을 보호하자는 취지로 진행되고 있다.

지켜진 장소나 부족한 장소의 사진을 공유하고 문제점이 개선될 수 있도록 의견을 제시할 수 있었어요."
"등하굣길에서 어린이 안전사고를 일으킬 수 있는 시설이나 이상 징후를 파악하여 관련 지방 부처에 대처할 수 있도록 안내할 수 있었어요."

커뮤니티 매핑(Community Mapping)은 '공동체'와 '지도 만들기'가 합쳐진 용어이다. 국립재난안전연구원이 운영하는 '커뮤니티 안전 매핑'이나 '메르스 지도', '마스크 시민 지도', '미세먼지 지도' 등이 커뮤니티 매핑 프로젝트로 만든 대표적인 앱이다. 커뮤니티 매핑은 지역 커뮤니티를 기반으로 함께 사회문화나 지역의 이슈, 안전, 도시재생과 같은 특정 주제에 대한 정보를 직접 수집하고, 이를 지도로 만들어 공유한다.

교사는 수업 주제에 따라 미리 어떤 주제의 커뮤니티 매핑을 할지 의견을 묻고, 학생들로 하여금 지역 이슈, 지역사회 정보, 안전 정보, 위험정보 등을 수집하여 실시간 온라인 지도에 매핑할 수 있도록 지원한다. 가령 '우리 마을 Eco Green 매핑'을 만든다면 앱을 활용해 학생들이 직접 우리 지역의 공공시설이나 아파트, 학교, 가게 등에서 배출하는 일일 플라스틱 쓰레기양을 조사한다. 4~5명씩 팀을 이룬 학생들이 학교 주변을 구역별로 나눈 뒤 '플라스틱 쓰레기 배출량'을 조사하고 자원순환 분리배출이 잘 이루어지는지 감시한다. 지나치게 플라스틱 쓰레기가 많이 발생하는 가게나 길거리 쓰레기 무단 투기 장면을 발견하면, 사진을 찍은 뒤 커뮤니티 매핑 앱 지도의 해당 구역에 사진을 올려 공유한다. 그렇게 학년, 학급 학생들이 부지런히 발품을 팔며 우리 마을 생태환경 지수를 보여주는 하나의 지도가 완성된다. 완성된 지도는 앱에 업로드하여 다른 사람들과 지역의 환경문제에 대해 공유하고 해결할 수 있도록 촉구한다.

학생들에게 커뮤니티 매핑 앱을 활용해 지역사회 생태환경을 감시하며 제일 힘든 일은 사진을 찍어 바로 앱에 올리는 게 힘들었다고 한다. 열심히 사진은 찍었는데 나중에 어디서 이 사진을 찍었는지 기억이 안 나 커뮤니티 매핑에 못 올린 사진도 많다며 아쉬워한다. 그래도 "평소 지나쳤던 쓰레기 분리수거 장소를 하나하나 살펴보게 됐어요", "우리 마을에서 플라스틱 쓰레기가 이렇게나 많이 나오는지 몰랐는데 커뮤니티 매핑 활동을 통해 플라스틱 쓰레기 문제가 심각하게 느껴졌다" 등의 소감을 말하는 학생들을 보니 고생한 만큼 한 발자국 더 성장한 것 같다.

커뮤니티 매핑 앱을 활용한 활동(예시)

매핑 커뮤니티 구성 및 계획 세우기	① 학교(년) 자율 동아리 형식으로 학년 전체 또는 일부분으로 구성되며 학년특색교육 활동, 동아리 활동 등으로 운영 가능 ② 1개 학반으로 담임교사 중심으로 운영이 되며 학급특색교육 활동, 동아리 활동 등으로 운영 가능 ③ 학교 전체가 참여 가능하며 매월 4일 안전 점검의 날 운영과 병행하여 학생 중심의 안전 점검의 날 운영 가능 ④ 커뮤니티 및 네트워크 구성 시 안전교육 반드시 시행
매핑 주제 선정	① 학교 안전교육 7대 표준안 안전 매핑 주제로 활용, 학교 및 가정 등의 생활 근거지 주변의 위험 요소 찾기 ② 생활안전/교통안전/폭력 예방 및 신변 보호/생태환경/신호등, 횡단보도, 대중교통 안전/학교환경위생정화구역 확인/자연재해 안전/ 생물다양성 깃대종 발자국 따라가기 등
매핑 방식 결정	① 종이지도(그림지도, 위성지도, 학교 안내도 등)를 약속된 장소에 비치하고 사진이나 동영상 촬영을 통해 출력하여 붙이는 형태의 매핑 방식 ② 맵, 로드뷰, 위성지도를 지원하는 포털사이트에서 지도를 캡처해서 안전 지도 제작 ③ 안전 매핑 애플리케이션을 활용하여 스마트폰, 태블릿에 매핑
매핑 실시	① 매핑 주제에 맞는 위험 요소 파악 후 지도에 표시하기 ② 사진 촬영, 텍스트 입력 등을 통한 정보 수집 및 네트워크 정보 등록, 공유(안전사고 발생에 유의)
매핑한 자료에 대한 검증	① 공유된 정보가 주제와 관련된 위해 요소인지 확인 ② 토의, 발표를 통해 정보의 정확성을 판단, 검증 ③ 위험 요소가 무엇인지 확인하고 우선순위 선정

해결방안 모색 및 해결책 제시	① 매핑된 자료를 기반으로 안전 위해 요소 제거를 위한 해결방안 토의·토론 – 누구의 도움이 필요한지? 기타 다른 해결방안은 없는지? • 사례) 옹벽에 위험 팻말 달기, 배수로 걸림 사고로 배수로 뚜껑 교체 등
매핑 현장 방문 및 최종 점검	① 동아리 활동을 통해 위험 요소가 제거되었는지 확인 ② 또 다른 위험 요소가 생겨났는지 꼼꼼히 점검 ③ 최종적으로 안전하다고 평가되면 매핑 앱에 '안전' 표기
활동 결과물 제작 및 공유, 나눔	활동 내용을 보고서로 기록하거나 UCC 제작, 영상 출품 • 사례) Tooning(웹툰 기반 스토리텔링 콘텐츠)으로 안전 4컷 만들기, https://tooning.io

AI 인공지능 음악 만들기 앱으로 캠페인 송 만들기

"가사만 입력했을 뿐인데 내가 원하는 음악으로 멋지게 재생되니 너무 신기해요."
"인권, 평화, 환경보호 등, 어떤 주제든 음악으로 뚝딱 만들어요."

프로젝트 수업의 마지막 활동은 프로젝트 결과물 만들기 및 발표로 마무리된다. 캔바나 투닝, 캣컷 등의 스마트 제작 도구를 이용해 PPT나 웹툰, 영상으로 결과물을 만들게 한다. 그런데 뭔가 살짝 아쉽다. 상투적인 무료 배경음악이 아니라 우리가 직접 실천했던 프로젝트 활동 내용이나 우리 지명, 학생들의 이름 등을 넣어 가사를 만들어 캠페인 송을 만들 수 없을까? 당연히 가능하다. 바로 Suno AI(Suno)[39] 앱을 이용해 노래를 한 번에 뚝딱 생성할 수 있다. Suno 앱은 AI 기술을 활용하여 단시간에 노래를 만드는 음악 제작 도구로, 하루에 10곡까지 무료로 생성이 가능하다. 게다가 MP3 형식으로 다운로드가 가능하니 배경음악으로 활용하기 딱이다.

---

39 Suno AI: 간단한 프롬프트 입력으로 음악을 만들 수 있는 음악 작곡 · 생성 인공지능 앱

Suno AI 앱을 이용한 활동 흐름

회원가입 및 로그인하기	간단하게 구글 아이디로 회원가입이 가능하다.
프롬프트 작성하기	① 노래에 대해 구상하는 느낌, 주제 또는 장르를 고려하여 프롬프트 상자에 간단히 단어나 문장을 입력한다. ② 장르, 분위기, 악기를 언급하여 입력하면 내가 원하는 음악의 분위기로 연출된다. • 예시) 어린이들이 지구환경을 지키기 위해 플라스틱 줄이기를 실천하는 내용으로 신나는 분위기의 댄스곡을 신시사이저로 작곡해 주세요.
생성 및 평가	① 생성 버튼을 누르면 2가지 종류의 음악 결과물이 생성된다. ② 생성된 트랙을 검토하고 필요한 경우 향상된 결과를 위해 프롬프트를 조정합니다. (팝, 록부터 클래식까지 모든 음악 포함)
내려받기 및 공유	① 원하는 트랙을 누르면 내려받기 형식을 결정할 수 있다. ② 간편한 소셜네트워크 공유 및 고급 워터마킹: AI가 생성한 음악을 공유하는 것은 간단하므로 창작물을 온라인에 게시할 수 있다.
결과물 제작	음악 비디오 제작, 동영상 제작을 위한 배경음악으로 활용

프롬프트에 간단한 가사나 노래 주제만 입력했는데 인공지능이 알아서 뚝딱 작곡해 준다. 인공지능이 생성해 준 음악을 이용해 학생들의 발표 영상 배경음악이나 캠페인 송을 만들어 함께 노래를 부르거나 플래시몹도 가능하다. 특히 다양한 음악 스타일을 포함하고 있어 클래식 음악의 복잡한 하모니부터 현대 일렉트로닉 장르의 역동적인 비트까지 학생들의 다양한 입맛에 맞춤형으로 음악을 생성해 준다.

Suno 앱 활용 학생 결과물(예시)

프롬프트 입력 내용	신나고 열정적인 리듬, 우리 모두가 환경보호를 실천해 세상을 바꾸는 에코 수호대, 랩과 노래로 구성해 주세요.
결과물	곡 제목: 지구를 지켜라 (ver. 랩 신시사이저 디스코)

[Verse 1]
우리 모두 함께해요 환경을 지키자
쓰레기를 줄이며 나무를 심자
함께 모여 노래해 더 나은 세상 위해
작은 손 모아 모아 큰 변화를 만들어

[Chorus]
지구를 지켜라 우리가 할 수 있어
모두가 힘을 합치면 우리는 강해
지구를 지켜라 더 밝은 내일 위해
모두 다 같이 외쳐 지구를 지켜라

[Verse 2]
바다를 깨끗하게 플라스틱을 줄여
생물을 보호해 우리 모두의 친구
자연을 기억해 물을 아껴 쓰자
환경을 사랑하는 마음을 키우자

[Bridge]
라라라 랄라라 랄라라라라
노래하며 춤추며 희망을 나눠요
라라라 랄라라 랄라라라라
지구를 지키는 에코 수호대가 있어요

일상 깊이 파고든 디지털 세상에서 현명하게 살아남기

학생들이 아침에 눈을 떴을 때 가장 먼저 하는 일을 물어본 적이 있다. '스트레칭 하기, 주방에서 풍기는 음식 냄새 맡기, 시원한 물 한잔 마시기' 등의 다양한 답변 중, 가장 많은 답변은 "스마트폰을 찾아 손을 뻗어요"였다. 대부분 아이들이 잠자기 전까지 스마트폰을 보다가 잠이 들고, 잠이 깨면 제일 먼저 스마트폰을 찾아 시간을 확인하거나 일정을 확인하고는 한다. 지금 세상은 스마트폰과 떼려야 뗄 수 없는 관계이다. 스마트폰은 우리의 생활 깊숙이 들어왔고 세상을 바꾸고 있다. 휴대성과 함께 다양하고 재미있는 콘텐츠가 많아 아이들이 종일 스마트폰에 푹 빠지고 있다. 하루에도 수많은 앱이 쏟아져 나오고 있다. 이러한 스마트폰 만능 세상에서, 스마트기기와 앱이 가지고 있는 강점과 장점을 교육적으로 잘 살리기만 한다면 세상과 상호작용을 손쉽게 하는 소통 도구로서, 배움을 실천하는 장으로, 세상을 바꾸는 참여 연대의 플랫폼으로 사용할 수 있다.

물론 스마트기기가 없어도 수업은 가능하다. 하지만 스마트기기나 앱을 잘 활용하면 학생들의 참여도를 높이고 학습 전략을 효과적으로 구현하는 똑똑한 학습 도구가 될 수 있다. 물론, 스마트기기 중독이나 잘못된 사용에 대한 우려도 끊이지 않는다. 그럼에도 일상 깊이 파고든 디지털 변화를 막을 수 없다면, 차라리 제대로 활용하는 방법을 알려주는 게 어떨까? 똑똑한 스마트 앱 활용 수업을 통해 학생 스스로 스마트 세상에서 현명하게 대응하고 살아가는 방법을 배우게 해보자.

에듀테크를 활용한 사회참여로 공존의 역량 키우기

공존의 역량 키우기

코로나19로 비대면의 상황이 몇 년간 유지되면서 사람들 사이에 거리를 두는 것이 익숙해졌다. 하지만 최근에 다시 공동체 역량, 공존 역량이 강조되고 있다. 익명의 시스템 뒤에 숨을 수 있는 디지털 기기 속에서 공동체의 역량, 공존의 역량이 윤리적 역량과 같이 강조되고 있는 것이다. 다양한 사람과 잘 살아낼 수 있는 능력, 즉 공존의 역량은 단순히 잘 살아가는 것뿐만 아니라 더 나은 세상을 살아가기 위한 사회적 참여적 역량으로 발전되어야 할 것이다. 민주사회의 일원으로 잘 살아가기 위한 공존의 역량을 개발하고, 어떤 사람들에게는 디지털 권리를 가지지 못하게 하는 여러 가지 문제와 그 밖의 기타 여러 사회문제를 해결하기 위한 사회적 참여 활동을 통해 이러한 장벽과 문제를 함께 고쳐나가야 할 것이다.

디지털시민성의 꽃, 사회참여

디지털시민성의 수준을 여러 단계로 나눈다면 가장 최종적인 단계가 사회참여일 것이다. 기존 세계시민교육의 사회참여는 시간적, 공간적 한계가 있었다면 디지털 세계에서의 사회참여는 그 한계를 극복하고 훨씬 더 확장된 범위로 사회참여 활동이 가능해진다. 예를 들어, 기존에 내가 해왔던 사회참여 활동은 기후위기 극복을 위해 학생들과 지하철역 근처 또는 학교 부근에서 서명운동을 하고 피켓 활동을 하는 것이었는데, 이제 디지털 서명을 받고 디지털로 청원을 함으로써 전 세계적으로 운동이 확장될 수가 있다. 그렇다면 이렇게 우리의 사회적 참여 활동을 확대시킬 수 있는 에듀테크의 종류에는 무엇이며 어떻게 하면 이것을 수업의 각 사례에 잘 사용할 수 있을까?

No to Fast Fashion – SNS로 캠페인 하기

해외학교(태국) 방문 시 학생들과 함께 국제교류의 학술교류 주제를 SDGs 12, 13 (지속가능 소비와 기후변화 방지)에 대한 주제를 선택하고 캠페인 활동을 함께 기획하였다. 학생들과 함께 논의하여 오프라인과 온라인에서 함께 참여가 가능한 인스타그램 릴레이 캠페인을 활동을 준비하였다.

QR 코드를 찍어 SNS(인스타그램) 필터를 내려받은 후, 자신이 실천트리에 게시한 다짐 내용을 SNS에 공유하고, 다음 실천할 사람을 지정하여 함께 올리는 활동이었다. 해외 방문 학교의 급식 시간에 캠페인을 진행하였는데 SNS에 올리는 것뿐만 아니라 동일한 내용의 실천 다짐내용을 실천트리가 있는 커다란 종이에 포스트잇으로 붙여 지나가는 다른 학생들도 쉽게 실천 내용을 살펴볼 수 있도록 하였다. 또한 참여하는 학생들에게 간단한 간식을 제공할 계획을 수립하였다. 이 경우 활동은 복잡하지 않다.

지나가는 학생이 다음 학생을 지목하며 자신이 할 활동만 SNS에 올리면 되니 이용하는 에듀테크는 SNS 애플리케이션일 것이다.

SDGs 12, 13 온라인 캠페인 활동 예시

캠페인 피켓 제작	① 학생들과 미리 다양한 제로웨이스트 청원 주제(예. Fast Fashion 지양) 선정함, 캠페인을 위한 역할을 나눔 ② Canva 또는 미리캔버스로 청원 주제 관련 포스터 제작 ③ 피켓을 업체에 맡겨서 방수되는 재질(포맥스, A2사이즈)로 제작함
SNS 필터 제작	① 인스타그램 필터 제작 ② QR코드를 찍으면 바로 필터를 내려받을 수 있게 제작함 ③ 필터 안에 패스트패션을 지양하자는 내용과 다음 사람을 'tag'할 수 있는 내용을 넣음
캠페인 부스 설치 캠페인 부스 뒷벽에 실천트리 붙이기	① 캠페인 장소에 부스를 설치한다. ② 부스 뒷벽에 나무 모양의 실천트리를 붙임 ③ 실천할 내용을 기입할 포스트잇을 배치함
자신이 다짐한 내용을 실천 트리에 포스트잇으로 붙이기	① 자신이 다짐한 내용을 준비한 실천트리 위에 포스트잇으로 붙임 ② 실천트리를 배경으로 사진을 찍고 인스타그램 필터를 적용하여 게시물을 자신의 스토리에 올림 ③ 다음 사람을 태그하여 같은 필터를 사용하여 다음 게시물을 자신의 스토리에 올리게 함 (SNS Relay Campaign)
온라인 캠페인 자료를 위한 웹사이트	UN SDGs 캠페인 자료 제공 웹사이트 https://sdgactioncampaign.org

평화를 위한 노력 – 온라인 청원으로 Make a Difference!

마찬가지로 태국학교 방문 시 다른 캠페인 팀은 학생들과 SDGs 16번 '평화와 정의, 효과적인 제도'에 대해 살펴보고 캠페인 활동을 하기로 했다. 평소 평화 관련 주제의 수업을 받고 있었던 학생들이었기 때문에 이 주제가 친숙하기도 했다. 먼저 평화의 의미에 대해 살펴보고, SDGs 평화와 관련된 SDGs 목표 16번 평화와 정의에 연계된 세부 목표를 살펴보았다. 모둠별로 평화와 관련된 국제기구를 살펴보았고, 우리나라 역사 중 6·25 전쟁에서의 유엔의 평화유지 역할이 무엇이었는지에 대해 분석해보는 시간을 가졌다. 이 활동은 유엔과 한국전쟁, 태국의 한국전쟁 참전 등을 살펴본 후 캠페인 기획하는 활동이었다. 평화를 주제로 하여 방문 학교에서 길거리 캠페인 활동을 하고 온라인 청원을 통해 분쟁 지역의 전쟁이 끝나기를 함께 희망하는 청원을 할 계획이었다.

온라인 청원을 위한 웹사이트

체인지닷오알지 www.change.org	온라인 청원을 할 수 있는 웹사이트. 'start a petition'을 누르고 내가 원하는 청원을 게시하면 된다. 다른 사람들의 청원도 살펴볼 수 있다
oenPetition https://www.openpetition.org	
iPetitions https://www.ipetitions.com	

이 활동 역시 온라인으로만 하면 교내에서 지나가는 학생들의 관심을 끌기가 어렵다. 오프라인과 온라인을 병행하여 활동할 수 있다면 더욱 좋을 것이다. 이 활동의 의의를 설명하는 내용을 담은 게시물을 부착하고, 전쟁으로 고통받는 사람들의 마음을 위로하는 글, 전쟁을 종식시키기 위해 바뀌어야 하는 사회적 시스템에 대한 규탄 또는 개선방안 등을 큰 평화의 의미를 담은 그림 등에 포스트잇으로 붙인다든지 하는 시각적으로 사

람들의 염원을 볼 수 있는 게시물을 기획하고 준비해야 한다.

SDGs 16 평화와 정의, 효과적인 제도 온라인 청원 활동 예시

평화 교육	① 평화의 의미에 대해 살펴보기 ② 평화롭지 못할 경우 일어났거나 (역사적 사실) 또는 일어날 수 있는 사례에 대해 살펴보기 ③ 모둠별로 각 사례를 온라인 게시판에 게시하고 발표하기
분쟁 지역 살펴보기	① '세계는 왜 싸우는가'를 읽고 분쟁 지역에 대한 퀴즈를 풀어 보기 ② 온라인으로 분쟁 지역을 살펴보고 모둠별로 발표하기
청원을 위한 포스터 제작	① 갈등과 분쟁을 끝내기 위해 우리가 할 수 있는 일을 살펴보기 ② 모둠별로 분쟁 지역을 정하여 그곳에서 갈등을 종식시키기 위해 할 수 있는 일을 청원의 주제로 정하기 ③ Canva로 포스터를 제작하기
온라인 청원 올리기	① 온라인 청원을 위한 웹사이트에 들어가 만든 포스터를 사용하여 청원을 올리기/동시에 포스터를 피켓으로 제작하여 오프라인에서도 활용하기 ② 교내 캠페인 활동과 더불어 QR코드를 공유하여 청원을 유도하기 (피켓 캠페인 활동, Peace is ( ). QR 활용 빈칸 채우기 활동을 교내에서 실시) ③ 온라인상에서는 SNS로 링크, QR 코드, 포스터 등을 공유하여 청원에 참가할 사람을 모으기

온라인 청원과 그 결과를 개인의 SNS로 공유하거나 학교 홈페이지에 올리는 등 서명운동을 함께한 학생들이 그 결과를 공유할 수 있으면 더욱 좋을 것이다.

아날로그와 디지털 세상을 탐험하며 공존을 play 하기

미래사회로의 변화 요구는 교육에서 에듀테크의 활용을 매우 중요한 요소로 인식하게 했다. 그러나 기술의 발전이 눈부시고 에듀테크가 학습을 더욱 흥미롭게 만드는 도구일지라도 교육의 본질이 잊혀서는 안 된다. 교육의 기본 요소인, 교사와 학생 간의 대화와 피드백, 협력적인 프로젝트

활동, 그리고 윤리적 가치와 사회적 책임에 대한 비판적 사고 등은 에듀테크 도구들이 제공할 수 없는 깊이 있는 학습경험을 제공한다. 학생들의 정서적 발달 또한 여전히 중요하다. 이러한 아날로그적 교육 요소가 기본으로 튼튼하게 자리 잡혀 있을 때, 디지털 기술은 교육을 보조하고 강화하는 역할을 효과적으로 할 수 있다. 또한, 아이들이 삶의 역량을 키우고 인간다운 삶을 살아갈 수 있도록 이끌 풍부하고 다채로운 학습경험을 제공하고 학습의 효율성을 크게 높여줄 수 있다. 이와 같은 아날로그적 교육 요소와 디지털 기술의 조화는 아이들이 단순한 기술 사용자가 아닌, 비판적 사고와 문제 해결 능력을 갖춘 진정한 세계시민으로 성장하는 데 필수적이다.

메타버스 기반 학습경험 플랫폼 원더버스(Wonderverse)는 교사와 학생이 함께 상호작용을 할 수 있다. 학생의 눈높이에 맞춘 스토리텔링형 프로그램을 통해, 학생들은 가상 세계의 주인공이 되어 다양한 상황을 직접 경험하게 된다. 이 과정에서 학생들 스스로 문제를 해결하며 주도적인 역할을 하게 된다. 원더버스는 2022 개정 교육과정의 핵심역량을 키울 수 있도록 설계되었다. '기후 위기, 제로 헝거, 쓰레기 문제, 멸종위기, 우리 고장, 국가 유산'이라는 6가지 주제를 다루고 있으며, 이를 통해 미래사회의 위기에 대응하고 글로벌 사회에서 책임감 있는 세계시민으로 성장할 수 있도록 돕는다.

나는 교사와 학생 간의 대화와 같은 아날로그적 교육활동을 바탕으로 아이들이 가상의 디지털 세계(원더버스), 허구의 세계(그림책)를 넘나들며 타자를 이해하고 공감할 수 있도록 수업을 설계하였다. 그 과정에서 아이들의 대화와 협력을 우선시하고, 에듀테크와 디지털시민성 교육을 결합한 프로젝트 수업을 진행했다.

프로젝트 학습을 기반으로 아날로그 수업 방법과 디지털 수업 방법을 함께 디자인한 공존 프로젝트는 독서의 전·중·후 활동으로 구성된다. 이 흐름 속에서 아이들의 체험 범위를 넓히기 위해 가상 공간의 디지털 수업을 활용한다. 현실에서는 직접 경험하기 어려운 다양한 것들을 가상 공간, 원더버스에서 원더플레이(play)로 체험하며 타자에 대한 공감을 극대화하고자 했다.

프로젝트 활동의 다른 한 가지로, 과정 드라마라는 연극(play) 활동을 통해 읽기 전 활동을 진행한다. 아이들은 주도적으로 연극(play)에 참여하며 극적 공간과 인물을 입체적으로 이해하고 이를 통해 상대에 대한 따뜻한 이해를 기반으로 자신만의 상상의 날개를 펼치게 된다.

프로젝트 활동의 마무리로 그림책 창작 활동을 한다. 아이들은 직접 그림책을 만들며 자신의 그림책 안에 공존의 소중함을 담아낸다. 직접 만든 그림책을 통해 주변 사람들과 공존의 가치를 나누는 따뜻한 경험을 하게 된다.

한 송이의 꽃을 피우기 위해 햇빛과 물이 필요한 것처럼, 공존의 가치가 활짝 피어나기 위해서는 개인의 노력은 물론, 우리 사회의 따스한 관심과 노력도 중요하다. 아이들은 국제 사회의 활동을 살펴보고 가족, 이웃과 함께 공존의 중요성을 되새기며 함께 살아가는 따뜻한 마음을 키운다. SNS 등을 통해 더 많은 사람과 공존의 가치를 공유하고, 함께 실천하며 더불어 살아가는 삶의 의미를 이해하게 된다. 아날로그와 디지털이라는 두 세계를 넘나들며 아이들은 공존이라는 씨앗을 각자의 삶에 깊이 심고 미래의 세계시민을 꿈꾼다.

원더버스 활용 멸종위기 동물 보호 프로젝트 수업 활동 흐름	
수업 활동 흐름	활동 1. wonderverse (디지털 수업) – 탐구일지 복원을 도와 멸종위기종에 대해 알아보자. 읽기 전 활동. (아날로그 수업) – 과정 드라마로 극적 공간과 인물 상상하고 공감하기 – 『눈보라』(강경수 글 그림, 창비, 2021)의 등장인물이 되어 감정 쓰기 읽기 활동. (아날로그 수업) – 함께 『눈보라』 읽기 – 장면을 나누어, 핵심 장면 묘사하기 활동 2. wonderverse (디지털 수업) – 멸종위기 동물들의 사진을 찍어보자. 읽기 후 활동. (아날로그 수업) – 함께 사는 존재를 생각하며 공생에 관해 이야기 나누기 – 어린이 작가 되어 생태계 균형과 공생에 대한 그림책 만들기 활동 3. wonderverse (디지털 수업) – 멸종위기종 보호를 위해 숲을 보호하자 멸종위기 동물 보호 캠페인 참여 및 홍보. – 어린이 작가 그림책 전시회를 통해 홍보하기 – WWF(세계자연기금) 서명 및 후원 홍보. 생활 속의 실천 방법 SNS로 홍보하기

멸종위기 동물의 상황을 충분히 공감하고 문제 해결을 위해 노력해보았다면 공존을 위한 또 다른 영역으로 넘어갈 차례다. 아이들은 미디어를 통해 난민에 대한 뉴스를 접해본 적이 있다. 하지만 난민이 겪는 어려움을 이해하고 공감하기는 어렵다. 그러나 가상 세계, 원더버스 원더플레이(play)에서 직접 난민 어린이를 만나고, 난민의 어려움을 해결하고자 하는 국제 사회의 노력을 배우며 난민 문제를 이해하게 된다. 그림책 읽기 전 활동의 과정 드라마라는 연극(play) 활동과 그림책 독서 활동을 통해 아이들은 난민에 대한 깊은 이해와 공감을 키운다. 함께 살아가는 공존의 세상을 꿈꾸기 시작한다.

원더버스 활용 난민 보호 프로젝트 수업 활동 흐름

수업 활동 흐름	활동 1. wonderverse (디지털 수업) - 굶주림의 문제를 겪고 있는 사람들에게 구호 물품을 전달해보자. 읽기 전 활동. (아날로그 수업) - 과정 드라마로 극적 공간과 인물 상상하고 공감하기 - 『안녕하세요!』 숫자로 배우는 친절과 우정의 그림책(홀리스 쿠르만 지은이, 바루 그림, 이순영 옮김, 북극곰, 2022)의 등장인물이 되어 감정 쓰기 읽기 활동. (아날로그 수업) - 함께 『안녕하세요!』 숫자로 배우는 친절과 우정의 그림책 읽기 - 장면을 나누어, 핵심 장면 묘사하기 활동 2. wonderverse (디지털 수업) - 제로헝거 챌린지 홍보 문구를 만들어보자 읽기 후 활동. (아날로그 수업) - 함께 사는 존재를 생각하며 공존에 관해 이야기 나누기 - 어린이 작가 되어 난민과 공존에 대한 그림책 만들기 활동 3. wonderverse (디지털 수업) 푸드팬크 봉사활동을 해보자 난민 보호 캠페인 참여 및 홍보 - 어린이 작가 그림책 전시회를 통해 홍보하기 - UNHCR(유엔난민기구) 활동 참여 및 후원 홍보하기

세계시민교육에서 에듀테크는 아이들이 단순히 기술을 사용하는 데 그치지 않고, 디지털 세계에서 적극적이고 책임감 있는 시민으로의 역할을 다할 수 있도록 돕는데 중점을 두어야 한다. 이를 통해 아이들은 글로벌 사회에서 윤리적이고 책임감 있는 행동을 실천하며, 다양한 문화와 시각을 존중하고, 사회적 변화를 이끌어내는 능력을 갖추게 된다. 성취도가 낮고 학습 참여도가 낮은 아이들도 메타버스 수업이나 과정 드라마에서는 높은 몰입도를 보여준다. 자연스럽게 학습에 대한 몰입과 흥미를 유도함으로써 아이들 스스로 학습과 관련된 활동을 설계한다. 아날로그와 디지털 수업의 적절한 동행은 아이들이 단순한 기술 사용자가 아닌 비판적 사고와 문제 해결 능력을 갖춘 진정한 세계시민으로 성장할 수 있도록 도울 것이다.

수업을 마치며

    디지털 전환이 가져온 변화에 발맞춰 교육현장에서도 세계시민적 관점에서 학생들에게 디지털 역량과 더불어 디지털 윤리, 디지털 리터러시, 디지털시민성을 길러야 한다는 요구가 늘어나고 있다. 학교는 단순히 교과서 속 지식과 가치를 전달하는 역할에서 나아가, 디지털 공간을 포함한 드넓은 세상에서 자기관리와 다른 사람을 배려하고 존중하는 능력을 포함한 사회성을 신장시켜야 한다. 이를 위해서는, 정보를 비판적으로 분석하고 혐오 발언을 근절할 수 있는 역량을 강화하기 위해 세계시민교육이 가진 인권, 평화, 문화다양성이 가진 다양성에 대한 존중이 미리 바탕이 되어야 한다.

    처음에 학생들은 디지털시민성 프로젝트 수업을 한다고 할 때 익히 해왔던 스마트기기 활용 수업이나 미디어 리터러시 수업, UCC 만들기 수업 등을 기대했었다. 그런데 막상 시작하고 보니 어렵다는 하소연과 불평이 많았다. 디지털시민 서약서 작성하기, 비판적 리터러시로 건강한 디지털 히어로 되기, 소외되는 이 없는 모두를 위한 디지털 환경에 대해 토론하기 등 각종 디지털 플랫폼에 대해 인권을 중심으로 날 선 비판하기 등 생각할 것이 너무 많다는 것이었다. 하지만 이러한 디지털시민성 교육을 통해 학생들이 주도적으로 스마트 앱을 통해 세계시민교육의 주제에 대해 소통하고 참여하며, 나아가 청소년 기후행동 참여를 위한 캠페인 활동에 적극 참여하는 모습을 보며 꽤 디지털 시민으로서 성장했음을 느꼈다. 디자인과 콘텐츠 수정 및 큐레이션을 포함하는 모든 과정에서 인권침해와 편견은 없는지, 보는 모든 이들에 대한 배려가 부족한 부분이 없는지 등을 꼼꼼히 점검해 보고 목소리를 내는 학생들이 생겼기 때문이다.

    디지털시민성에 관한 연구와 실천은 이제 시작이고 앞으로 함께 해결해야 할 과제가 많다. 내가 생각하는 정보를 '잘' 다루는 디지털 시민이란, 디지털 세상에서 더불어 함께 살아가기 위한 보편적 가치를 고민하고 그것을 위해 기술을 활용하며, 불공정한 디지털 이슈를 함께 고쳐 가고 없애 가는 사람이다. 단순히 스마트 미디어를 사용할 수 있는 기술적 능력뿐만 아니라 콘텐츠를 분석적으로 재해석해 판단하고, 모두를 위한 콘텐츠의 생산에 참여할 수 있는 능력, 다른 사람과의 소통을 통해 더 나은 사회로 나아가는 데 협력할 수 있는 실천력을 모두 갖춰야 한다. 이러한 디지털시민성은 저절로 생기는 것이 아니라 교사와 학생이 함께 배우고 부단히 연습해야 한다. 어쩌면 이제부터 나의 디지털시민성에 관한 프로젝트 수업 도전은 첫 발걸음을 뗀 시작점일 수도 있겠다. 그러함에도 나와 같은 고민을 하는 여러분들이 있기에, 사랑하는 나의 학생들이 있기에 한발 한발 앞으로 나아갈 것이다.

상당히 힙한 29가지 프로젝트 수업 레시피

초판 1쇄 발행　　2024년 10월 1일

지은이 인천세계시민교육연구회
　　　　양승분, 장은영, 김미정, 김민정, 남성현, 서현아, 이진숙, 조수양

발행인 김병주
기획편집위원회 김춘성, 한민호
마케팅 진영숙
에듀니티교육연구소 이문주, 백헌탁
디자인 디자인붐

펴낸 곳 (주)에듀니티
도서문의 1644-5798
일원화 구입처 031-407-6368 (주)태양서적
등록 2009년 1월 6일 제300-2011-51호
주소 서울특별시 중구 남대문로 117, 동아빌딩 11층
출판 이메일 book@eduniety.net
홈페이지 www.eduniety.net
페이스북 www.facebook.com/eduniety
인스타그램 www.instagram.com/eduniety
　　　　　　 www.instagram.com/eduniety_books/
포스트 post.naver.com/eduniety

문의하기

투고안내

ISBN 979-11-6425-166-7 (13370)
값은 뒤표지에 있습니다.

- 이 책은 저작권법에 따라 한국 내에서 보호를 받는 저작물이므로 무단 전재 및 복제를 금합니다.
- 잘못된 책은 구입한 곳에서 바꿔드립니다.